COMPTABILITÉ FINANCIÈRE APPROFONDIE SYSCOHADA RÉVISÉ ET AUDIT FISCAL

La lecture fiscale de la Comptabilité financière approfondie au regard du Code général des Impôts du Sénégal

Cheikh Mouhamadou Bamba SIBY

COMPTABILITÉ FINANCIÈRE APPROFONDIE SYSCOHADA RÉVISÉ ET AUDIT FISCAL

La lecture fiscale de la Comptabilité financière approfondie au regard du Code général des Impôts du Sénégal

Manuel & Applications corrigées

Tome 2

Janvier 2022

L'Harmattan
Sénégal

Du même auteur chez le même éditeur :

*COMPTABILITÉ GÉNÉRALE SYSCOHADA RÉVISÉ ET AUDIT FISCAL - La lecture fiscale de la Comptabilité financière au regard du Code général des Impôts du Sénégal - **Tome1**, Manuel d'initiation & Applications corrigées,* Harmattan Sénégal, Janvier 2019.

10 VDN, Sicap Amitié 3, Lotissement Cité Police, DAKAR

senharmattan@gmail.com
senlibrairie@gmail.com

ISBN : 978-2-343-24387-0

EAN : 9782343243870

SOMMAIRE

QUATRIÈME PARTIE
LES OPÉRATIONS ET PROBLÈMES SPÉCIFIQUES

Remerciements

À tous ceux qui ont contribué à la relecture du présent manuel :

- Mbargou NIANG, expert-comptable, cabinet FIDUCIA ;
- Jean KONÉ, inspecteur des impôts et des domaines ;
- Moussa NGOM, inspecteur des impôts et des domaines, diplômé d'expertise comptable ;
- Omar Diop DIAGNE, inspecteur des impôts et des domaines ;
- Mathiam THIOUB, inspecteur des impôts et des domaines ;
- Ange Constantin MANCABOU, inspecteur des impôts et des domaines ;
- Ballé PREIRA, coordonnateur de la Cellule de communication du MFB ;
- Élimane POUYE, inspecteur des impôts et des domaines ;
- Souleymane TRAORÉ, inspecteur des impôts et des domaines ;
- Mansour MBENGUE, inspecteur des impôts et des domaines.

LISTE DES ABRÉVIATIONS

AG	Assemblée générale
AGE	Assemblée générale extraordinaire
AGO	Assemblée générale ordinaire
ANC	Actif net comptable
ANCC	Actif net comptable corrigé
AO	Activités ordinaires
ARD	Amortissements réputés différés
Art.	Article
AUDCIF	Acte uniforme relatif au droit comptable et à l'Information financière
AUSCGIE	Acte uniforme relatif au droit des sociétés commerciales et du GIE
BCEAO	Banque centrale des États de l'Afrique de l'Ouest
BIC	Bénéfices industriels et commerciaux
BNC	Bénéfices non commerciaux
BSA	Bons de souscription d'actions
BSO	Bons de souscription d'obligations
CA	Chiffre d'affaires
CB	Capacité bénéficiaire
CEL	Contribution économique locale
CEMAC	Communauté économique et monétaire de l'Afrique centrale
CFCE	Contribution forfaitaire à la charge des employeurs

CFPB	Contribution foncière des propriétés bâties
CFPNB	Contribution foncière des propriétés non bâties
CGI	Code général des Impôts
CPNE	Capitaux permanents nécessaires à l'exploitation
CSS	Caisse de Sécurité sociale
DA	Droit d'attribution
DE	Droits d'enregistrement
DGID	Direction générale des Impôts et des Domaines
DOR	Déficits ordinaires reportables
DPS	Droit préférentiel de souscription
ÉNA	École nationale d'Administration
ÉTAFI	États financiers
GIE	Groupement d'intérêt économique
HAO	Hors activités ordinaires
HT	Hors Taxe
HTVA	Hors Taxe sur la Valeur ajoutée
IAS	International Accounting Standards
IASB	International Accounting Standards Board
IASC	International Accounting Standards Committee
IFRIC	International Financial Reporting Interpretations Committee
IFRS	International Financial Reporting Standards
IFRS-IC	IFRS Interpretations Committee
IPRES	Institut de prévoyance retraite du Sénégal
IR	Impôt sur le Revenu
IS	Impôt sur les Sociétés
MVL	Moins-value de cessions
OBSA	Obligations à bons de souscription d'actions
OBSO	Obligations à bons de souscription d'obligations

OCA	Obligations convertibles en actions
OHADA	Organisation pour l'Harmonisation en Afrique du Droit des Affaires
ORA	Obligations remboursables en actions
PLV	Plus-value de cessions
PPP	Partenariat Public Privé
RAN	Report à nouveau
RAS	Retenue à la source
RC	Revenus des Créances (dépôts, cautionnements et comptes courants)
RCCM	Registre du Commerce et du Crédit mobilier
RVM	Revenus des Valeurs mobilières
SA	Société anonyme
SARL	Société anonyme à responsabilité limitée
SF	Stock final
SI	Stock initial
SIC	Standing Interpretations Committee
SMT	Système minimal de Trésorerie
SP	Société en participation
SNC	Société en nom collectif
SYSCOA	Système comptable Ouest africain (de l'UEMOA)
SYSCOHADA	Système comptable OHADA
TAF	Taxe sur les activités financières
TAFIRE	Tableau financier des ressources et des emplois
TFT	Tableau des Flux de Trésorerie
TRIMF	Taxe représentative de l'impôt du minimum fiscal
TTC	Toutes Taxes comprises
TVA	Taxe sur la valeur ajoutée
UEMOA	Union économique et monétaire ouest africaine

VL	Valeur locative
VNC	Valeur nette comptable
VSB	Valeur substantielle brute

AVANT-PROPOS

L'objectif de ce manuel – qui est le prolongement du Tome 1, consacré à la comptabilité générale – est double :

- faciliter l'initiation à la comptabilité financière approfondie, à travers une démarche simple et des applications corrigées ;
- aider à forger une lecture fiscale de la comptabilité financière approfondie, à travers un examen des implications fiscales des écritures comptables.

La 1ère partie du manuel est consacrée aux capitaux permanents.

La 2ème partie est relative aux opérations de restructuration.

La 3ème partie traite des opérations de groupe.

La 4ème partie regroupe l'ensemble des autres opérations et problèmes spécifiques à la comptabilité financière approfondie.

À l'issue de chaque chapitre et à l'instar du tome 1, une dernière section est consacrée à l'examen d'éléments de contrôle ou d'audit fiscal de l'opération traitée par le chapitre, au regard du Code général des impôts (CGI) du Sénégal.

La référence au CGI du Sénégal, dans le cadre de l'audit fiscal, ne devrait pas constituer un obstacle majeur aux lecteurs ressortissants des autres États-parties de l'OHADA. Le CGI du Sénégal partage, en effet, les mêmes principes directeurs que le dispositif fiscal respectif desdits États, francophones pour l'essentiel, héritiers d'une même *tradition fiscale*.

Ce manuel d'initiation, avec ses nombreuses applications corrigées, s'adresse à la fois aux étudiants et aux praticiens – vérificateurs de l'Administration fiscale, comptables et fiscalistes de l'entreprise, experts de la comptabilité ou de la fiscalité.

PREMIÈRE PARTIE

LES RESSOURCES STABLES OU CAPITAUX PERMANENTS

Les ressources stables ou capitaux permanents correspondent aux ressources de financement mises à la disposition de l'entreprise, de façon durable et permanente, par les associés et les tiers. Ces ressources regroupent :

✓ les capitaux propres (et ressources assimilées) correspondant à la somme algébrique des rubriques suivantes :
  - le capital ;
  - les réserves ;
  - le report à nouveau (débiteur ou créditeur) ;
  - le résultat net de l'exercice ;
  - les subventions d'investissement ;
  - les provisions réglementées et fonds assimilés ;

✓ les dettes financières (et ressources assimilées) correspondant à la somme algébrique des rubriques suivantes :
  - les emprunts et dettes financières diverses ;
  - les dettes de location-acquisition et contrats assimilés ;
  - les provisions pour risques et charges.

La première (1ère) partie de ce manuel s'articulera autour des chapitres ci-dessous[1] :

Chapitre 1 : Le capital et ses variations
Chapitre 2 : L'affectation du résultat
Chapitre 3 : Les autres capitaux propres
Chapitre 4 : Les dettes financières

---

[1] *Les provisions pour risques et charges*, composante des ressources stables, ont été précédemment étudiées dans le tome 1 : cf. Ch. M. B. SIBY, *Comptabilité générale SYSCOHADA révisé et Audit fiscal*, L'harmattan Sénégal, Dakar, janvier 2019, pages 268-273.

CHAPITRE I

LE CAPITAL ET SES VARIATIONS

Le capital d'une société est constitué par les apports des associés lors de sa constitution. Au cours de son existence, la société peut être amenée à augmenter son capital, soit par apports ultérieurs, soit par incorporation de réserves, soit par conversion de créances.

Dans certaines situations, les sociétés doivent procéder à une réduction de leur capital, soit par remboursement aux associés, soit en raison de pertes importantes.

Le capital peut également faire l'objet d'un amortissement.

I. LA CONSTITUTION DES SOCIÉTÉS

1. Le contrat de société

Le contrat de société est défini par l'article 4 de l'AUSCGIE[2], qui précise que *la société commerciale est créée par deux (2) ou plusieurs personnes qui conviennent, par un contrat, d'affecter à une activité des biens en numéraire ou en nature, ou de l'industrie, dans le but de partager le bénéfice ou de profiter de l'économie qui peut en résulter. Les associés s'engagent à contribuer aux pertes dans les conditions prévues par le présent Acte uniforme.*

---

[2] Acte uniforme (révisé) relatif au droit des sociétés commerciales et du GIE (AUSCGIE), adopté le 30/01/2014 à Ouagadougou (Burkina Faso), Journal Officiel numéro spécial du 04/02/2014.

La société commerciale est créée dans l'intérêt commun des associés[3].

De cette définition découle un des éléments fondamentaux du contrat de société : la mise en commun de biens constituant les apports.

2. Les différents types d'apports

Les apports constituent des biens (somme d'argent, créance, fonds de commerce, immeuble, etc.) ou services dont les associés transfèrent la propriété ou la jouissance à la société et en contrepartie desquels ils reçoivent des parts sociales ou des actions.

Ainsi, chaque associé peut apporter à la société :

- de l'argent, par apport en numéraire ;
- des droits portant sur des biens en nature, mobiliers ou immobiliers, corporels ou incorporels, par apport en nature ;
- de l'industrie, par apport de main d'œuvre.

2.1. Les apports en numéraire

Les apports en numéraire sont réalisés par le transfert à la société de la propriété des sommes d'argent que l'associé s'est engagé à lui apporter (article 41 - AUSCGIE).

Les apports en numéraire doivent être libérés intégralement lors de la constitution de la société. La libération partielle ne peut intervenir que dans le cas d'une SARL (au moins la moitié de la valeur nominale des parts lors de la souscription du capital - art. 311-1 de l'AUSCGIE) ou d'une SA (au moins le quart de la valeur nominale des actions lors de la souscription du capital - art. 389).

Pour une SARL, la libération du surplus intervient en une ou plusieurs fois dans un délai de deux (2) ans à compter de l'immatriculation de la société au registre du commerce et du crédit mobilier, selon les modalités définies par les statuts (art. 311-1).

Ce délai est porté à trois (3) ans dans le cas d'une SA (art. 389).

---

[3] *La société commerciale peut être également créée* [...] *par une seule personne, dénommée « associé unique », par un acte écrit* (article 5 - AUSCGIE).

2.2. Les apports en nature

Les apports en nature sont réalisés par le transfert des droits réels ou personnels correspondant aux biens apportés et par la mise à la disposition effective de la société des biens sur lesquels portent ces droits.

Les apports en nature sont libérés intégralement lors de la constitution de la société (art. 45) et, dans les cas prévus par l'AUSCGIE, sont évalués sous le contrôle d'un commissaire aux apports (art. 49).

2.3. Les apports en industrie

L'associé met à la disposition de la société ses connaissances techniques, son travail ou son crédit. Parmi les apports en industrie, l'Acte uniforme semble ne permettre que les apports de main d'œuvre (connaissances techniques ou professionnelles ou des services - art. 40, 3°).

Les apports en industrie ne concourent pas à la formation du capital social, puisque difficilement évaluables (sans valeur nominale - art. 50-4) et non susceptibles de réalisation forcée au profit de la société.

Les droits de vote qui leur sont attachés ne peuvent excéder 25% de l'ensemble des droits de vote. De même, la part totale attachée aux titres sociaux des apports en industrie ne peut excéder 25% des bénéfices, de l'actif net et des pertes de la société (art. 50-3).

Les titres sociaux résultant d'apports en industrie ne sont ni cessibles, ni transmissibles. Ils n'ont pas de valeur nominale (art. 50-4).

Les apports en industrie sont interdits dans les sociétés anonymes (art. 50-1).

3. La comptabilisation des apports

Elle se fait généralement en 4 étapes :

1. l'engagement des associés (promesse ou souscription des apports) ;
2. les appels de fonds ;
3. la libération des fonds ou des apports souscrits ;
4. l'enregistrement comptable des frais de constitution.

La comptabilisation des apports, à travers ces différentes étapes, est toutefois fonction de la forme de la société créée.

3.1. La Société en Nom Collectif (SNC)

La SNC est la société dans laquelle tous les associés sont commerçants et répondent indéfiniment et solidairement des dettes sociales (art. 270).

Application :

Le 2 janvier N, deux entrepreneurs individuels créent une SNC. Le premier apporte un immeuble valant 20 millions dont le terrain est évalué pour le ¼. Le second apporte 10 millions par virement bancaire.

L'ensemble des apports est réalisé le 8 janvier N. Les frais de constitution[4] sont arrêtés à 610.000 Fcfa dont 310.000 pour les droits d'enregistrement et le reliquat pour les honoraires HTVA du notaire.

2/1/N

4611		Apporteurs, apports en nature	20 000 000	
4612		Apporteurs, apports en numéraire	10 000 000	
	1012	Capital souscrit, appelé, non versé		30 000 000
		Souscription et appel du capital		

8/1/ N

22		Terrains	5 000 000	
23		Bâtiments, installations tech. et agencements	15 000 000	
52		Banques	10 000 000	
	4611	Apporteurs, apports en nature		20 000 000
	4612	Apporteurs, apports en numéraire		10 000 000
		Libération du capital		
1012		Capital souscrit, appelé, non versé	30 000 000	
	1013	Capital souscrit, appelé, versé, non amorti		30 000 000
		Régularisation		
6324		Honoraires des professions réglementées	300 000	
646		Droits d'enregistrement	310 000	
445		État, TVA récupérable	54 000	
	4732	Mandataires - Notaire		664 000
		Frais de constitution		
4732		Mandataires - Notaire	664 000	
	52	Banques		664 000
		Règlement des frais de constitution		

- Détermination des droits d'enregistrement exigibles sur l'acte constitutif

Droit d'apport ordinaire : Droit fixe de 10.000.

Surtaxe immobilière = 2% x 15.000.000 = 300.000 F (cf. infra, encadré).

Total = 310.000.

---

[4] Avant l'avènement du SYSCOHADA révisé (en vigueur depuis le 1er janvier 2018), qui a consacré la suppression des charges immobilisées, les frais de constitution pouvaient être immobilisés (compte *2011-Frais de constitution*) en vue d'être étalés sur un délai compris entre 2 et 5 ans.

DROIT FISCAL

Aux termes de l'article 472-V-2 du CGI, *les actes de formation, de prorogation et d'augmentation de capital des sociétés ou de GIE, quelle que soit la modalité, qui ne contiennent ni obligation, ni libération ou transmission de biens meubles ou immeubles entre les associés ou autres personnes, sont assujettis à un droit de* ***1%*** *liquidé sur le montant total des apports mobiliers et immobiliers déduction faite du passif* ***lorsque le capital est supérieur à 100 millions***.

Par contre, le **droit fixe de 10.000** francs s'applique lorsque le capital de la société est **inférieur ou égal à 100 millions** (art. 471.II.1)[5].

La base imposable est définie comme suit par l'article 468-12 : *pour les actes de formation et de prorogation de sociétés qui ne contiennent ni obligation, ni libération, ni transmission de biens meubles ou immeubles entre les associés ou autres personnes, le droit est calculé sur le montant total des apports mobiliers et immobiliers déduction faite du passif.*

La surtaxe immobilière (art. 472.IV.1 du CGI) est ramenée au taux de 1% si la société bénéficiaire de l'apport prend l'engagement de conserver, à l'actif du bilan, le bien pendant une durée minimale de 10 ans (art. 472.V.3 - CGI).

3.2. La Société à Responsabilité Limitée (SARL)

La SARL est une société dans laquelle les associés ne sont responsables des dettes sociales qu'à concurrence de leurs apports et dont les droits sont représentés par des parts sociales.

Elle peut être instituée par une personne physique ou morale, ou entre deux ou plusieurs personnes physiques ou morales (article 309 - AUSCGIE).

Sauf dispositions nationales contraires, le capital social doit être d'un million (1.000.000) de Fcfa au moins. Il est divisé en parts sociales égales dont la valeur nominale ne peut être inférieure à cinq mille (5.000) Fcfa (art. 311 - AUSCGIE).

Au Sénégal, à la suite de l'adoption de l'AUSCGIE, il a été entrepris des mesures d'accompagnement pour une meilleure attractivité de l'environnement des affaires. Parmi ces mesures, figurent la réduction du capital minimum de la SARL de 1.000.000 francs à 100.000 francs, à la faveur de la loi n° 2014-20 du 24 avril 2014 portant fixation du capital social minimum de la SARL et la baisse des émoluments des notaires[6].

Par la suite, pour davantage d'attractivité de l'environnement juridique, le Sénégal a adopté la loi n° 2015-107 du 09 avril 2015 portant réglementation du

---

[5] Loi n°2019-17 du 20 décembre 2019 portant loi de finances pour l'année 2020.

[6] Rapport de présentation du décret 2015-690 du 27 mai 2015 fixant les émoluments des notaires en matière de constitution de la société à responsabilité limitée (SARL) in Journal officiel N° 6852 du jeudi 27 mai 2015.

capital social de la SARL, qui laisse désormais, conformément à l'article 311 de l'Acte uniforme, la liberté aux associés de fixer le montant du capital social de la SARL. Cette loi de 2015 a donc abrogé et remplacé la loi n° 2014-20 du 24 avril 2014 visée ci-avant[7].

La comptabilisation des apports est identique à celle des SNC.

L'article 313 de l'AUSCGIE précise que *les fonds provenant de la libération des parts sociales font l'objet d'un dépôt immédiat par le fondateur, en banque ou dans tout autre établissement de crédit ou de micro finance dûment agréé, contre récépissé, dans un compte ouvert au nom de la société en formation, ou en l'étude d'un notaire.*

Mention de la libération des parts et du dépôt des fonds est portée dans les statuts.

Application 1 :

Le 1er avril N, une SARL est constituée entre deux associés et le capital est arrêté à 10.000.000 francs divisé en parts sociales de 10.000 francs.

1. Le premier associé reçoit 60% des parts sociales en apportant :
- un fonds commercial évalué à 1.500.000 f ;
- du matériel de transport à 3.500.000 f ;
- un stock de marchandises évalué à 1.000.000 f.
2. Le second associé apporte :
- un stock de marchandises évalué à 1.000.000 f ;
- en numéraire le reste de sa souscription.

Les honoraires du notaire sont fixés à 300.000 HTVA, compte non tenu des droits d'enregistrement arrêtés à 10.000 (art. 471.II.1).

1/4/N

4611		Apporteurs, apports en nature	7 000 000	
4612		Apporteurs, apports en numéraire	3 000 000	
	1012	Capital souscrit, appelé non versé		10 000 000
		Souscription et Promesses d'apports		
215		Fonds commercial	1 500 000	
245		Matériel de transport	3 500 000	
31		Marchandises	1 000 000	
52		Banques	3 000 000	
	4611	Apporteurs, apports en nature		7 000 000
	4612	Apporteurs, apports en numéraire		3 000 000
		Libération des apports		

[7] Rapport de présentation du Décret n° 2017-596 du 24 avril 2017 abrogeant et remplaçant le décret n° 2017-462 du 21 mars 2017 fixant les émoluments des notaires en matière de constitution de société à responsabilité limitée (SARL) in Journal officiel N° 7012 du mardi 09 mai 2017.

1012		Capital souscrit, appelé, non versé	10 000 000	
	1013	Capital souscrit, appelé, versé		10 000 000
		Régularisation		
6324		Honoraires des professions réglementées	300 000	
646		Droits d'enregistrement	10 000	
445		État, TVA récupérable	54 000	
	4732	Mandataires - Notaire		364 000
		Frais de constitution		
4732		Mandataires - Notaire	364 000	
	52	Banques		364 000
		Règlement des frais de constitution		

<u>Application 2 :</u>

Un commerçant exploite une entreprise individuelle dont la situation patrimoniale, au 31 décembre N – 1, se présente comme suit :

<u>Bilan au 31/12/ N – 1</u>

Actif	**Montant**	**Passif**	**Montant**
Bâtiments	12 000 000	Capital personnel	10 000 000
Clients	2 000 000	Résultat	2 000 000
Banques	1 000 000	Dettes financières	3 000 000
Total	**15 000 000**	**Total**	**15 000 000**

Les dettes financières sont garanties par une hypothèque sur l'actif immobilisé. Le 2 janvier N, l'entrepreneur individuel constitue avec un autre commerçant une SARL au capital de 20.000.000. L'entrepreneur individuel apporte l'actif et le passif de son entreprise tel qu'il résulte de la comptabilité au 31/12/N – 1. Il reçoit en retour 60% des parts sociales. L'autre commerçant complète le capital par un apport en numéraire.

Les honoraires du notaire sont arrêtés à 500.000 HTVA.

- <u>Détermination des droits d'enregistrement exigibles sur l'acte constitutif</u>

Droit d'apport ordinaire : Droit fixe de 10.000.

Surtaxe immobilière : 12.000.000 x 2% = 240.000.

Droit d'apport à titre onéreux : 3.000.000 x 5%= 150.000 (taux de 5% pour le transfert de l'immeuble, objet d'une hypothèque - art. 471.II.1 du CGI).

Total = 400.000.

DROIT FISCAL DES APPORTS À TITRE ONÉREUX

L'apport est effectué à titre onéreux (par opposition à l'apport pur et simple réalisé en échange de droits sociaux soumis aux risques de l'entreprise) quand la contrepartie fournie par la société est un avantage ferme et actuel non soumis aux risques de l'entreprise.

Cet équivalent peut consister notamment en une somme d'argent à verser à l'apporteur par la société ou en la charge assumée par la société d'acquitter des dettes incombant à l'apporteur (passif grevant les biens apportés…).

L'apport à titre onéreux s'analyse en une véritable vente consentie par l'apporteur à la société et est, par conséquent, soumis au régime fiscal des mutations à titre onéreux, d'après la nature des biens qui en sont l'objet.

L'assimilation de l'apport à titre onéreux à une mutation est complète tant en ce qui concerne l'exigibilité de l'impôt que de son tarif et de sa liquidation.

La quotité de l'impôt applicable est déterminée d'après la nature des biens apportés.

Si les apports à titre onéreux d'un associé comprennent des meubles et des immeubles, il y a lieu d'appliquer l'article 468-9 du CGI[8] et – à défaut de prix particulier et d'estimation article par article pour les meubles – taxer ces derniers au tarif immobilier.

L'impôt de mutation à titre onéreux est perçu sur le prix augmenté des charges ou, si elle est supérieure, sur la valeur vénale réelle.

Si le prix consiste à acquitter le passif grevant le bien apporté, la taxation porte sur la totalité de ce passif.

2/1/N

4611		Apporteurs, apports en nature	12 000 000	
4612		Apporteurs, apports en numéraire	8 000 000	
	1012	Capital souscrit, appelé non versé		20 000 000
		Souscription et Promesses d'apports		
23		Bâtiments, installations et agencements	12 000 000	
4711		Débiteurs divers	2 000 000	
52		Banques	9 000 000	
	4611	Apporteurs, apports en nature		12 000 000
	4612	Apporteurs, apports en numéraire		8 000 000
	4712	Créditeurs divers		3 000 000
		Libération des apports		

[8] Lorsqu'un acte translatif de propriété, d'usufruit, de droit de superficie, d'emphytéose ou de tous autres droits immobiliers comprend des meubles et des immeubles, le droit est perçu sur la totalité du prix, au taux réglé pour les immeubles, à moins qu'il ne soit stipulé un prix particulier pour les objets mobiliers et qu'ils ne soient désignés et estimés article par article dans le contrat (art. 468.9 - CGI).

1012		Capital souscrit, appelé, non versé	20 000 000	
	1013	Capital souscrit, appelé, versé		20 000 000
		Régularisation		
6324		Honoraires des professions réglementées	500 000	
646		Droits d'enregistrement	400 000	
445		État, TVA récupérable	90 000	
	4732	Mandataires - Notaire		990 000
		Frais de constitution		
4732		Mandataires - Notaire	990 000	
	52	Banques		990 000
		Règlement des frais de constitution		

3.3. La Société Anonyme (SA)

La SA est une société dans laquelle les actionnaires ne sont responsables des dettes sociales qu'à concurrence de leurs apports et dont les droits sont représentés par des actions. La SA peut ne comprendre qu'un seul actionnaire (article 385 - AUSCGIE).

Le capital social minimum est fixé à 10 millions. Il est divisé en actions dont le montant nominal est librement fixé par les statuts (art. 387).

Les actions représentant les apports en numéraire sont libérées, lors de la souscription du capital, d'un quart (¼) au moins de leur valeur nominale. La libération du reliquat intervient dans un délai qui ne peut excéder trois (3) ans à compter de l'immatriculation de la société au RCCM (art. 389).

Les fonds provenant de la souscription des actions de numéraire sont déposés, dans un délai de huit (8) jours à compter de leur réception, par les personnes qui les ont reçus, pour le compte de la société en formation, soit chez un notaire, soit dans un établissement de crédit ou de micro finance dûment agréé domicilié dans l'État partie du siège de la société en formation, sur un compte spécial ouvert au nom de cette société (art. 393).

<u>Application 1 :</u>

- Une SA est constituée le 2 mai N – 2 avec un capital de 10.000.000, divisé en actions de 10.000 Fcfa. Les apports sont constitués par :
  - du matériel industriel évalué à 8.000.000 ;
  - du numéraire pour le reliquat, libéré à hauteur de 25%, en même temps que les apports en nature.
- Le 2 mai N – 1, la SA appelle le 2ème quart libéré le 15 mai N – 1.
- Le 2 mai N, la SA appelle le reliquat des apports en numéraire qui est libéré le 30 mai N.

2/5/N – 2

109		Actionnaires, capital souscrit, non appelé	1 500 000	
4611		Apporteurs, apports en nature	8 000 000	
4612		Apporteurs, apports en numéraire	500 000	
	1011	Capital souscrit, non appelé		1 500 000
	1012	Capital souscrit, appelé non versé		8 500 000
		Souscription et Promesses d'apports		
2411		Matériel industriel	8 000 000	
52		Banques	500 000	
	4611	Apporteurs, apports en nature		8 000 000
	4612	Apporteurs, apports en numéraire		500 000
		Libération des apports		
1012		Capital souscrit, appelé, non versé	8 500 000	
	1013	Capital souscrit, appelé, versé		8 500 000
		Régularisation		
646		Droits d'enregistrement	10 000	
	4732	Mandataires - Notaire		10 000
		Droits d'enregistrement		
4732		Mandataires - Notaire	10 000	
	52	Banques		10 000
		Règlement des droits d'enregistrement		

1. Appel ultérieur du 2 mai N – 1

2/5/N – 1

1011		Capital souscrit, non appelé	500 000	
	1012	Capital souscrit, appelé non versé		500 000
		Appel du 2ème quart du capital		
4613		Apporteurs, capital appelé non versé	500 000	
	109	Actionnaires, capital souscrit, non appelé		500 000
		Appel du 2ème quart du capital		

2. Libération du 15 mai N – 1

15/5/ N – 1

52		Banques	500 000	
	4613	Apporteurs, capital appelé non versé		500 000
		Libération du 2ème quart du capital appelé		
1012		Capital souscrit, appelé, non versé	500 000	
	1013	Capital souscrit, appelé, versé		500 000
		Régularisation		

3. Appel ultérieur du 2 mai N

2/5/N

1011		Capital souscrit, non appelé	1 000 000	
	1012	Capital souscrit, appelé non versé		1 000 000
		Appel du reliquat (3ème et 4ème quarts) du capital		
4613		Apporteurs, capital appelé non versé	1 000 000	
	109	Actionnaires, capital souscrit, non appelé		1 000 000
		Appel du reliquat (3ème et 4ème quarts) du capital		

4. Libération du 30 mai N

30/5/N

52		Banques	1 000 000	
	4613	Apporteurs, capital appelé non versé		1 000 000
		Libération du reliquat (3ème et 4ème quarts) du capital		
1012		Capital souscrit, appelé, non versé	1 000 000	
	1013	Capital souscrit, appelé, versé		1 000 000
		Régularisation		

Application 2 :

Une SA est fondée le 1er mars N – 1 avec un capital de 50.000.000 F. Ce capital est divisé en 2.000 actions réparties comme suit :

- 1.500 actions émises en rémunération d'apports en numéraire appelées et libérés de moitié lors de la souscription;
- 500 actions émises en rémunération d'un immeuble et d'un brevet apportés à la société (dont 1/5ème pour la valeur du brevet).

Les versements en espèce sont effectués le 1er mars auprès du notaire, date à laquelle sont transférés les apports en nature.

Le 8 mars, le notaire vire les fonds dans le compte bancaire ouvert au nom de la SA après avoir retenu les frais engagés pour la constitution de la société (droits d'enregistrement et honoraires du notaire de 590.000 F TTC). La société s'engage à conserver le bien immobilier pendant au moins 10 ans (art. 472.V.3 du CGI).

Le 1er mars N, la société décide d'appeler l'autre moitié des apports en numéraire et les versements sont effectués auprès de la banque le 1er avril N.

Valeur d'une action	50 000 000 / 2 000	25 000
Apports en numéraire	25 000 x 1 500	37 500 000
Apports en nature, dont : - immeuble - brevet	25 000 x 500 4/5 x 12 500 000 = 10 000 000 1/5 x 12 500 000 = 2 500 000	12 500 000
Droit d'apport ordinaire	Droit fixe	10 000
Droit d'apport immobilier	10 000 000 x 1%	100 000
Total des droits d'apport	10 000 + 100 000	**110 000**

1/3/N – 1

109		Actionnaires, capital souscrit, non appelé	18 750 000	
4611		Apporteurs, apports en nature	12 500 000	
4612		Apporteurs, apports en numéraire	18 750 000	
	1011	Capital souscrit, non appelé		18 750 000
	1012	Capital souscrit, appelé non versé		31 250 000
		Promesse des associés / Contrat de souscription		
212		Brevets	2 500 000	
23		Bâtiments	10 000 000	
4732		Mandataires - Notaire	18 750 000	
	4611	Apporteurs, apports en nature		12 500 000
	4612	Apporteurs, apports en numéraire		18 750 000
		Libération des apports		
1012		Capital souscrit, appelé, non versé	31 250 000	
	1013	Capital souscrit, appelé, versé		31 250 000
		Régularisation		

8/3/N – 1

6324		Honoraires des professions réglementées	500 000	
646		Droits d'enregistrement	110 000	
445		État, TVA récupérable	90 000	
52		Banques	18 050 000	
	4732	Mandataires - Notaire		18 750 000
		Règlement des droits d'enregistrement et des honoraires/ Virement bancaire par le notaire		

1. Appel du 1er mars N

1/3/N

1011		Capital souscrit, non appelé	18 750 000	
	1012	Capital souscrit, appelé non versé		18 750 000
		Appel du reliquat (3ème et 4ème quarts) du capital		
4613		Apporteurs, capital appelé non versé	18 750 000	
	109	Actionnaires, capital souscrit, non appelé		18 750 000
		Appel du reliquat (3ème et 4ème quarts) du capital		

2. Libération du 1er avril N

1/4/N

52		Banques	18 750 000	
	4613	Apporteurs, capital appelé non versé		18 750 000
		Libération du reliquat (3ème et 4ème quarts) du capital		
1012		Capital souscrit, appelé, non versé	18 750 000	
	1013	Capital souscrit, appelé, versé		18 750 000
		Régularisation		

4. Cas particuliers

4.1. Versements anticipés

Certains actionnaires peuvent effectuer, dès la constitution ou ultérieurement, des versements supérieurs au montant appelé par la société. Ces versements anticipés qui ne modifient pas la ventilation du capital sont enregistrés dans un compte de dettes au passif (*4616-Apporteurs, versements anticipés*) qui sera débité lors des appels ultérieurs.

Application :

Cf. application **2** en supposant qu'un actionnaire ayant souscrit 300 actions (en numéraire) a libéré dès la constitution de la société la totalité de la valeur nominale desdites actions.

1/3/N - 1

109		Actionnaires, capital souscrit, non appelé	18 750 000	
4611		Apporteurs, apports en nature	12 500 000	
4612		Apporteurs, apports en numéraire	18 750 000	
	1011	Capital souscrit, non appelé		18 750 000
	1012	Capital souscrit, appelé non versé		31 250 000
		Promesse des associés / Contrat de souscription		

212		Brevets	2 500 000	
23		Bâtiments	10 000 000	
4732		Mandataires - Notaire	22 500 000	
	4611	Apporteurs, apports en nature		12 500 000
	4612	Apporteurs, apports en numéraire		18 750 000
	4616	Apporteurs, versements anticipés		3 750 000
		Libération des apports		
1012		Capital souscrit, appelé, non versé	31 250 000	
	1013	Capital souscrit, appelé, versé		31 250 000
		Régularisation		

8/3/N – 1

6324		Honoraires des professions réglementées	500 000	
646		Droits d'enregistrement	110 000	
445		État, TVA récupérable	90 000	
52		Banques	21 800 000	
	4732	Mandataires - Notaire		22 500 000
		Règlement des droits d'enregistrement et des honoraires / Virement bancaire par le notaire		

1. Appel du 1er mars N

1/3/N

1011		Capital souscrit, non appelé	18 750 000	
	1012	Capital souscrit, appelé non versé		18 750 000
		Appel du reliquat (3ème et 4ème quarts) du capital		
4613		Apporteurs, capital appelé non versé	18 750 000	
	109	Actionnaires, capital souscrit, non appelé		18 750 000
		Appel du reliquat (3ème et 4ème quarts) du capital		

2. Libération du 1er avril N

1/4/N

4616		Apporteurs, versements anticipés	3 750 000	
52		Banques	15 000 000	
	4613	Apporteurs, capital appelé non versé		18 750 000
		Libération du reliquat (3ème et 4ème quarts) du capital		
1012		Capital souscrit, appelé, non versé	18 750 000	
	1013	Capital souscrit, appelé, versé		18 750 000
		Régularisation		

4.2. Les actionnaires retardataires

Il s'agit d'actionnaires ayant effectué leur versement au-delà du délai retenu par la société. Ils peuvent supporter de ce fait des intérêts de retard.

À cet effet, l'article 43 de l'AUSCGIE dispose *qu'en cas de retard dans le versement, les sommes restant dues à la société portent de plein droit intérêt au taux légal à compter du jour où le versement devait être effectué, sans préjudice de dommages et intérêts, s'il y a lieu.*

Application :

Cf. application **2** en supposant que l'un des actionnaires (X) ayant souscrit pour 100 titres libère le reliquat appelé (le 1er mars N) vingt (20) jours après le délai requis (1er avril) ; soit le 21 avril N. À cet effet, il reste devoir des intérêts de retard de 9% HTVA.

1. Appel du 1er mars N

1/3/N

1011		Capital souscrit, non appelé	18 750 000	
	1012	Capital souscrit, appelé non versé		18 750 000
		Appel du reliquat (3ème et 4ème quarts) du capital		
4613		Apporteurs, capital appelé non versé	18 750 000	
	109	Actionnaires, capital souscrit, non appelé		18 750 000
		Appel du reliquat (3ème et 4ème quarts) du capital		

2. Libération du 1er avril N

1/4/N

52		Banques	17 500 000	
	4613	Apporteurs, capital appelé non versé		17 500 000
		Libération partielle du reliquat du capital		
467		Apporteurs, restant dû sur capital appelé	1 250 000	
	4613	Apporteurs, capital appelé non versé		1 250 000
		Retard / 100 titres de X		
1012		Capital souscrit, appelé, non versé	17 500 000	
	1013	Capital souscrit, appelé, versé		17 500 000
		Régularisation		

3. Libération tardive du 21 avril N

21/4/N

52		Banques	1 257 375	
	467	Apporteurs, restant dû sur capital appelé		1 250 000
	77	Revenus financiers		6 250
	443	État, TVA facturée		1 125
		Libération tardive des 100 titres de X et règlement des intérêts de retard		
1012		Capital souscrit, appelé, non versé	1 250 000	
	1013	Capital souscrit, appelé, versé		1 250 000
		Régularisation		

4.3. Les actionnaires défaillants

En cas de non-paiement des sommes restant à verser, sur les actions non libérées aux dates fixées par le Conseil d'administration, ou par l'Administrateur général, la société adresse à l'actionnaire défaillant une mise en demeure. Un mois après cette mise en demeure restée sans effet, la société poursuit la vente, par un notaire, des actions en bourse (actions cotées) ou aux enchères publiques (actions non cotées). Les frais engagés par la société pour parvenir à la vente des actions sont à la charge de l'actionnaire défaillant qui peut rester par la suite débiteur ou créditeur vis-à-vis de la société (articles 775 à 777 - AUSCGIE).

Application :

Cf. application **2** en supposant que l'un des actionnaires (Y) ayant souscrit pour 100 titres n'a pas effectué la libération du reliquat. Le 15 mai N, les actions sont vendues aux enchères publiques (comme totalement libérées) à 24.000 l'une. La société met à la charge de l'actionnaire défaillant des intérêts de retard au taux de 12% HTVA.

1. Appel du 1er mars N

1/3/N

1011		Capital souscrit, non appelé	18 750 000	
	1012	Capital souscrit, appelé non versé		18 750 000
		Appel du reliquat (3ème et 4ème quarts) du capital		
4613		Apporteurs, capital appelé non versé	18 750 000	
	109	Actionnaires, capital souscrit, non appelé		18 750 000
		Appel du reliquat (3ème et 4ème quarts) du capital		

2. Libération du 1er avril N

1/4/N

52		Banques	17 500 000	
	4613	Apporteurs, capital appelé non versé		17 500 000
		Libération partielle du reliquat du capital		
467		Apporteurs, restant dû sur capital appelé	1 250 000	
	4613	Apporteurs, capital appelé non versé		1 250 000
		Retard / 100 titres de Y		
1012		Capital souscrit, appelé, non versé	17 500 000	
	1013	Capital souscrit, appelé, versé		17 500 000
		Régularisation		

1/5/N

4617		Apporteurs défaillants	1 250 000	
	467	Apporteurs, restant dû sur capital appelé		1 250 000
		Défaillance de l'actionnaire Y		

15/5/N

52		Banques	2 400 000	
	4617	Apporteurs défaillants		2 400 000
		Vente aux enchères des 100 actions de Y		
4617		Apporteurs défaillants	22 125	
	77	Revenus financiers		18 750
	443	État, TVA facturée		3 375
		Intérêts de retard de l'actionnaire défaillant Y		
4617		Apporteurs défaillants	1 127 875	
	52	Banques		1 127 875
		Pour solde du compte de l'actionnaire Y		
1012		Capital souscrit, appelé, non versé	1 250 000	
	1013	Capital souscrit, appelé, versé		1 250 000
		Régularisation du capital		

3. Calcul du résultat de la défaillance

Valeur des actions	100 x 25 000	2 500 000
Montant payé par le nouvel actionnaire	100 x 24 000	2 400 000
Différence	2 500 000 - 2 400 000	100 000
Intérêts de retard	[(1 250 000 x 12%) x 45/360] x 1,18	22 125
Perte totale de l'actionnaire défaillant ou **Résultat de la défaillance**	100 000 + 22 125	**122 125**
	1 250 000 – 1 127 875	

II. L'AUGMENTATION DU CAPITAL DES SOCIÉTÉS

Au cours de sa vie sociale, une société peut être amenée à procéder à des augmentations de capital qui peuvent être effectuées :

- par voie d'apports nouveaux (apports en numéraire ou en nature) ;
- par incorporation de réserves, de bénéfices ou de primes ;
- par compensation ou conversion de créances (certaines, exigibles et liquides) sur la société.

Le capital social étant le gage des créanciers de la société, toute variation de ce capital implique une modification des statuts et obéit à des règles et formalités particulières (AG extraordinaire, majorité qualifiée des associés, etc.) suivant la forme de la société.

1. L'augmentation du capital par apports nouveaux

1.1. La protection des anciens actionnaires : le droit préférentiel de souscription

Les actions nouvelles, représentatives d'apports en nature ou en numéraire, sont émises à leur valeur nominale majorée d'une prime d'émission (apports en numéraire) ou d'une prime d'apport (apports en nature).

Le prix d'émission représente la somme versée par un actionnaire pour obtenir une action nouvelle. Il est, au minimum, égal à la valeur nominale et, au maximum, à la valeur réelle de l'action avant augmentation. L'émission en-dessous du pair est interdite ; autrement dit, le prix d'émission ne peut pas être inférieur à la valeur nominale. Et en toute logique, elle ne peut pas, non plus, être supérieure à la valeur réelle.

En conséquence, si le prix d'émission est inférieur à la valeur réelle de l'action avant augmentation, la valeur de l'action après augmentation va diminuer.

__Application :__

Une SA, au capital de 10.000.000 F divisé en actions de 10.000 F, décide d'augmenter son capital par création de 500 actions nouvelles (de 10.000) émises à 15.000 F.

Détermination de la valeur réelle de l'action après augmentation, sachant que la valeur réelle avant augmentation est de 18.000.

Valeur nominale		10 000
Prix d'émission d'une action		15 000
Valeur réelle avant augmentation	18 0000 000 / 1 000	18 000
Valeur réelle après augmentation	[(1 000 x 18 000) + (500 x 15 000)] / 1 500	17 000
	(18 000 000 + 7 500 000) / 1 500	

La valeur réelle après augmentation est toujours inférieure à la valeur réelle avant augmentation.

Ainsi, les anciens actionnaires pourraient être lésés par la baisse de la valeur de leurs actions. Afin d'atténuer une telle baisse, les anciens actionnaires disposent d'un droit à la souscription des actions nouvelles. Ce droit, appelé *Droit Préférentiel de Souscription* (DPS), est proportionnel au nombre d'actions détenues avant l'augmentation du capital. Ce droit est irréductible (article 573 et suivants de l'AUSCGIE).

Les actionnaires qui n'entendent pas utiliser leurs droits peuvent les vendre à des personnes qui n'en disposent pas (le DPS est cessible) ou qui n'ont pas suffisamment de droits pour participer à l'opération. Ces droits sont négociables et peuvent être cotés en bourse au même titre que les actions.

Toutefois, il est possible de déterminer une valeur théorique qui peut servir de base à une négociation lorsque les droits ne sont pas cotés en bourse.

Cette valeur théorique du DPS est égale à la perte (théorique) ou à la différence entre la valeur réelle de l'action avant augmentation et sa valeur réelle après augmentation.

→ <u>Analyse à partir de la situation de l'actionnaire ancien</u> : chaque actionnaire possédant deux (2) actions ou 2 DPS pour souscrire à une action nouvelle (1.000 actions anciennes pour 500 actions nouvelles) subit une perte de valeur de 1.000 F (18.000 - 17.000). Pour compenser cette perte, il bénéficie d'un DPS d'une valeur théorique de 1.000 F : **1 DPS = 1.000 F**

Ainsi, un actionnaire possédant 15 actions anciennes peut souscrire à 7 actions nouvelles correspondant aux droits rattachés à 14 actions anciennes et céder 1 DPS (15 - 14) ou acheter 1 DPS (1 + 15) pour souscrire ainsi à 8 actions nouvelles.

→ <u>Analyse à partir de la situation de l'actionnaire nouveau</u> : le nouvel actionnaire souscrit auprès de la société une action à 15.000 F et reçoit en contrepartie une action d'une valeur réelle de 17.000 F, mais il devra acquérir 2 DPS auprès des anciens actionnaires pour chaque nouvelle action : 15.000 F + 2 DPS = 17.000 => **1 DPS = 1.000 F**

La souscription à titre irréductible et la souscription à titre réductible

Le DPS ne peut être réduit ; aussi l'appelle-t-on *DPS à titre irréductible*. Certains actionnaires n'utilisent pas leur droit, ce qui permet à d'autres de souscrire un nombre d'actions supérieur à celui qui leur est réservé à titre irréductible. Ces souscriptions à titre réductible ne peuvent être satisfaites que dans la limite des actions non souscrites (à titre irréductible)[9].

Suppression du droit préférentiel

L'assemblée générale qui décide ou autorise une augmentation de capital peut, en faveur d'un ou de plusieurs bénéficiaires nommément désignés, supprimer le droit préférentiel de souscription pour la totalité de l'augmentation de capital ou pour une ou plusieurs tranches de cette augmentation (article 586 - AUSCGIE).

Renonciation individuelle au droit préférentiel de souscription

Les actionnaires peuvent renoncer, à titre individuel, à leur droit préférentiel de souscription au profit de personnes dénommées. Ils peuvent également renoncer à ce droit sans indication de bénéficiaires (article 593).

1.2. La comptabilisation des apports en numéraire

Pour la SA, les actions souscrites en numéraire sont libérées, lors de la souscription, d'un quart (¼) au moins de la valeur nominale et, le cas échéant, de la totalité de la prime d'émission (art. 604 - AUSCGIE). La libération du surplus doit intervenir en une ou plusieurs fois dans le délai de trois (3) ans à compter du jour où l'augmentation de capital a été réalisée (art. 605).

Ce délai est porté à deux (2) ans à compter du jour où l'augmentation de capital est devenue définitive dans la SARL dont les parts sont obligatoirement libérées, lors de la souscription, de la moitié (½) au moins de leur valeur nominale (article 361-1).

Les fonds provenant de la souscription d'actions de numéraire sont déposés, dans le délai de huit (8) jours à compter de la réception des fonds, par les dirigeants sociaux, pour le compte de la SA, soit dans un établissement de crédit ou de microfinance dûment agréé domicilié dans l'État partie du siège, soit en l'étude d'un notaire (art. 607). Il en de même pour une SARL (article 361).

<u>Application 1 :</u>

Une SA, au capital de 10.000 .000 F, décide d'augmenter son capital en émettant 500 actions de 10.000 F au prix de 15.000 F, libérées intégralement. Les souscriptions ont fait l'objet de dépôt dans une banque par les dirigeants sociaux du 1er au 31 mai N. Le notaire délivre une *déclaration notariée de souscription et de versement* le 1er juin N.

---

9 Si l'Assemblée générale le décide expressément, les actionnaires ont également un droit préférentiel de souscription à titre réductible des actions nouvelles qui n'auraient pas été souscrites à titre irréductible (art. 575).

1er au 31/5/N

52		Banques	7 500 000	
	4615	Apporteurs, versements reçus sur aug. de K		7 500 000
		Versements des dirigeants sociaux suivant augmentation du capital Bordereau de versement N°..., Chèques N°...		

1/6/N

4615		Apporteurs, versements reçus sur aug. de capital	7 500 000	
	1013	Capital souscrit, appelé, versé		5 000 000
	1051	Primes d'émission		2 500 000
		Réalisation de l'augmentation ; Certificat de dépôt N°...		
646		Droits d'enregistrement	10 000	
	442	État, autres impôts et taxes		10 000
		Liquidation des droits d'enregistrement		
442		État, autres impôts et taxes	10 000	
	52	Banques		10 000
		Règlements des droits d'enregistrement		

DROIT FISCAL

Le nouveau montant du capital (après augmentation) détermine le niveau des droits d'enregistrement exigibles.

Si le nouveau capital est toujours inférieur à 100 millions, le droit fixe de 10.000 Frs s'applique (art. 471-II-1 du CGI).

Autrement, et comme dans le cadre d'une constitution, *les actes de formation, de prorogation et d'augmentation de capital des sociétés ou GIE, quelle que soit la modalité, qui ne contiennent ni obligation, ni libération ou transmission de biens meubles ou immeubles entre les associés ou autres personnes, sont assujettis à un droit de* ***1%*** *liquidé sur le montant total des apports mobiliers et immobiliers déduction faite du passif lorsque le capital est supérieur à 100 millions* (art. 472.V.2).

Fiscalité applicable au DPS (entre les mains des actionnaires)

Est applicable au DPS, le régime fiscal des revenus des valeurs mobilières (action, obligation, etc.) détenues par un actionnaire. Un DPS devrait s'analyser, en effet, comme un démembrement des droits liés aux actions.

- En matière de droits d'enregistrement, l'article 472-V-8 soumet au taux de 1% *les cessions d'actions, d'obligations et de parts sociales des sociétés.*
- En matière d'impôt sur le revenu, il convient de se référer à l'article 85-1 du CGI qui considère comme revenus des valeurs mobilières, entre autres, *les dividendes, intérêts, arrérages, revenus et* ***tous autres produits des actions de toute nature*** *et des parts de fondateurs des sociétés, compagnies et entreprises quelconques qu'elles soient financières, industrielles, commerciales ou civiles visées à l'article 84, quelle que soit l'époque de leur création.*

Application 2 :

Cf. application 1 en supposant une libération partielle du minimum légal

1er au 31/5/N

52		Banques	3 750 000	
	4615	Apporteurs, versements reçus sur aug. de K		3 750 000
		Versements des dirigeants sociaux suivant augmentation du capital Bordereau de versement N°..., Chèques N°...		

1/6/N

109		Actionnaires, capital souscrit non appelé	3 750 000	
4615		Apporteurs, versements reçus sur aug. de capital	3 750 000	
	1011	Capital souscrit, non appelé		3 750 000
	1013	Capital souscrit, appelé, versé		1 250 000
	1051	Primes d'émission		2 500 000
		Libération du 1er quart et de la totalité de prime d'émission		
646		Droits d'enregistrement	10 000	
	52	Banques		10 000
		Règlements des droits d'enregistrement		

1/6/N

1011		Capital souscrit, non appelé	1 250 000	
	1012	Capital souscrit, appelé, non versé		1 250 000
		Appel du 2ème quart		
4613		Apporteurs, capital appelé non versé	1 250 000	
	109	Actionnaires, capital souscrit non appelé		1 250 000
		Appel du 2ème quart		
52		Banques	1 250 000	
	4613	Actionnaires, capital appelé non versé		1 250 000
		Libération du 2ème quart appelé		
1012		Capital souscrit, appelé, non versé	1 250 000	
	1013	Capital souscrit, appelé, versé		1 250 000
		Régularisation du capital		

NB : Les écritures d'appel et de libération ultérieurs (3ème et 4ème quarts) sont identiques à celles prévues dans le cadre de la constitution des sociétés.

1.3. La comptabilisation des apports en nature

Après l'évaluation des apports en nature, le nombre d'actions à créer est déterminé comme suit :

$$\text{Nombre d'actions à créer} = \frac{\text{Valeur des apports en nature}}{\text{Valeur réelle de l'action}}$$

L'augmentation de capital par apports en nature est réalisée sans DPS, puisque les actionnaires anciens sont protégés par l'émission des actions nouvelles à leurs valeurs réelles.

Toutefois, pour une évaluation correcte de l'apport en nature à une SA, un ou plusieurs commissaires aux apports[10] sont désignés, à l'unanimité des actionnaires ou à défaut, à la requête du président du conseil d'administration, du directeur général ou de l'administrateur général, selon le cas, par la juridiction compétente du lieu du siège social (article 619 - AUSCGIE).

Il en est de même pour une SARL, en cas d'augmentation de capital réalisée par des apports en nature, avec la désignation d'un commissaire aux apports par les associés dès lors que la valeur de chaque apport considéré ou la valeur de l'ensemble des apports considérés est supérieure à cinq millions (5.000.000) de francs CFA (article 363).

Application 1 : Cas d'une SA

Le 15/5/N, une SA, au capital de 150 millions, divisé en actions de 10.000 F, décide d'augmenter son capital au moyen d'un apport en nature d'un immeuble évalué à 36.000.000 F. La valeur réelle de l'action avant augmentation est de 18.000 F. Les honoraires du notaire sont arrêtés à 2.000.000.

1. Détermination du montant de l'augmentation de capital

$$\text{Nombre d'actions à créer} = \frac{\text{Valeur des apports}}{\text{Valeur réelle de l'action}} = \frac{36.000.000}{18.000} = 2.000 \text{ actions}$$

Augmentation du capital	2 000 actions x 10 000	20 000 000
Primes d'apport	2 000 actions x (18 000 – 10 000)	16 000 000

2. Détermination des droits d'enregistrement exigibles sur l'augmentation

Droit d'apport ordinaire : (186.000.000 - 150.000.000) x 1% = 360.000

Surtaxe immobilière = 36.000.000 x 1% = 360.000 F (2% ramené à 1% suite à l'engagement de la société de conserver le bien pendant 10 ans au minimum).

Total = 720.000

---

[10] Le commissaire aux apports ne peut être le commissaire aux comptes de la société (art. 620).

3. Écritures comptables

15/5/N

23		Bâtiments	36 000 000	
	1013	Capital souscrit, appelé, versé		20 000 000
	1052	Primes d'apport		16 000 000
		Transfert de propriété de l'immeuble / Acte notarié №...		
6324		Honoraires des professions réglementées	2 000 000	
646		Droits d'enregistrement	720 000	
445		État, TVA récupérable	360 000	
	4732	Mandataires - Notaire		3 080 000
		Liquidation des droits d'enregistrement et des honoraires		
4732		Mandataires - Notaire	3 080 000	
	52	Banques		3 080 000
		Règlement des droits d'enregistrement et des honoraires		

ou, en transitant par le compte *4611*

15/5/N

23		Bâtiments	36 000 000	
	4611	Apporteurs, apports en nature		36 000 000
		Transfert de propriété de l'immeuble / Acte notarié №...		
4611		Apporteurs, apports en nature	36 000 000	
	1013	Capital souscrit, appelé, versé		20 000 000
	1052	Primes d'apport		16 000 000
		Réalisation de l'augmentation		
6324		Honoraires des professions réglementées	2 000 000	
646		Droits d'enregistrement	720 000	
445		État, TVA récupérable	360 000	
	4732	Mandataires - Notaire		3 080 000
		Liquidation des droits d'enregistrement et des honoraires		
4732		Mandataires - Notaire	3 080 000	
	52	Banques		3 080 000
		Règlement des droits d'enregistrement et des honoraires		

Les opérations portant augmentation de capital sont moins fréquentes dans les SARL (et SNC) où les membres s'associent en considération de leur personne. Le cas échéant, l'augmentation du capital est généralement le fait des anciens associés.

Dans tous les cas, leur protection est assurée :

- soit par l'exercice d'un DPS ;
- soit par la fixation d'un prix d'émission égal à la valeur réelle des parts sociales.

De même, le schéma de comptabilisation reste identique à celui des SA.

Application 2 : Cas d'une SARL

Une SARL, au capital de 100.000.000 (10.000 parts sociales de valeur nominale 10.000 F et de valeur réelle unitaire 15.000), procède le 1er août N à une augmentation de capital :

- en numéraire par émission de 2.000 parts à 15.000 F ;
- en nature par apport immobilier rémunéré par 5.000 parts sociales.

1. Détermination du montant de l'augmentation de capital

Montant de l'augmentation de capital	(2 000 x 10 000) + (5 000 x 10 000) 20 000 000 + 50 000 000 F	70 000 000
	Apports en numéraire	
Prix d'émission	2 000 parts x 15 000	30 000 000
Prime d'émission	2 000 parts x (15 000 – 10 000) 30 000 000 – 20 000 000	10 000 000
	Apports (immobiliers) en nature	
Prix d'émission	5 000 parts x 15 000	75 000 000
Prime d'apport	5 000 parts x (15 000 – 10 000) 75 000 000 – 50 000 000	25 000 000

2. Écritures comptables

1/8/N

52		Banques	30 000 000	
	4615	Apporteurs, versements reçus sur aug. de K		30 000 000
		Versements des dirigeants sociaux suivant augmentation du capital Bordereaux de versement №..., Chèques №...		
23		Bâtiments	75 000 000	
4615		Apporteurs, versements reçus sur aug. de capital	30 000 000	
	1013	Capital souscrit, appelé, versé		70 000 000
	1051	Primes d'émission		10 000 000
	1052	Primes d'apport		25 000 000
		Transfert de propriété de l'immeuble / Acte notarié №... & Réalisation de l'augmentation		
646		Droits d'enregistrement	1 800 000	
	52	Banques		1 800 000
		Paiement des droits d'enregistrement (105.000.000 x 1%) + 75.000.000 x 1% (engagement de conserver l'immeuble)		

2. L'augmentation du capital par incorporation de réserves (primes, RAN, etc.)

Afin de renforcer son crédit ou d'accroître la garantie offerte aux tiers (créanciers notamment), une société qui dispose de réserves relativement importantes peut décider de les incorporer dans son capital. Une telle opération peut être réalisée :

- soit par augmentation du nombre des actions (attribution gratuite d'actions) ;
- soit par augmentation de la valeur nominale de l'action.

DROIT FISCAL

En matière de droits d'enregistrement, il convient aussi d'appliquer les dispositions des articles 471-II-1 et 472.V.2 suivant le montant du capital.

Pour rappel, *les actes de formation, de prorogation et d'augmentation de capital des sociétés ou GIE, quelle que soit la modalité, qui ne contiennent ni obligation, ni libération ou transmission de biens meubles ou immeubles entre les associés ou autres personnes, sont assujettis à un droit de **1%** liquidé sur le montant total des apports mobiliers et immobiliers déduction faite du passif lorsque le capital est supérieur à 100 millions* (art. 472.V.2).

En matière d'impôt sur les revenus (entre les mains des actionnaires), les réserves (y compris les primes, les reports à nouveau -RAN- créditeurs, etc.) incorporées au capital ne sont pas considérées fiscalement comme des distributions.

En effet, et aux termes des dispositions de l'article 205.3, la retenue à la source de 10% (applicable aux dividendes distribués et à tous autres produits des actions de toute nature) n'est pas applicable aux distributions de réserves ou de bénéfices effectuées toutes deux sous la forme d'augmentation de capital.

Toutefois, lorsque ces distributions sont consécutives à une réduction de capital non motivée par des pertes sociales ou à une opération quelconque impliquant le remboursement direct ou indirect du capital en franchise d'impôt réalisée depuis moins de dix (10) ans, elles ne peuvent bénéficier de l'exemption ci-dessus que si et dans la mesure où l'augmentation de capital en résultant excède le capital remboursé.

Lorsque les distributions sont suivies dans le délai de dix (10) ans d'une réduction de capital non motivée par des pertes sociales ou d'une opération quelconque impliquant le remboursement direct ou indirect du capital en franchise d'impôt, elles sont déchues du bénéfice de l'exemption pour une somme égale au montant du remboursement et les droits exigibles doivent être acquittés dans les 20 premiers jours du mois suivant celui de l'événement qui a entraîné la déchéance.

2.1. L'augmentation du nombre d'actions ou attribution gratuite d'actions

Si la valeur nominale des actions ne change pas, le capital augmentant, il faut nécessairement augmenter le nombre des actions. Il y aura donc distribution gratuite d'actions nouvelles aux anciens actionnaires proportionnellement au nombre d'actions détenues. Ainsi à chaque action ancienne va correspondre un droit d'attribution (DA).

Les DA peuvent être cédés par les actionnaires qui ne désirent pas recevoir des actions nouvelles ou par ceux qui ont un résidu de droit par rapport au nombre entier maximal d'actions gratuites qu'ils peuvent obtenir.

Les DA peuvent être aussi cotés en bourse. Il est également possible d'en calculer une valeur théorique égale à la perte de valeur des actions anciennes suite à l'augmentation du nombre d'actions.

Application :

Le 1er juillet N, une SA, au capital de 100.000.000 F (5.000 actions de 20.000 F), décide d'incorporer dans ledit capital 25.000.000 F de réserves facultatives et 15.000.000 F de report à nouveau créditeur par distribution de 2.000 actions gratuites. La valeur de l'action avant augmentation est de 35.000 F.

- Détermination du droit d'attribution

	Nombre d'actions	Valeur réelle unitaire	Valeur globale des actions
Avant augmentation	5 000	35 000	175 000 000
Augmentation	2 000	0	0
Après augmentation	7 000	25 000	175 000 000

→ Analyse à partir de la situation de l'actionnaire ancien : L'incorporation au capital des réserves et des reports à nouveau réduit le montant des réserves et augmente le capital d'autant. L'actif net n'est donc pas modifié mais seulement réparti sur un plus grand nombre d'actions. Ce qui aboutit à une perte de valeur correspondant à la valeur théorique du droit d'attribution.

1 DA = 35.000 - 25.000 => **1 DA = 10.000 F**

→ Analyse de la situation de l'actionnaire nouveau : Il existe 5.000 actions anciennes donc 5.000 droits d'attribution pour 2.000 actions gratuites. Il faudra donc 5 DA (ou 5 actions anciennes) pour obtenir 2 actions gratuites, valant après augmentation 25.000 chacune.

5 DA = 0 + (2 x 25.000) = 50.000 => **1 DA = 10.000 F**

2.2. L'augmentation de la valeur nominale

Si la valeur nominale de l'action augmente dans les mêmes proportions que l'augmentation du capital, il faudra échanger les actions existantes contre d'autres actions à la nouvelle valeur nominale sans effet sur la valeur réelle ou intrinsèque de l'action.

2.3. Comptabilisation

Application :

Le 1er juillet N, une SA au capital de 100 millions (5.000 actions de 20.000 F), décide d'incorporer dans ledit capital 25.000.000 F de réserves facultatives et 15.000.000 F de report à nouveau. La valeur de l'action avant augmentation est de 35.000 F.

Hypothèse 1 : Par distribution de 2.000 actions gratuites (augmentation du nombre des actions)

1/7/N

1181		Réserves facultatives	25 000 000	
121		Report à nouveau créditeur	15 000 000	
	1013	Capital souscrit, appelé, versé		40 000 000
		Incorporation au K de réserves et de RAN		
646		Droits d'enregistrement	350 000	
	52	Banques		350 000
		Règlement des droits d'enregistrement < 35.000.000 x 1% >		

Le capital après augmentation sera ainsi composé de 7.000 actions (au lieu de 5.000 actions) de 20.000 F, soit 140.000.000 F (= 7.000 x 20.000 = 100.000.000 + 40.000.000)

Hypothèse 2 : Par augmentation de 40% du capital en revoyant à la hausse et dans la même proportion la valeur nominale de l'action. Ladite valeur nominale va donc passer de 20.000 à 28.000 F.

1/7/N

1181		Réserves facultatives	25 000 000	
121		Report à nouveau créditeur	15 000 000	
	1013	Capital souscrit, appelé, versé		40 000 000
		Incorporation au K de réserves et de RAN		
646		Droits d'enregistrement	350 000	
	52	Banques		350 000
		Règlement des droits d'enregistrement < 35.000.000 x 1% >		

Le capital après augmentation sera donc composé de 5.000 actions de 28.000 F (au lieu de 20.000 F), soit 140.000.000 F (= 5.000 x 28.000 = 100.000.000 + 40.000.000).

3. La double augmentation de capital par apports en numéraire et par incorporation de réserves

Une société peut procéder à une double augmentation de capital par émission d'actions en numéraire et par incorporation de réserves suivant les deux modalités ci-après :

3.1. Opérations successives

Une attribution d'actions gratuites peut précéder une augmentation du capital en numéraire afin de sensibiliser le public sur les performances de l'entreprise et de favoriser ainsi la souscription des actions en numéraire.

Application 1 :

Une SA au capital de 100.000.000 (5.000 actions de 20.000 F) décide d'augmenter son capital :

- le 1er juin, par incorporation de 40.000.000 F de réserves facultatives et par distribution de 2.000 actions gratuites ;
- le 1er juillet, par émission de 3.000 actions à 23.000 F. La valeur réelle de l'action avant les deux opérations est de 35.000 F.

1. Détermination du droit d'attribution (DA)

	Nombre d'actions	Valeur réelle unitaire	Valeur globale des actions
Avant augmentation	5 000	35 000	175 000 000
Augmentation	2 000	0	0
Après augmentation	7 000	25 000	175 000 000

En procédant à une analyse de la situation de l'actionnaire ancien, la valeur du droit d'attribution est égale à la perte de valeur entre la situation avant augmentation et la valeur après augmentation :

1 DA = 35.000 – 25.000 => **1 DA = 10.000 F**

2. Détermination du droit préférentiel de souscription (DPS)

	Nombre d'actions	Valeur réelle unitaire	Valeur globale des actions
Avant augmentation	7 000	25 000	175 000 000
Augmentation	3 000	23 000	69 000 000
Après augmentation	10 000	24 400	244 000 000

En analysant la situation suivant l'actionnaire ancien :

1 DPS = 25.000 – 24.400 => **1 DPS = 600 F**

Application 2 :

Cf. application ci-dessus en considérant que les deux opérations sont simultanées.

1. Détermination des valeurs théoriques du DPS et du DA

		Nombre d'actions	Valeur réelle unitaire	Valeur globale des actions
Avant augmentation		5 000	35 000	175 000 000
Augmentation	Apports nouveaux	3 000	23 000	69 000 000
	Incorporation de réserves	2 000	0	0
Après augmentation		10 000	24 400	244 000 000

À chaque action ancienne sont rattachés conjointement un DPS et un DA. En analysant la situation de l'actionnaire ancien, la valeur globale des droits (DPS et DA), en considération de la perte de valeur du titre après l'augmentation du capital, est égale à : 35.000 – 24.400 = 10.600 F ; 1 DPS + 1 DA = 10.600 F.

Pour déterminer la valeur respective de chaque droit, il importe d'analyser la situation de l'actionnaire nouveau.

2. Détermination du DA

Il existe 5.000 actions anciennes (donc 5.000 droits d'attribution) pour 2.000 actions gratuites

5 actions anciennes = 2 actions gratuites

5 DA = 2 actions gratuites

5 DA = 2 x 24.400 = 48.800 => **1 DA = 9.760**

3. Détermination du DPS

Il existe 5.000 actions anciennes (donc 5.000 DPS) pour 3.000 actions nouvelles. Il faudra donc 5 DPS pour obtenir 3 actions nouvelles, valant après augmentation 24.400 chacune.

5 DPS + (23.000 x 3) pour 3 actions valant 24.400 chacune

5 DPS + 69.000 = 24.400 x 3 = 73.200

5 DPS = 73.200 - 69.000 = 4.200 => **1 DPS = 840** (= 10.600 - 9.760)

En comparant au cas précédent (opérations successives), l'on constate que ce type d'augmentation ne donne pas les mêmes valeurs au DPS et au DA.

	DPS	DA	Valeur globale
Opération successives	600	10 000	10 600
Opérations simultanées	840	9 760	10 600

3.2. Opérations simultanées

Afin d'éviter deux (2) opérations successives, les sociétés ont la possibilité d'augmenter simultanément le capital par apports nouveaux et par incorporation de réserves.

4. L'augmentation du capital par conversion de créances sur la société

Les créanciers d'une société peuvent être associés à une augmentation de capital, en acceptant que des actions leur soient remises en guise de remboursement partiel ou total de leur créance. Dans ce cas, et généralement afin de résoudre des difficultés de trésorerie de la société, les anciens actionnaires acceptent de renoncer à leur droit préférentiel de souscription.

Toutefois, l'émission d'actions par compensation avec les créances détenues sur la société émettrice, ne peut intervenir que si ces créances sont certaines, liquides et exigibles.

En plus, ces créances font l'objet d'un arrêté des comptes établi, selon le cas, par le conseil d'administration ou par l'administrateur général et certifié exact par le commissaire aux comptes (article 611 - AUSCGIE).

DROIT FISCAL

En matière de droits d'enregistrement, le droit commun est applicable aux conversions de créances en capital.

Les créances converties devront être considérées comme des apports de tiers externes à la société.

En matière d'impôt sur les revenus (entre les mains des nouveaux actionnaires), il conviendrait, le cas échéant, de s'assurer du sort réservé au coupon (intérêt) attaché à l'obligation convertie en action et de mettre en œuvre convenablement la fiscalité applicable au regard des modalités de conversion.

Aux termes des dispositions de l'article 203-3 du CGI, les revenus des obligations, à échéance d'au moins cinq (5) ans, émises au Sénégal, sont soumis à une retenue à la source de 6 %, libératoire de tous autres impôts. Autrement (moins de 5 ans), la retenue est de 13% non libératoire (article 173-2 du CGI).

En matière d'impôt sur les sociétés, les abandons de créances ne sont pas pris en compte pour la détermination des résultats imposables de la société débitrice (bénéficiaire) si cette dernière prend l'engagement d'augmenter son capital au profit de la société créancière, d'une somme au moins égale aux abandons de créances, à condition que cette dernière détienne une participation dans la société débitrice[11] et que les créances abandonnées ne soient pas déductibles des résultats imposables de la société créancière.

[11] Société mère et filiale au sens de l'article 21 du CGI.

L'engagement doit être joint à la déclaration de résultats de l'exercice au cours duquel les abandons sont intervenus ; l'augmentation de capital doit être effectuée, en numéraire ou par conversion de créance, avant la clôture du second exercice suivant[12] (article 24 du CGI).

Application 1 : Conversion de créances ordinaires

À la suite d'un accord avec un de ses principaux fournisseurs, une SA procède le 1er août N à la conversion d'une créance de 50.000.000 dudit fournisseur, en actions de valeurs nominales de 20.000 F, émises à 25.000 F.

Le capital initial est de 100.000.000 F (5.000 actions de 20.000 F).

1. Détermination du montant de l'augmentation de capital

$$\text{Nombre d'actions à créer} = \frac{\text{Créance}}{\text{Prix d'émission}} = \frac{50\,000\,000}{25\,000} = 2\,000 \text{ actions}$$

Augmentation du capital	2.000 actions x 20.000	40.000.000
Primes de conversion	2.000 actions x (25.000 – 20.000)	10.000.000
	50.000.000 – 40.000.000	

2. Écritures comptables

1/8/N

401		Fournisseurs	50 000 000	
	1013	Capital souscrit, appelé, versé		40 000 000
	1054	Primes de conversion		10 000 000
		Conversion en K des créances du Fournisseur X...		
646		Droits d'enregistrement	500 000	
	52	Banques		500 000
		Paiement des droits d'enregistrement < 50.000.000 x 1% >		

Application 2 : Transformation des obligations convertibles en actions

Une SA a émis le 2 janvier N – 1 un emprunt obligataire de 50.000.000 F de valeur nominale de 10.000 F (émission et remboursement à la même valeur nominale) convertible au gré des porteurs sur la base d'une action de valeur nominale de 12.500 F pour deux obligations.

Le 1er août N, les porteurs de 2.500 obligations demandent la conversion de leurs obligations en actions.

Le capital initial est de 100.000.000 F (8.000 actions de 12.500 F).

[12] En cas de manquement à l'engagement pris, la société débitrice doit rapporter le montant des abandons accordés aux résultats imposables de l'exercice au cours duquel ceux-ci sont intervenus.

1. <u>Détermination du montant de l'augmentation de capital</u>

Valeur globale des obligations converties	2 500 x 10 000	25 000 000
Nombre d'actions à créer	2 500 obligations / 2	1 250 actions
Augmentation de capital	1 250 x 12 500	15 625 000
Prix d'émission	25 000 000 / 1 250	20 000
Prime d'émission	20 000 – 12 500	7 500
Prime d'émission totale	1 250 actions x 7 500 25.000.000 – 15.625.000	9 375 000

2. <u>Écritures comptables</u>

1/8/N

1612		Emprunts obligataires convertibles en actions	25 000 000	
	1013	Capital souscrit, appelé, versé		15 625 000
	1054	Primes de conversion		9 375 000
		Conversion en K de 2.500 obligations...		
646		Droits d'enregistrement	250 000	
	52	Banques		250 000
		Paiement des droits d'enregistrement < 25.000.000 x 1% >		

III. LA RÉDUCTION DU CAPITAL DES SOCIÉTÉS

Le capital social peut être réduit, dans les conditions prévues par l'Acte uniforme, par remboursement aux associés d'une partie de leurs apports ou par imputation des pertes de la société (art. 69 de l'AUSCGIE).

La réduction du capital peut donc être motivée par :

- le souci d'imputer les pertes accumulées par la société ; ou
- l'importance relative du capital comparativement à l'activité.

<u>DROIT FISCAL</u>

<u>En matière de droit d'enregistrement</u>, sont enregistrés au droit fixe de cinq mille (5.000) francs les actes de <u>réduction de capital</u> ou de dissolution de sociétés ou groupements qui ne portent aucune transmission de biens meubles ou immeubles entre les associés ou autres personnes (article 471.I.12).

<u>En matière de retenue à la source sur les revenus de valeurs mobilières</u>, la réduction de capital motivée par des pertes est exonérée de l'impôt de distribution.

Par contre, si la réduction de capital n'est pas motivée par des pertes, l'exonération est limitée aux remboursements d'apports et aux amortissements de capital.

En effet, l'article 205-2-a précise, entre autres, que la retenue à la source de 10% sur les revenus de valeurs mobilières n'est pas applicable – pour les remboursements d'apports et les amortissements de capital – aux répartitions présentant pour les associés ou actionnaires le caractère de remboursement d'apport ou de primes d'émission. Toutefois, une répartition n'est réputée présenter ce caractère que si tous les bénéfices et les réserves (autres que la réserve légale) ont été auparavant répartis. Pour l'application des dispositions ci-dessus, les provisions et amortissements non admis en déduction pour le calcul de l'impôt sur les sociétés sont considérés comme des bénéfices.

1. La réduction du capital motivée par des pertes

Lorsqu'une société subit des pertes trop lourdes que ne pourraient apurer les bénéfices futurs, la réduction de capital constitue une mesure d'assainissement financier, afin notamment d'inciter de nouveaux investisseurs à entrer dans le capital et de continuer à assurer la juste garantie des créanciers[13].

Dans la pratique, la réduction de capital peut se traduire :

- soit par la diminution de la valeur nominale de tous les titres (actions ou parts sociales) ;
- soit par l'annulation d'un certain nombre de titres.

Application 1 : Réduction de la valeur nominale des actions

Au 31 décembre N – 1, la situation nette (capitaux propres) d'une SA se présente comme suit :

Capital (1 000 actions x 40 000 F)	40 000 000
Réserves légales (indisponibles)	8 000 000
Reports à nouveau débiteurs (pertes cumulées)	- 25 000 000
Actif net	**23 000 000**

Le 4 août N, afin d'apurer les pertes cumulées, l'AG décide de réduire le capital de la société du montant desdites pertes en diminuant de 25.000 F la valeur nominale des actions, qui passe de 40.000 F à 15.000 F.

1. Détermination du montant de la réduction et du capital après réduction

Montant de la réduction	1 000 actions x 25 000 F	25 000 000
Montant du capital après réduction	40 000 000 – 25 000 000 1 000 actions x 15 000 F	15 000 000

[13] Le capital est, en effet, la garantie des créanciers sociaux.

2. Écritures comptables

4/8/N

1013		Capital souscrit, appelé versé	25 000 000	
	129	Report à nouveau débiteur		25 000 000
		Réduction du K par absorption des pertes cumulées au 31/12/N-1		
646		Droits d'enregistrement	5 000	
	52	Banques		5 000
		Paiement des droits d'enregistrement		

3. Situation des capitaux propres après réduction

Capital (1 000 actions x 15 000 F)	15 000 000
Réserves légales (indisponibles)	8 000 000
Reports à nouveau débiteurs (pertes cumulées)	0
Actif net	**23 000 000**

Application 2 : Réduction d'un certain nombre d'actions

Le bilan au 31 décembre N – 1 d'une SA au capital de 50.000.000 F (5.000 actions de 10.000) fait apparaître un report à nouveau débiteur de 13.000.000 F. Afin d'apurer ces pertes, il est décidé, le 4 août N, de réduire le capital au moyen d'une annulation du quart (¼) des actions (1.250 actions)

1. Détermination du montant de la réduction et du capital après réduction

Montant de la réduction	$\frac{5\,000 \text{ actions x } 10\,000}{4}$	12 500 000
Montant du capital après réduction	50 000 000 – 12 500 000	37 500 000

2. Écritures comptables

4/8/N

1013		Capital souscrit, appelé versé	12 500 000	
	129	Report à nouveau débiteur		12 500 000
		Réduction du K par absorption des pertes cumulées au 31/12/N-1		
646		Droits d'enregistrement	5 000	
	52	Banques		5 000
		Paiement des droits d'enregistrement		

2. La réduction du capital non motivée par des pertes

Une société peut vouloir réduire son capital du fait de l'existence de capitaux propres relativement importants par rapport au niveau de l'activité ou de ses besoins.

Cette réduction s'opère :

- soit par remboursement à chaque associé d'une fraction nominale de l'action ou d'une fraction du nombre des actions ;
- soit par renonciation à l'appel ultérieur du capital lorsque le capital ou les actions ne sont pas entièrement libérés ;
- soit par rachat de ses propres titres suivi de leur annulation.

Application 1 : Réduction du capital par remboursement d'une fraction de la valeur nominale de chaque titre

Le 5 août N, une SA au capital de 100.000.000 F (4.000 actions de 25.000 F), décide de réduire son capital par remboursement, à chaque actionnaire et pour chaque titre détenu, d'un montant de 6.250 F.

1. Détermination du montant de la réduction et du capital après réduction

Montant de la réduction	6 250 x 4 000	25 000 000
Montant du capital après réduction	100 000 000 – 25 000 000	75 000 000

2. Écritures comptables

5/8/2015

1013		Capital souscrit, appelé versé	25 000 000	
	4619	Apporteurs, capital à rembourser		25 000 000
		Réduction du K par remboursement de 6.250 / action		
4619		Apporteurs, capital à rembourser	25 000 000	
	52	Banques		25 000 000
		Remboursement aux actionnaires		
646		Droits d'enregistrement	5 000	
	52	Banques		5 000
		Paiement des droits d'enregistrement		

Avec la retenue RVM (si tous les bénéfices et les réserves - autres que la réserve légale - ont été auparavant répartis - art. 205-2-a du CGI)

5/8/N

1013		Capital souscrit, appelé versé	25 000 000	
	4619	Apporteurs, capital à rembourser		22 500 000
	4424	Impôts et taxes recouvrables sur des associés		2 500 000
		Réduction du K par remboursement de 6.250 / action		
4619		Associés, capital à rembourser	22 500 000	
4424		Impôts et taxes recouvrables sur des associés	2 500 000	
	52	Banques		25 000 000
		Remboursement aux actionnaires et Paiement des retenues d'impôt		
646		Droits d'enregistrement	5 000	
	52	Banques		5 000
		Paiement des droits d'enregistrement		

Application 2 : Réduction du capital par renonciation à l'appel du 4ème quart

Le 5 août N, une SA au capital de 100.000.000 (avec 4.000 actions de 25.000) décide de réduire son capital par renonciation à l'appel du 4ème quart. À cet effet, il est prévu de réduire le nominal des actions existantes par création d'actions de valeur nominale de 18.750 F(en remplacement des actions de valeur nominale de 25.000).

1. Détermination du montant de la réduction et du capital après réduction

Montant de la réduction	100 000 000 / 4	25 000 000
	4 000 x (25 000 – 18 750)	
	4 000 x (25 000 / 4)	
Montant du capital après réduction	100 000 000 – 25 000 000	75 000 000
	4 000 x 18 750	
	100 000 000 x ¾	

2. Écritures comptables

5/8/N

1011		Capital souscrit, non appelé	25 000 000	
	109	Actionnaires, capital souscrit, non appelé		25 000 000
		Annulation de l'appel du 4ème quart		
646		Droits d'enregistrement	5 000	
	52	Banques		5 000
		Paiement des droits d'enregistrement		

Application 3 : Réduction du capital par rachat de ses propres actions

Le 5 août N, une SA au capital de 100.000.000 (4.000 actions de 25.000 F) décide de réduire son capital par rachat de 1.000 de ses actions au prix unitaire de 30.000 F.

1. <u>Détermination du montant de la réduction et du capital après réduction</u>

Montant de la réduction	25 000 F x 1 000 actions	25 000 000
Montant du capital après réduction	100 000 000 – 25 000 000	75 000 000
	25 000 F x 3 000 actions	

2. <u>Écritures comptables</u>

5/8/N

5021		Actions propres	30 000 000	
	4619	Apporteurs, capital à rembourser		27 000 000
	4424	Impôts et taxes recouvrables sur des associés		3 000 000
		Rachat de 1.000 actions propres		
4619		Apporteurs, capital à rembourser	27 000 000	
4424		Impôts et taxes recouvrables sur des associés	3 000 000	
	52	Banques		30 000 000
		Paiement aux actionnaires et à l'Administration fiscale		
1013		Capital souscrit, appelé versé	25 000 000	
118		Autres réserves	5 000 000	
	5021	Actions propres		30 000 000
		Réduction du K par annulation des actions propres rachetées		
646		Droits d'enregistrement	5 000	
	52	Banques		5 000
		Paiement des droits d'enregistrement		

La différence positive entre le prix de rachat et la valeur nominale est imputée sur une réserve distribuable ou à défaut en charge HAO. La différence négative doit être inscrite au compte *105* (prime liée au capital).

1013		Capital souscrit, appelé versé	X	
	5021	Actions propres		X
	1058	Autres primes		X

IV. L'AMORTISSEMENT DU CAPITAL DES SOCIÉTÉS

L'amortissement du capital est l'opération par laquelle la société rembourse aux actionnaires tout ou partie du montant nominal des actions à titre d'avance sur le produit de la liquidation future de la société (art. 651 - AUSCGIE).

L'amortissement du capital n'entraîne pas sa réduction puisque les sommes utilisées pour le remboursement des actions sont prélevées sur les réserves ou bénéfices de la société à l'exclusion des réserves légales (indisponibles). À cet effet, la constitution des réserves est un préalable à l'amortissement du capital.

L'amortissement du capital doit être d'un montant égal pour chaque action d'une même catégorie. Il n'a d'effet qu'entre les actionnaires et la société. Les actions amorties appelées actions de jouissance perdent leurs droits :

- à l'intérêt statutaire ou premier dividende sur la valeur nominale remboursée ;
- au remboursement ultérieur de la fraction amortie lors de la liquidation (future) de la société.

Par contre, l'amortissement du capital est sans effet à l'égard des tiers car le montant du capital, gage des créanciers, n'est absolument pas modifié.

DROIT FISCAL

En matière de retenue à la source sur les revenus de valeurs mobilières, l'amortissement de capital est exonéré de l'impôt de distribution.

En effet, l'article 205-2-a) précise, entre autres, que la retenue à la source de 10% sur les revenus de valeurs mobilières n'est pas applicable – pour les remboursements d'apports et les amortissements de capital – aux répartitions présentant pour les associés ou actionnaires le caractère de remboursement d'apport ou de primes d'émission. Toutefois une répartition n'est réputée présenter ce caractère que si tous les bénéfices et les réserves (autres que la réserve légale) ont été auparavant répartis.

Autrement dit, si l'amortissement du capital n'entraîne pas sa réduction, du fait des réserves ou bénéfices de la société, l'impôt de distribution est exigible sur le montant amorti.

Le cas échéant, il importe de se conformer aux obligations déclaratives édictées par les dispositions de l'article 94 du CGI.

Application 1 :

Au 31 décembre N – 1, la situation nette des capitaux propres d'une SA se présente ainsi :

Capital (3 000 actions x 25 000 F)	75 000 000
Réserves légales (indisponibles)	15 000 000
Réserves facultatives	25 000 000
Report à nouveau créditeur	10 000 000
Actif net	**125 000 000**

Le 5 août N, la SA décide d'amortir son capital par prélèvement d'une fraction de 10.000 F par action en priorité sur le report à nouveau créditeur et ensuite sur la réserve facultative.

1. Détermination du montant de l'amortissement du capital

Montant de l'amortissement	10 000 F x 3 000	30 000 000

2. Écritures comptables

5/8/N

1181 121	 4619 4424	Réserves facultatives Report à nouveau créditeur Apporteurs, capital à rembourser Impôts et taxes recouvrables sur des associés *Amortissement du K par les Réserves et le RAN créditeur*	20 000 000 10 000 000	 27 000 000 3 000 000
4619 4424	 52	Apporteurs, capital à rembourser Impôts et taxes recouvrables sur des associés Banques *Paiement aux actionnaires et à l'Administration fiscale*	27 000 000 3 000 000	 30 000 000
1013	 1014	Capital souscrit, appelé, versé, non amorti Capital souscrit, appelé, versé, amorti *Régularisation du capital / Mise en évidence de l'amortissement*	30 000 000	 30 000 000

3. Situation des capitaux propres après amortissement

Capital dont :	3 000 actions x 25 000 F		75 000 000
- Capital amorti	3 000 x 10 000	30 000 000	
- Capital non amorti	3 000 x 15 000	45 000 000	
Réserves légales (indisponibles)			15 000 000
Réserves facultatives			5 000 000
Report à nouveau créditeur			0
Actif net			**95 000 000**

NB : Reconversion des actions de jouissance (actions amorties) en actions de capital

Les actions intégralement ou partiellement amorties peuvent être reconverties en actions de capital. La reconversion est réalisée par un prélèvement obligatoire sur la part des bénéfices d'un ou de plusieurs exercices revenant à ces actions amorties. De même, la société peut autoriser les actionnaires à lui reverser le montant amorti de leurs actions (art. 658 - AUSCGIE).

Les sommes prélevées sur les bénéfices ou reversées par les actionnaires sont inscrites à un compte de réserve jusqu'à ce qu'elles atteignent le capital amorti.

Application 2 :

Cf. application 1 en supposant que la SA décide, le 31/12/N+1, de la reconversion des actions de jouissance en actions de capital.

31/12/N+1

1014		Capital souscrit, appelé, versé, amorti	30 000 000	
	1013	Capital souscrit, appelé, versé, non amorti		30 000 000
		Reconversion des actions de jouissance en actions en K		

Le prélèvement sur les bénéfices ou le reversement par les actionnaires, inscrit à un compte de réserve, est comptabilisé comme suit :

Prélèvement sur les bénéfices

130		Résultat en instance d'affectation	X	
	118	Autres réserves		X

Reversement des actionnaires

52		Banques	X	
	46151	Apporteurs, versements reçus sur reconversion d'actions amorties		X
46151		Apporteurs, versements reçus sur reconversion d'actions amorties	X	
	118	Autres réserves		X

V. L'AUDIT FISCAL DU CAPITAL

Le capital et ses variations peuvent être contrôlés à partir :

- des actes de constitution de la société (statuts de la société, règlement intérieur) ;
- des PV des assemblées (AGO, AGE) ;
- du bilan par comparaison, dans le temps, des soldes des comptes concernés (comptes 10 à 13) ;
- des textes relatifs au traité de fusion, d'apport ;
- des factures de frais ou du calcul analytique des frais d'augmentation de capital (droits d'enregistrement, honoraires des notaires) ;
- etc.

Le compte *109-Actionnaires, capital souscrit, non appelé* peut être contrôlé à partir de recoupements issus :

- des statuts ;
- des décisions des AGO et des AGE ;

- du compte *1011-Capital souscrit, non appelé*, de soldes opposés et de montants identiques ;
- etc.

Le compte *105-Primes liées aux capitaux propres* peut être contrôlé à partir de recoupements issus :

- des décisions de l'Assemblée des associés portant augmentation du capital social (*1051-Primes d'émission*);
- des textes relatifs au traité d'apport (*1052-Primes d'apport*) ;
- des textes relatifs au traité de fusion (*1053-Primes de fusion*) ;
- des factures de frais ou du calcul analytique des frais d'augmentation de capital (droits d'enregistrement, honoraires des notaires) ;
- etc.

Il importe aussi de :

- rapprocher les comptes concernés (comptes 10 à 13) avec les Notes annexes et leurs commentaires :
  - *13-Capital* ;
  - *14-Primes et Réserves* ;
  - *15B-Autres fonds propres* ;
  - *3E-Informations sur les réévaluations effectuées par l'entité* ;
  - *etc.*
- s'assurer de la valeur réelle des apports en nature : sous-évaluation des apports (réintégration à l'IS/IR de l'apporteuse) ou surévaluation des apports (distribution officieuse de bénéfices, limitation à la valeur réelle de la base amortissable) ;
- vérifier les taux appliqués en matière de droits d'enregistrement, en particulier, au titre :
  - des droits d'apport à titre onéreux ;
  - des augmentations de capital par incorporation de réserves, de bénéfices ou provisions, en s'assurant que les montants incorporés ont subi l'impôt sur les sociétés ;
- s'assurer que les primes d'émission, d'apport et de conversion, versées à l'occasion d'une augmentation de capital, sont soumises au taux d'imposition applicable à la valeur nominale de ladite augmentation de capital ;
- s'assurer du respect de l'engagement pris par la société bénéficiaire d'un apport immobilier soumis au taux réduit (1% au lieu de 2% - art. 472.V.3) ;
- s'assurer de la correcte liquidation et du reversement de la retenue à la source exigible, le cas échéant, au titre des revenus des valeurs mobilières, sur les amortissements et remboursements de capital (art. 205-2-a) ;

- vérifier la liquidation du droit de partage de 1% sur les opérations de remboursement de capital (art. 472-V-6) ;
- vérifier la liquidation des droits d'enregistrement de 5% sur les mutations de propriété portant sur des immeubles ou droits réels immobiliers attribués à un associé autre que l'apporteur initial (art. 472-II-4) ;
- s'assurer que les cessions d'actions d'apport et de parts de fondateurs ne confèrent pas à leurs possesseurs la propriété ou le droit à la jouissance d'immeubles (1% - art. 472-V-8). Autrement, de telles cessions sont réputées avoir pour objet lesdits immeubles ou fractions d'immeubles, pour la perception des droits d'enregistrement de 5% (art. 472-II-1) ;
- etc.

CHAPITRE II

L'AFFECTATION DU RÉSULTAT

I. DÉFINITIONS ET RÈGLES GÉNÉRALES

Le bénéfice net après impôt d'un exercice est affecté en partie aux réserves (et report à nouveau) et en partie aux dividendes.

1. Les réserves

Les réserves correspondent à des parts de bénéfices affectées durablement à l'entreprise et non incorporées au capital. Elles accroissent de ce fait les capitaux propres. La constitution des réserves résulte des dispositions légales ou statutaires ou encore des organes compétents de la société.

Les subdivisions du compte se présentent comme suit :

11 RÉSERVES

- **111** RÉSERVE LÉGALE
- **112** RÉSERVES STATUTAIRES OU CONTRACTUELLES
- **113** RÉSERVES RÉGLEMENTÉES
  - 1131 Réserves de plus-values nettes à long terme
  - 1132 Réserves d'attribution gratuite d'actions au personnel salarié et aux dirigeants
  - 1133 Réserves consécutives à l'octroi de subventions d'investissement
  - 1134 Réserves des valeurs mobilières donnant accès au capital
  - 1138 Autres réserves réglementées
- **118** AUTRES RÉSERVES
  - 1181 Réserves facultatives
  - 1188 Réserves diverses

1.1. Les réserves légales

Dans les SA et dans les SARL, une fraction du bénéfice doit obligatoirement être affectée à la formation d'un fonds de réserve dit « réserve légale » à peine de nullité de toute délibération contraire. Le prélèvement pour la dotation légale est égal au moins à un dixième (10%) du bénéfice de l'exercice diminué, le cas échéant, des pertes antérieures. Cette dotation cesse d'être obligatoire lorsque la réserve atteint le cinquième (20%) du montant du capital social (art. 346 - AUSCGIE pour les SARL et art. 546 pour les SA).

Les statuts peuvent prévoir un prélèvement supérieur à 10% du bénéfice et un plafond supérieur à 20% du capital.

La réserve légale peut également être constituée par prélèvement sur toute réserve disponible notamment sur les primes liées au capital (compte *105*).

1.2. Les réserves statutaires ou contractuelles

Les réserves statutaires ou contractuelles constituent des réserves rendues obligatoires par les statuts ou par des clauses contractuelles (notamment dans le cadre des contrats de concession). Elles s'imposent à l'AGO lors de l'affectation du bénéfice de l'exercice.

1.3. Les réserves réglementées

L'application de certains régimes fiscaux de faveur ou l'obtention de certaines subventions peut obliger les entreprises bénéficiaires, d'une part, à affecter une fraction du bénéfice à des comptes de réserves spéciales et, d'autre part, à maintenir une telle réserve au passif du bilan en des périodes déterminées.

1.4. Les réserves facultatives

Les statuts permettent le plus souvent à l'AGO de prélever sur le bénéfice des sommes à affecter à un ou plusieurs comptes de réserve (réserves facultatives, réserves générales, réserves extraordinaires, etc.).

2. Le report à nouveau

Le report à nouveau correspond au montant soit des bénéfices d'exercices antérieurs dont l'affectation a été reportée sur les exercices ultérieurs, soit des pertes constatées à la clôture d'exercices antérieurs qui n'ont pas été compensées par des prélèvements opérés sur les bénéfices, les réserves ou le capital[14].

Le report à nouveau est inscrit au passif du bilan où il doit figurer sur une ligne distincte : en moins (–), si son solde est débiteur (pertes antérieures) et en plus (+), si son solde est créditeur (bénéfices antérieurs). Il constitue un élément des capitaux propres et se subdivise comme suit :

12 REPORT À NOUVEAU

- **121** REPORT À NOUVEAU CRÉDITEUR
- **129** REPORT À NOUVEAU DÉBITEUR
  - 1291 Perte nette à reporter
  - 1292 Perte - Amortissements réputés différés

Au total, le report à nouveau est constitué par :

- les sommes non affectées et laissées à la disposition de l'entreprise ;
- les pertes non compensées par des réserves ou par une diminution du capital ;
- les sommes venant des arrondis des dividendes distribués.

Le fonctionnement de ce compte est subordonné à la décision de l'Assemblée générale statuant sur l'affectation du bénéfice de l'exercice précédent ou sur le sort des pertes constatées à la clôture de l'exercice précédent.

3. Les distributions de dividendes

3.1. Le bénéfice distribuable

Le bénéfice distribuable est constitué par le bénéfice net de l'exercice après impôt :

- diminué (−) des pertes antérieures (*129-Report à nouveau débiteur*) ;
- diminué (−) des sommes portées en réserves en application de la loi et des statuts ;
- augmenté (+) des reports à nouveau bénéficiaires (*121-Report à nouveau créditeur*).

---

[14] À titre exceptionnel, le compte report à nouveau sera utilisé pour enregistrer les imputations sur les capitaux propres résultant des changements de méthodes ou des corrections d'erreurs significatives.

3.2. La masse distribuable

L'AGO peut décider de la distribution de tout ou partie des réserves, à la condition qu'il ne s'agisse pas de réserves stipulées indisponibles par la loi ou les statuts. Dans ce cas, elle indique expressément les postes de réserves sur lesquels les prélèvements sont effectués (art. 143 - AUSCGIE).

La masse distribuable est alors égale au bénéfice distribuable augmenté desdites réserves.

3.3. Le premier dividende

Les statuts peuvent prévoir l'attribution d'un premier dividende qui est versé aux titres sociaux (actions ou parts sociales) dans la mesure où l'assemblée constate l'existence de bénéfices distribuables et à la condition que ces bénéfices soient suffisants pour en permettre le paiement. Il est calculé comme un intérêt sur le montant libéré des actions (art. 145).

Cet article appelle les remarques suivantes :

- les actions amorties ou actions de jouissance n'ont pas droit au premier dividende. Il en est de même des actions remboursées ;
- sauf disposition contraire des statuts, les réserves ne sont pas prises en compte pour le calcul du premier dividende.

3.4. Le super dividende (ou dividende complémentaire)

Il désigne la somme attribuée aux associés par l'AG en sus du premier dividende. Le super dividende est versé à toutes les actions ou parts sociales qu'elles soient entièrement ou partiellement libérées, qu'elles soient ou non amorties.

II. La comptabilisation de l'affectation du résultat

Le projet d'affectation du résultat de l'exercice est soumis à l'approbation de l'AGO qui se réunit dans les six (6) mois de la clôture de l'exercice. La mise en paiement des dividendes doit avoir lieu dans un délai maximum de neuf (9) mois après la clôture de l'exercice.

Application 1 :

Une SA au capital de 50.000.000 F (2.000 actions de 25.000 F) entièrement libéré, a réalisé, au titre de l'exercice clos le 31/12/N, un bénéfice net après impôt de 15.000.000 F. Les statuts prévoient les dispositions suivantes relatives à la répartition des bénéfices :

« *Sur les bénéfices de l'exercice, il sera prélevé :*

- *la dotation à la réserve légale et le cas échéant les réserves réglementées ;*
- *les sommes nécessaires pour verser aux actions un premier dividende au taux de 5% ;*
- *le surplus après dotation d'une réserve jugée utile par l'AG sera distribué sous forme de super dividende.* »

Le 30 juin N+1, le CA propose à l'AG qui l'accepte de porter la réserve facultative à 6.000.000 F. Dans la balance au 31 décembre N, on extrait les éléments suivants :

Capital	50 000 000
Réserve légale	8 000 000
Réserve facultative	5 000 000

1. Tableau de répartition des bénéfices

Libellé	Calcul	Montant
Bénéfice net		15 000 000
Réserve légale	15 000 000 x 10%	– 1 500 000
Bénéfice distribuable	15 000 000 – 1 500 000	13 500 000
1er dividende	(5% x 25 000) x 2 000	– 2 500 000
Réserve facultative	6 000 000 – 5 000 000	– 1 000 000
Super dividende	13 500 000 – 2 500 000 – 1 000 000	10 000 000

2. Dividende par action

1er dividende	5% x 25 000 2 500 000 / 2 000	1 250
Superdividende	10 000 000 / 2 000	5 000
Dividende brut par action	1 250 + 5 000	6 250
Dividende net d'impôt par action	6 250 x 90%	5 625

3. Écritures comptables

01/07/N+1

130		Résultat en instance d'affectation	15 000 000	
	111	Réserve légale		1 500 000
	1181	Réserves facultatives		1 000 000
	465	Associés, dividendes à payer		11 250 000
	4424	Impôts et taxes recouvrables sur des associés		1 250 000
		PV de l'AGO du 30/06/N+1		

DROIT FISCAL

Les produits des actions ou parts sociales des personnes morales passibles de l'impôt sur les sociétés sont soumis à l'impôt sur le revenu des valeurs mobilières (articles 84 et 85 du CGI).

Sur lesdites distributions, il est fait application d'une retenue à la source de **10%** (article 172.3 du CGI).

Le montant de la retenue à la source supporté par l'actionnaire personne physique est libératoire de l'impôt sur le revenu (article 203.2.a du CGI).

Application 2 :

Soit une SA au capital de 100.000.000 (2.000 actions de 50.000) composé comme suit :

- 1.00 a0ctions totalement amorties depuis plus d'un an ;
- 300 actions amorties de moitié depuis plus d'un an ;
- 200 actions libérées du 3ème quart (¾) le 1er juillet N ;
- 500 actions libérées depuis plus d'un an (et non amorties).

Dans le bilan de l'exercice clos au 31 décembre N, on extrait les soldes suivants :

Capital social	100 000 000
Réserve légale	19 000 000
Reports à nouveau débiteur	- 6 000 000
Résultat en attente d'affectation	26 000 000

Les statuts disposent qu'après dotation de la réserve légale, il sera prélevé sur les bénéfices distribuables des sommes nécessaires pour verser un premier dividende de 6%.

Au 15 juin N+1, l'AG décide d'affecter un montant de 5.000.000 pour la réserve facultative et d'attribuer un superdividende de 4.000 F par action.

1. Structure du capital

1011 - Capital non appelé	200 x (50 000 x ¼)	2 500 000
1014 - Capital amorti	(1 000 x 50 000) + (300 x 50 000 x ½)	57 500 000
1013 - Capital versé, non amorti	100 000 000 – 2 500 000 – 57 500 000	40 000 000
Total : Capital social		**100 000 000**

2. Détermination du 1er dividende

Actions totalement amorties (1 000)	1 000 actions x (50 000 – 50 000) x 6%	0
Actions amorties de ½ depuis plus d'un an (300)	300 actions x (50 000 x ½) x 6%	450 000
Actions libérées du 3ème quart (¾) depuis le 1/7/N (200)	200 actions x [(50 000 x 2/4) + (50 000 x ¼ x 6/12)] x 6%	375 000
	200 x (31 250) x 6%	
Actions libérées et non amorties (500)	500 actions x 50 000 x 6%	1 500 000
Total 1er dividende		**2 325 000**

3. Tableau de répartition des bénéfices

Libellé	Calcul	Montant
Bénéfice net		26 000 000
RAN débiteur		- 6 000 000
Solde		20 000 000
Réserve légale	20 000 000 x 10% > (20% du capital – 19 000 000)	- 1 000 000
Bénéfice distribuable	20 000 000 – 1 000 000	19 000 000
1er dividende	450 000 + 375 000 + 1 500 000	- 2 325 000
Réserve facultative		- 5 000 000
Super dividende	2 000 actions x 4 000	- 8 000 000
Report à nouveau	19 000 000 – 2 325 000 – 5 000 000 – 8 000 000	3 675 000

4. Écritures comptables

16/7/N+1

130		Résultat en instance d'affectation	26 000 000	
	111	Réserve légale		1 000 000
	1181	Réserves facultatives		5 000 000
	121	Report à nouveau créditeur		3 675 000
	129	Report à nouveau débiteur		6 000 000
	465	Associés, dividendes à payer		9 292 500
	4424	Impôts et taxes recouvrables sur des associés		1 032 500
		PV de l'AGO du 15/06/N+1		

En cas de pertes, la société peut décider :

- du report à nouveau de la perte. Dans ce cas, les bénéfices ultérieurs devront être utilisés en priorité pour l'apurement de la perte avant même la dotation de la réserve légale et préalablement à toute distribution de dividendes ;
- de l'imputation sur les comptes de réserves ou de capital. Il convient alors de préciser ou d'indiquer, de façon expresse, les montants à imputer sur chaque poste (capital ou réserves).

__Application 3 :__

La situation des capitaux propres d'une SA au 31/12/N est la suivante :

101 - Capital social	100 000 000
111 - Réserve légale	20 000 000
1181 - Réserves facultatives	25 000 000
129 - Report à nouveau débiteur	- 45 000 000
1309 - Résultat en instance d'affectation : perte	- 10 000 000
Capitaux propres	**90 000 000**

La société décide d'imputer les reports à nouveau débiteurs et la perte de l'exercice :

- en priorité, sur les réserves libres ;
- ensuite, sur le capital et la réserve légale dans les mêmes proportions de sorte que la réserve légale soit toujours égale au plafond de 20% du capital social.

1. Tableau de répartition des bénéfices

Libellé	Calcul	Montant
RAN débiteur Réserves facultatives	25 000 000 – RAN débiteur	- 45 000 000 0
RAN débiteur (après imputation)	25 000 000 – 45 000 000	- 20 000 000
Reliquat à imputer = RAN + Pertes	- 20 000 000 – 10 000 000 Soit X le montant à imputer sur le capital ⇨30.000.000 = X + 20%X ⇨ 1,2 X = 30.000.000 ⇨ X= 25.000.000 sur le capital ⇨ 20% X = 5.000.000 sur la réserve légale	- 30 000 000
Capital	100 000 000 – 25 000 000	75 000 000
Réserve légale	20 000 000 – 5 000 000	15 000 000

2. Situations des capitaux propres

	avant imputation	après imputation
101 - Capital social	100 000 000	75 000 000
111 - Réserve légale	20 000 000	15 000 000
1181 - Réserves facultatives	25 000 000	0
129 - Report à nouveau débiteur	– 45 000 000	0
1309 - Résultat net : perte	– 10 000 000	0
Capitaux propres	**90 000 000**	**90 000 000**

3. Écritures comptables

01/07/N+1

101		Capital social	25 000 000	
111		Réserve légale	5 000 000	
1181		Réserves facultatives	25 000 000	
	129	Report à nouveau débiteur		45 000 000
	1309	Résultat en instance d'affectation : Perte		10 000 000
		PV de l'AGO du 30/06/N+1		

III. L'AUDIT FISCAL DE L'AFFECTATION DU RÉSULTAT

L'affectation du résultat peut être contrôlé à partir :

- de recoupements issus de dispositions législatives, statutaires ou contractuelles obligatoires concernant la répartition des résultats ;
- des décisions des AG sur la répartition des résultats ;
- des recoupements issus des soldes des comptes de gestion (résultat de l'exercice) ;
- du bilan par comparaison, dans le temps, des soldes des comptes concernés : comptes 10 à 13 (art. 88 et 89 du CGI - Détermination de la masse imposable des revenus distribués) ;
- des dividendes octroyés aux associés.

Il importe aussi de :

- s'assurer de la correcte liquidation des retenues à la source applicables aux dividendes distribués ;
- s'assurer du paiement de la retenue RVM en cas de remboursement, d'amortissement ou d'augmentation de capital par les réserves - (art. 84, 85, 205 du CGI) ;
- rapprocher les données des comptes concernés (comptes 10 à 13) avec les Notes annexes et leurs commentaires :
  - *14-Primes et Réserves* ;
  - *13-Capital* ;
  - *15B-Autres fonds propres* ;
- etc.

CHAPITRE III

LES AUTRES CAPITAUX PROPRES

Les autres capitaux propres sont constitués par des financements (**subventions d'investissement**) ou des avantages fiscaux (**provisions réglementées**) octroyés à l'entreprise, figurant au passif du bilan (comme **ressources assimilées aux capitaux propres**) entre les véritables capitaux propres et les dettes financières.

I. LES SUBVENTIONS D'INVESTISSEMENT

1. Définitions

Les subventions d'investissement sont des aides financières non remboursables accordées aux entreprises (publiques ou privées), pour différentes raisons : acquisition de valeurs immobilisées, création de valeurs immobilisées ou financement d'activités à long terme, afin de pourvoir au remplacement ou à la remise en état des immobilisations.

Les valeurs immobilisées consistent le plus souvent en matériels ou en immeubles, d'où le nom de **subventions d'équipement** habituellement donné à ces allocations.

Cependant, dans certains cas, la subvention vise plus largement le financement d'actifs productifs comprenant, outre les immobilisations, le "besoin en fonds de roulement" ou "besoin de financement d'exploitation". Cette dernière situation justifie le terme générique de "subventions d'investissement".

Elles sont accordées par l'État, les collectivités publiques, les organismes internationaux ou par des tiers. Dans certains cas, l'entreprise reçoit la subvention sous la forme d'un transfert direct d'actif immobilisé.

La subvention d'investissement peut être totale ou partielle.

2. Comptabilisation

La subvention d'investissement s'analyse comme un accroissement des capitaux propres avec pour conséquence l'inscription directe au passif du bilan du montant de la subvention octroyée au crédit du compte *14-Subventions d'investissement*. Ce compte est destiné à la fois :

– à faire apparaître au bilan le montant de la subvention aussi longtemps qu'elle remplit cet objet ;
– à permettre à l'entreprise bénéficiaire d'échelonner sur plusieurs exercices la constatation de l'enrichissement provenant de la subvention.

Pour constater cet enrichissement, le montant de la subvention est repris dans le résultat de l'entité par le crédit du compte *799-Reprises de subventions d'investissement*, selon les modalités suivantes, conformes à la fois aux dispositions du SYSCOAHDA et du CGI (article 8-I-6) :

- la reprise de la subvention finançant un bien amortissable s'effectue sur la même durée et au même rythme que l'amortissement de l'immobilisation acquise ou créée au moyen de cette subvention. Autrement dit, la reprise est égale au montant de la dotation aux amortissements pratiqués pour le bien, multiplié par le rapport existant entre le montant de la subvention et la valeur d'entrée de l'immobilisation.

  Lorsque la subvention sert à financer une immobilisation ayant fait l'objet d'un amortissement fiscal, la reprise de la subvention est fonction de la dotation globale (amortissement économique et amortissement dérogatoire) afin d'éviter une dégradation du résultat comptable uniquement pour des raisons fiscales.

- la reprise de la subvention finançant un bien ou une immobilisation non amortissable est établie sur le nombre d'années pendant lequel l'immobilisation est inaliénable au regard des conditions d'octroi de la subvention. À défaut de clause d'inaliénabilité, la reprise est égale au 10ème du montant de la subvention au titre de chaque exercice.

  Toutefois, lorsque les subventions relatives à des immobilisations non amortissables nécessitent de remplir certaines conditions, elles peuvent être reprises dans le résultat sur les périodes qui supportent le coût pour satisfaire à ces obligations.

Des dérogations à ces règles générales pourront être admises lorsqu'une telle mesure sera justifiée par des circonstances particulières, notamment par le régime juridique des entités, l'objet de leur activité, les conditions posées ou les engagements demandés par les autorités ou organismes ayant alloué ces subventions.

Dans tous les cas, la reprise de la subvention permet de prendre en compte l'**impôt latent** que devra supporter l'entité au fur et à mesure de l'utilisation du bien objet de la subvention.

Subvention d'exploitation et **Subvention d'équilibre**

La subvention d'investissement diffère des autres types de subventions : la subvention d'exploitation et la subvention d'équilibre, qui font l'objet d'un rattachement immédiat au résultat imposable de l'exercice au cours duquel elles ont été octroyées ou encaissées.

La **subvention d'exploitation** est allouée aux entités pour compenser l'insuffisance de prix de certains produits d'exploitation (services publics à prix imposés) ou de certaines charges d'exploitation (études, recherches, etc.).

4495		État, subventions d'exploitation à recevoir[15]	X	
	71	Subventions d'exploitation[16]		X
52		Banques	X	
	4495	État, subventions d'exploitation à recevoir		X

La **subvention d'équilibre** est allouée par l'autorité publique afin de compenser, en tout ou partie, la perte que l'entité aurait constatée si cette subvention ne lui avait pas été accordée. Elle est comptabilisée HAO puisque la cause ne peut être recherchée, comme dans le cadre de la subvention d'exploitation, dans une insuffisance de prix de vente ou dans un excès de charges à supportera.

4496		État, subventions d'équilibre à recevoir	X	
	88	Subventions d'équilibre		X
52		Banques	X	
	4496	État, subventions d'équilibre à recevoir		X

Application 1 : Cas d'une subvention totale

Une entreprise reçoit de l'État une subvention d'investissement de 60.000.000 pour l'acquisition d'un matériel industriel amortissable sur 5 ans. L'entreprise a reçu la notification d'octroi de la subvention le 1er juillet N. La machine est acquise le 1er août N à 60.000.000 HTVA. Elle règle par banque le 18 août N, lendemain de la réception de l'avis de crédit relatif au virement bancaire de la subvention d'investissement.

---

[15] Le cas échéant, le compte *4582-Organismes internationaux, subventions à recevoir* est mouvementé à la place du compte *4495-État, subventions d'exploitation à recevoir*.

[16] Sauf exonération expresse, la TVA est due si la subvention d'exploitation est destinée à compenser l'insuffisance de prix d'un produit taxable.

1. Tableau d'amortissement et de reprise de la subvention

Exercice	Annuités d'amortissement	Reprise de la subvention
N	60 000 000 x 20% x 5/12 = 5 000 000	60 000 000 x 5/60 = 5 000 000
N+1	60 000 000 x 20% = 12 000 000	60 000 000 x 12/60 = 12 000 000
N+2	60 000 000 x 20% = 12 000 000	60 000 000 x 12/60 = 12 000 000
N+3	60 000 000 x 20% = 12 000 000	60 000 000 x 12/60 = 12 000 000
N+4	60 000 000 x 20% = 12 000 000	60 000 000 x 12/60 = 12 000 000
N+5	60 000 000 x 20% x 7/12 = 7 000 000	60 000 000 x 7/60 = 7 000 000
TOTAL	**60 000 000**	**60 000 000**

2. Écritures comptables

1/7/N

4494		État, subventions d'investissement à recevoir	60 000 000	
	14	Subventions d'investissement		60 000 000

1/8/N

2411		Matériel industriel	60 000 000	
445		État, TVA récupérable	10 800 000	
	481	Fournisseurs d'investissements		70 800 000

17/8/N

52		Banques	60 000 000	
	4494	État, subventions d'investissement à recevoir		60 000 000

18/8/N

481		Fournisseurs d'investissement	70 800 000	
	52	Banques		70 800 000

3. Écritures d'inventaire au 31/12/N et 31/12/N+1

31/12/N

681		Dotations aux amortissements d'exploitation	5 000 000	
	28411	Amortissements du matériel industriel		5 000 000
14		Subvention d'investissement	5 000 000	
	799	Reprises de subventions d'investissement		5 000 000

31/12/N+1

681		Dotations aux amortissements d'exploitation	12 000 000	
	28411	Amortissements du matériel industriel		12 000 000
14		Subvention d'investissement	12 000 000	
	799	Reprises de subventions d'investissement		12 000 000

Subvention partielle : Lorsque la subvention d'investissement octroyée finance partiellement la valeur immobilisée, le montant à rapporter annuellement au résultat peut être déterminé en affectant à la dotation annuelle aux amortissements un coefficient résultant du rapport entre le montant de la subvention et la valeur de l'immobilisation.

<u>Application 2 : Cas d'une subvention partielle</u>

Cf. application 1, en considérant que la subvention accordée est de 45.000.000

1. <u>Tableau d'amortissement et de reprise de la subvention</u>

Exercice	Annuités d'amortissement	Reprise de la subvention
N	(60 000 000 x 20%) x 5/12 = 5 000 000	5 000 000 x (45 000 000 / 60 000 000) = 45 000 000 x 5/60 = 3 750 000
N+1	60 000 000 x 20% = 12 000 000	12 000 000 x (45 000 000 / 60 000 000) = 45 000 000 x 12/60 = 9 000 000
N+2	60 000 000 x 20% = 12 000 000	12 000 000 x (45 000 000 / 60 000 000) = 45 000 000 x 12/60 = 9 000 000
N+3	60 000 000 x 20% = 12 000 000	12 000 000 x (45 000 000 / 60 000 000) = 45 000 000 x 12/60 = 9 000 000
N+4	60 000 000 x 20% = 12 000 000	12 000 000 x (45 000 000 / 60 000 000) = 45 000 000 x 12/60 = 9 000 000
N+5	(60 000 000 x 20%) x 7/12 = 7 000 000	7 000 000 x (45 000 000 / 60 000 000) = 45 000 000 x 7/60 = 5 250 000
TOTAL	**60 000 000**	**45 000 000**

2. Écritures d'inventaire au 31/12/N et 31/12/N+1

31/12/N

681		Dotations aux amortissements d'exploitation	5 000 000	
	28411	Amortissements du matériel industriel		5 000 000
14		Subvention d'investissement	3 750 000	
	799	Reprises de subventions d'investissement		3 750 000

31/12/N+1

681		Dotations aux amortissements d'exploitation	12 000 000	
	28411	Amortissements du matériel industriel		12 000 000
14		Subvention d'investissement	9 000 000	
	799	Reprises de subventions d'investissement		9 000 000

3. Cession (avant la fin des amortissements) d'une immobilisation subventionnée

En cas de cession d'une immobilisation subventionnée, la fraction de la subvention non encore reprise doit être rapportée au résultat de l'exercice de cession.

Application :

Cf. application 1, en supposant que l'entreprise cède à 27.120.000 F la machine subventionnée. La cession a eu lieu le 1er octobre N+2.

1. Tableau d'amortissement et de reprise de la subvention

Exercice	Annuités d'amortissement	Reprise de la subvention
N	60 000 000 x 20% x 5/12 = 5 000 000	60 000 000 x 5/60 = 5 000 000
N+1	60 000 000 x 20% = 12 000 000	60 000 000 x 12/60 = 12 000 000
N+2	60 000 000 x 20% = 12 000 000	60 000 000 x 12/60 = 12 000 000
N+3	60 000 000 x 20% = 12 000 000	60 000 000 x 12/60 = 12 000 000
N+4	60 000 000 x 20% = 12 000 000	60 000 000 x 12/60 = 12 000 000
N+5	60 000 000 x 20% x 7/12 = 7 000 000	60 000 000 x 7/60 = 7 000 000
TOTAL	**60 000 000**	**60 000 000**

2. <u>Écritures comptables</u>

31/12/N

681		Dotations aux amortissements d'exploitation	5 000 000	
	28411	Amortissements du matériel industriel		5 000 000
14		Subvention d'investissement	5 000 000	
	799	Reprises de subventions d'investissement		5 000 000

31/12/N+1

681		Dotations aux amortissements d'exploitation	12 000 000	
	28411	Amortissements du matériel industriel		12 000 000
14		Subvention d'investissement	12 000 000	
	799	Reprises de subventions d'investissement		12 000 000

1/10/N+2

681		Dotations aux amortissements d'exploitation	9 000 000	
	28411	Amortissements du matériel industriel		9 000 000
2411		Matériel industriel	6 120 000	
	4441	État, TVA due[17]		6 120 000
81		Valeurs comptables des cessions d'immobilisations	66 120 000	
	2411	Matériel industriel		66 120 000
28411		Amortissements du matériel industriel	26 000 000	
	81	Valeurs comptables des cessions d'immobilisations		26 000 000
485		Créances sur cessions d'immobilisations	27 120 000	
	82	Produits des cessions d'immobilisations		27 120 000
14		Subvention d'investissement	43 000 000	
	799	Reprises de subventions d'investissement		43 000 000

La plus-value est de 30 000.000 = 27.120.000 - (66.120.000 - 26.000.000) + 43.000.000

[17] Le CGI précise, en son article 387, que : « *cette régularisation* [de TVA] *s'opère sur la base d'une* ***déclaration distincte*** *de celle des opérations courantes de l'assujetti* » lorsqu'il s'agit de biens soumis à amortissement (dont le montant d'impôt à répéter est égal à une fraction de la TVA déduite, calculée au prorata du temps d'amortissement restant). ***A contrario*****, pour les biens amortissables et totalement amortis, aucune régularisation n'est effectuée**.

Le cas échéant, l'exonération à l'impôt sur les sociétés d'une telle plus-value est réalisée par la comptabilisation d'une provision réglementée.

II. LES PROVISIONS RÉGLEMENTÉES

Les provisions réglementées sont des provisions qui ne correspondent pas à l'objet normal d'une provision (pour dépréciation ou pour risques et charges) comptabilisée en application des postulats et conventions comptables (prudence et spécialisation des exercices).

Les provisions réglementées sont plutôt la traduction comptable d'avantages particuliers et sont constituées en application des dispositions légales ou réglementaires notamment fiscales. Leur comptabilisation est donc motivée par le souci de bénéficier d'un avantage fiscal : la réduction du résultat imposable.

À cet effet, elles présentent un caractère de réserves (augmentant les capitaux propres dont dispose l'entreprise) placées généralement sous un régime d'exonération d'impôt. Elles incorporent donc, dans leur montant, une charge latente correspondant à cet impôt.

Les principales provisions réglementées sont les suivantes :

- les amortissements dérogatoires (compte *151* ; article 10-1 et 10-2 du CGI) ;
- les plus-values de cession à réinvestir (compte *152* ; article 19-1 du CGI) ;
- les provisions spéciales de réévaluation (compte *154* ; articles 226 et s. du CGI) ;
- les provisions relatives aux immobilisations (compte *155* ; article 11-5 du CGI).

Les provisions réglementées sont portées au passif du bilan dans le compte *15-Provisions réglementées et fonds assimilés*.

Elles sont créées par le débit du compte *851-Dotations HAO aux provisions réglementées* (sauf notamment pour les provisions spéciales de réévaluation) et reprises par le crédit du compte *861-Reprises HAO de provisions réglementées*.

Ainsi, toutes les écritures concernant la création et la reprise de ces provisions sont constatées en classe 8 (charges et produits HAO). Ce qui permet d'éviter de "perturber" le résultat d'exploitation.

La place des provisions réglementées au passif du bilan évite également de fausser la valeur nette comptable (VNC) des immobilisations. Ainsi, la déduction opérée sur les valeurs brutes à l'actif ne concerne que des dépréciations justifiées économiquement.

1. Les amortissements dérogatoires[18]

Il s'agit d'amortissements (accéléré ou dégressif ou encore de caducité - article 10 du CGI) économiquement non justifiés, comptabilisés en application des dispositions fiscales.

Les amortissements dérogatoires ne concourent pas à la détermination de la VNC du bien concerné, à la différence des amortissements comptables (économiquement justifiés) et des provisions pour dépréciation.

Ainsi, seul l'amortissement comptable ou économiquement justifié, constatant la véritable dépréciation du bien, doit faire l'objet d'un enregistrement au débit du compte *681-Dotations aux amortissements d'exploitation* par le crédit des comptes *28-Amortissements*.

La différence entre la dotation résultant d'une disposition fiscale (amortissement accéléré ou dégressif) et celle économiquement justifiée (amortissement linéaire), doit être enregistrée :

- si elle est positive (la dotation fiscale > la dotation économiquement justifiée), au débit du compte *851-Dotations HAO aux provisions réglementées* par le crédit du compte *151-Amortissements dérogatoires* ;
- si elle est négative (la dotation fiscale < la dotation économiquement justifiée), au débit du compte *151-Amortissements dérogatoires* par le crédit du compte *861-Reprises HAO de provisions réglementées*.

Toutefois, dans une conjoncture inflationniste, le système dégressif se rapprocherait davantage de l'amortissement économiquement justifié. Ce qui ne nécessiterait pas la comptabilisation de la différence en amortissement dérogatoire.

Application 1 (amortissement dégressif versus amortissement linéaire) :

Une SA a acquis un matériel industriel, le 1er janvier N pour un montant HT de 20.000.000. Il fait l'objet d'un amortissement dégressif, jugé cependant économiquement non justifié. Durée d'utilité : 5 ans.

1. Tableau d'amortissement normal

Exercice	VNC à l'ouverture de l'exercice	Dotation aux amortissements de l'exercice		Montant cumulé des amortissements pratiqués	VNC à la clôture de l'exercice
N	20 000 000	20 000 000 x 20%	4 000 000	4 000 000	16 000 000
N+1	16 000 000	20 000 000 x 20%	4 000 000	8 000 000	12 000 000
N+2	12 000 000	20 000 000 x 20%	4 000 000	12 000 000	8 000 000
N+3	8 000 000	20 000 000 x 20%	4 000 000	16 000 000	4 000 000
N+4	4 000 000	20 000 000 x 20%	4 000 000	20 000 000	0
Total			**20 000 000**		

[18] Cf. Ch. M. B. SIBY, opus cité, pages 245-247.

2. Tableau d'amortissement dégressif

(Taux dégressif = Taux linéaire x coefficient = 20% x 2 = 40%)

Exercice	VNC à l'ouverture de l'exercice	Dotation aux amortissements de l'exercice		Montant cumulé des amortissements pratiqués	VNC à la clôture de l'exercice
N	20 000 000	20 000 000 x 40%	8 000 000	8 000 000	12 000 000
N+1	12 000 000	12 000 000 x 40%	4 800 000	12 800 000	7 200 000
N+2	7 200 000	7 200 000 x 40%	2 880 000	15 680 000	4 320 000
N+3	4 320 000	4 320 000 x 50%	2 160 000	17 840 000	2 160 000
N+4	2 160 000	2 160 000 x 100%	2 160 000	20 000 000	0
Total			**20 000 000**		

3. Tableau comparatif

Exercice	Amortissement dégressif	Amortissement linéaire	Différence	Amortissement dérogatoire
N	8 000 000	4 000 000	4 000 000	Dotation
N+1	4 800 000	4 000 000	800 000	Dotation
N+2	2 880 000	4 000 000	- 1 120 000	Reprise
N+3	2 160 000	4 000 000	- 1 840 000	Reprise
N+4	2 160 000	4 000 000	- 1 840 000	Reprise
Total	**20 000 000**	**20 000 000**	**0**	

4. Écritures comptables

1/1/N

2411		Matériel industriel	20 000 000	
445		État, TVA récupérable	3 600 000	
	481	Fournisseurs d'investissements		23 600 000

31/12/N

681		Dotations aux amortissements d'exploitation	4 000 000	
	28411	Amortissements du matériel industriel		4 000 000
851		**Dotations HAO aux provisions réglementées**	**4 000 000**	
	151	**Amortissements dérogatoires**		**4 000 000**

31/12/N+1

681		Dotations aux amortissements d'exploitation	4 000 000	
	28411	Amortissements du matériel industriel		4 000 000
851		**Dotations HAO aux provisions réglementées**	**800 000**	
	151	**Amortissements dérogatoires**		**800 000**

31/12/N+2

681		Dotations aux amortissements d'exploitation	4 000 000	
	28411	Amortissements du matériel industriel		4 000 000
151		**Amortissements dérogatoires**	**1 120 000**	
	861	**Reprises HAO de provisions réglementées**		**1 120 000**

31/12/N+3

681		Dotations aux amortissements d'exploitation	4 000 000	
	28411	Amortissements du matériel industriel		4 000 000
151		**Amortissements dérogatoires**	**1 840 000**	
	861	**Reprises HAO de provisions réglementées**		**1 840 000**

31/12/N+4

681		Dotations aux amortissements d'exploitation	4 000 000	
	28411	Amortissements du matériel industriel		4 000 000
151		**Amortissements dérogatoires**	**1 840 000**	
	861	**Reprises HAO de provisions réglementées**		**1 840 000**

AMORTISSEMENT DE CADUCITÉ (LINÉAIRE OU PROGRESSIF) – article 10-2 du CGI

Sont également imputés du résultat imposable les amortissements relatifs à l'exécution d'une convention de partenariat public-privé (PPP), calculés selon les conditions suivantes :

a. dans le cadre d'une telle convention, le concessionnaire peut, en compensation de la remise gratuite des biens au concédant en fin de contrat, pratiquer sur les investissements en actifs immobilisés qu'il a réalisés, un amortissement de caducité déductible du résultat et compris, le cas échéant, dans les amortissements réputés différés ;

b. la constitution de l'amortissement de caducité est faite selon les méthodes suivantes :

- linéaire sur la durée de la concession (amortissement linéaire) ; ou
- progressive sur la durée de la concession (amortissement progressif), en fonction de l'évolution prévisionnelle de l'activité (mesurée par les recettes ou par les excédents bruts d'exploitation)[19].

Relativement à la subvention d'investissement versée, le cas échéant, par le concédant, le concessionnaire opère une reprise en déduction de l'amortissement de caducité. **Le montant à doter en amortissement de caducité est alors calculé sur la valeur de l'immobilisation, déduction faite de la subvention.**

Application 2 (amortissement de caducité versus amortissement linéaire) :

Une SA a acquis un matériel industriel, le 1er janvier N pour un montant HT de 20.000.000. Il fait l'objet d'un amortissement linéaire sur une durée d'utilité de 5 ans, dans le cadre d'une concession d'un service public (PPP) devant expirer le 31 décembre N+2.

1. Tableau d'amortissement normal

Exercice	VNC à l'ouverture de l'exercice	Dotation aux amortissements de l'exercice		Montant cumulé des amortissements pratiqués	VNC à la clôture de l'exercice
N	20 000 000	20 000 000 x 20%	4 000 000	4 000 000	16 000 000
N+1	16 000 000	20 000 000 x 20%	4 000 000	8 000 000	12 000 000
N+2	12 000 000	20 000 000 x 20%	4 000 000	12 000 000	8 000 000
N+3	8 000 000	20 000 000 x 20%	4 000 000	16 000 000	4 000 000
N+4	4 000 000	20 000 000 x 20%	4 000 000	20 000 000	0
Total			**20 000 000**		

[19] L'amortissement progressif est un mode d'amortissement qui ne s'applique qu'aux entreprises concessionnaires dans le cadre d'un contrat PPP. Il s'agit d'un 4ème mode d'amortissement (après les amortissements linéaire, accéléré et dégressif) admis par le CGI. L'amortissement progressif est rattaché à des critères liés à l'intensité de l'utilisation du bien, la contribution, l'apport ou le rendement de l'élément amortissable à la productivité. Ce mode d'amortissement intègre les paramètres (recettes ou excédents bruts d'exploitation) jugés pertinents pour mesurer l'intensité de l'utilisation du bien et son degré d'usure (circulaire d'application du CGI № 504 du 15/01/2016, page 8).

2. Tableau d'amortissement de caducité

Exercice	VNC à l'ouverture de l'exercice	Dotation aux amortissements de l'exercice		Montant cumulé des amortissements pratiqués	VNC à la clôture de l'exercice
N	20 000 000	20 000 000 x ⅓	6 666 667	6 666 667	13 333 333
N+1	13 333 333	20 000 000 x ⅓	6 666 667	13 333 334	6 666 666
N+2	6 666 666	20 000 000 x ⅓	6 666 666	20 000 000	0
N+3					
N+4					
Total			**20 000 000**		

3. Tableau comparatif

Exercice	Amortissement de caducité	Amortissement linéaire	Différence	Amortissement dérogatoire
N	6 666 667	4 000 000	2 666 667	Dotation
N+1	6 666 667	4 000 000	2 666 667	Dotation
N+2	6 666 666	4 000 000	2 666 666	Dotation
N+3		4 000 000		
N+4		4 000 000		
Total	**20 000 000**	**20 000 000**		

4. Écritures comptables

1/1/N

2411		Matériel industriel	20 000 000	
445		État, TVA récupérable	3 600 000	
	481	Fournisseurs d'investissements		23 600 000

31/12/N

681		Dotations aux amortissements d'exploitation	4 000 000	
	28411	Amortissements du matériel industriel		4 000 000
851		**Dotations HAO aux provisions réglementées**	**2 666 667**	
	151	**Amortissements dérogatoires**		**2 666 667**

31/12/N+1

681		Dotations aux amortissements d'exploitation	4 000 000	
	28411	Amortissements du matériel industriel		4 000 000
851		**Dotations HAO aux provisions réglementées**	**2 666 667**	
	151	**Amortissements dérogatoires**		**2 666 667**

31/12/N+2

681		Dotations aux amortissements d'exploitation	4 000 000	
	28411	Amortissements du matériel industriel		4 000 000
851		**Dotations HAO aux provisions réglementées**	**2 666 666**	
	151	**Amortissements dérogatoires**		**2 666 666**

2. Les plus-values de cession à réinvestir[20]

Il s'agit de l'exonération à l'impôt sur les sociétés de la marge bénéficiaire réalisée suite à la vente (sortie du patrimoine) d'une immobilisation amortissable.

Ladite cession donne lieu aux écritures ci-après[21] :

1 - La comptabilisation de la dépréciation économique pour la période écoulée entre le début de l'exercice et la date de sortie du bien (amortissement complémentaire à l'exception des biens totalement amortis) :

681		Dotations aux amortissements d'exploitation	X	
	28…	Amortissements du …		X

2 - L'enregistrement, en deux étapes, de la sortie du bien pour sa valeur nette des seuls amortissements économiquement justifiés (VNC = Valeur brute ou d'entrée – Cumul des amortissements pratiqués) :

2-1 - La sortie du bien pour sa valeur brute ou d'entrée :

81		Valeurs comptables des cessions d'immobilisations	X	
	2..	Actif immobilisé		X

2-2 - Le solde du cumul des amortissements pratiqués sur le bien :

28		Amortissements du …	X	
	81	Valeurs comptables des cessions d'immobilisations		X

3 - La comptabilisation de la valeur de sortie, si celle-ci est supérieure à zéro :

485		Créances sur cessions d'immobilisations	X	
	82	Produits des cessions d'immobilisations		X

20 Ch. M. B. SIBY, opus cité, pages 251-255.

21 Compte non tenu d'éventuelles régularisations en matière de TVA, au regard des dispositions fiscales en vigueur. Cf. supra, note de bas de page 17, page 79.

La plus ou moins-value de cession n'apparaît pas (distinctement) en comptabilité. Elle est déterminée par comparaison des soldes des comptes *82* (produits) et *81*(charges).

La plus-value de cession augmente le résultat, et accroît par conséquent la charge d'impôt sur les bénéfices. Son exonération, sous certaines conditions en vertu des dispositions fiscales (article 19 du CGI), sera traduite par l'écriture suivante :

851		**Dotations HAO aux provisions réglementées**	**X**	
	152	**Plus-values de cession à réinvestir**		**X**

Au cours des exercices suivants, la plus-value doit être reprise (comme toute provision réglementée), par l'écriture suivante :

152		**Plus-values de cession à réinvestir**	**X**	
	861	**Reprises HAO de provisions réglementées**		**X**

Cette reprise est opérée :

- soit en totalité, si l'entreprise n'a pas respecté les conditions posées par le CGI ;
- soit à hauteur de l'amortissement pratiqué sur la nouvelle immobilisation (*plus-value* x *Taux d'amortissement* ou *Amortissement normal – Amortissement fiscal autorisé*[22]).

Ce qui revient à exonérer d'impôt un produit dans l'année (*N*), mais à ne pas permettre la déductibilité d'une charge équivalente durant les années suivantes (*N* + *k*), donc à différer une charge d'impôt.

Application :

Le 1/7/N, une entreprise cède à 15.300.000 un matériel de transport acquis le 1/1/N-2 à 20.000.000 HTVA et amortissable au taux de 20%. Elle s'engage à réinvestir cette plus-value suivant les conditions édictées par le CGI.

1. Tableau d'amortissement initial

Exercice	VNC à l'ouverture de l'exercice	Dotation aux amortissements de l'exercice		Montant cumulé des amortissements pratiqués	VNC à la clôture de l'exercice
N-2	20 000 000	20 000 000 x 20%	4 000 000	4 000 000	16 000 000
N-1	16 000 000	20 000 000 x 20%	4 000 000	8 000 000	12 000 000
N	12 000 000	20 000 000 x 20%	4 000 000	12 000 000	8 000 000
N+1	8 000 000	20 000 000 x 20%	4 000 000	16 000 000	4 000 000
N+2	4 000 000	20 000 000 x 20%	4 000 000	20 000 000	0
Total			**20 000 000**		

[22] L'amortissement fiscal est calculé sur la différence entre le prix de revient de la nouvelle immobilisation et la plus-value initialement distraite du bénéfice imposable (art. 19-1 du CGI).

2. Écritures comptables (cession)

1/7/N

681		Dotations aux amortissements d'exploitation	2 000 000	
	2845	Amortissements du matériel de transport		2 000 000
		Amortissement complémentaire < 20.000.000 x 20% x 6/12 >		
245		Matériel de transport	1 800 000	
	4441	État, TVA due		1 800 000
		Régularisation de la TVA < 20.000.000 x 18% x 30/60 >		
81		Valeurs comptables des cessions d'immobilisations	21 800 000	
	245	Matériel de transport		21 800 000
		Sortie du bien pour sa valeur d'entrée augmentée de la TVA répétée		
2845		Amortissements du matériel de transport	10 000 000	
	81	Valeurs comptables des cessions d'immobilisations		10 000 000
		Solde du cumul des amortissements pratiqués		
485		Créances sur cessions d'immobilisations	15 300 000	
	82	Produits des cessions d'immobilisations		15 300 000
		Valeur de sortie du matériel		

La plus-value (PLV) réalisée est égale à 3.500.000 [= 15.300.000 – (21.800.000 – 10.000.000)].

Son exonération (sa déduction du bénéfice imposable), prévue par les dispositions de l'article 19 du CGI, est matérialisée, au plan comptable, par l'écriture suivante :

1/7/N (ou 31/12/N)

851		Dotations HAO aux provisions réglementées	3 500 000	
	152	Plus-values de cession à réinvestir		3 500 000
		Exonération de la PLV réalisée / Matériel		

Le 1/10/N+1, l'entreprise procède au remplacement du matériel de transport, cédé le 1/7/N, par l'acquisition d'un matériel de transport à 40.000.000 HTVA, amortissable sur 5 ans. Toutes les autres conditions liées à l'exonération de la PLV ont été, par ailleurs, satisfaites par l'entreprise.

3. Tableau d'amortissement du matériel et de reprise de la PLV

Exercice	Dotation aux amortissements de l'exercice		Reprise de la Plus-value	
N+1	40 000 000 x 20% x 3/12	2 000 000	3 500 000 x 20% x 3/12	175 000
N+2	40 000 000 x 20%	8 000 000	3 500 000 x 20%	700 000
N+3	40 000 000 x 20%	8 000 000	3 500 000 x 20%	700 000
N+4	40 000 000 x 20%	8 000 000	3 500 000 x 20%	700 000
N+5	40 000 000 x 20%	8 000 000	3 500 000 x 20%	700 000
N+6	40 000 000 x 20% x 9/12	6 000 000	3 500 000 x 20% x 9/12	525 000
Total		**40 000 000**		**3 500 000**

Ce qui revient à amortir le nouveau bien sur son prix d'acquisition réduit de la PLV dégagée (40.000.000 - 3.500.000), tel qu'édictée par le CGI[23].

4. Écritures comptables

1/10/N+1

245		Matériel de transport	40 000 000	
445		État, TVA récupérable	7 200 000	
	481	Fournisseurs d'investissements		47 200 000

31/12/N+1

681		Dotations aux amortissements d'exploitation	2 000 000	
	2845	Amortissements du matériel de transport		2 000 000
152		**Plus-values de cession à réinvestir**	**175 000**	
	861	**Reprises HAO de provisions réglementées**		**175 000**

31/12/N+2

681		Dotations aux amortissements d'exploitation	8 000 000	
	2845	Amortissements du matériel de transport		8 000 000
152		**Plus-values de cession à réinvestir**	**700 000**	
	861	**Reprises HAO de provisions réglementées**		**700 000**

[23] Art. 19 du CGI.

31/12/N+3

681		Dotations aux amortissements d'exploitation	8 000 000	
	2845	Amortissements du matériel de transport		8 000 000
152		**Plus-values de cession à réinvestir**	**700 000**	
	861	**Reprises HAO de provisions réglementées**		**700 000**

31/12/N+4

681		Dotations aux amortissements d'exploitation	8 000 000	
	2845	Amortissements du matériel de transport		8 000 000
152		**Plus-values de cession à réinvestir**	**700 000**	
	861	**Reprises HAO de provisions réglementées**		**700 000**

31/12/N+5

681		Dotations aux amortissements d'exploitation	8 000 000	
	2845	Amortissements du matériel de transport		8 000 000
152		**Plus-values de cession à réinvestir**	**700 000**	
	861	**Reprises HAO de provisions réglementées**		**700 000**

31/12/N+6

681		Dotations aux amortissements d'exploitation	6 000 000	
	2845	Amortissements du matériel de transport		6 000 000
152		**Plus-values de cession à réinvestir**	**525 000**	
	861	**Reprises HAO de provisions réglementées**		**525 000**

3. Les provisions spéciales de réévaluation légale[24]

En vertu de la convention comptable du coût historique, les immobilisations doivent toujours être enregistrées à leur coût d'entrée au jour de leur acquisition.

Cependant, du fait de l'inflation, la valeur comptable de ces immobilisations s'éloigne, d'exercice en exercice, de leur valeur réelle.

Afin d'aider au respect de l'objectif d'image fidèle, le législateur (fiscal) a institué, à intervalles réguliers, des régimes ponctuels de réévaluation légale (années 1994 et 2012)[25].

Le qualificatif « légale » signifie que la réévaluation est effectuée :

- suivant des modalités techniques précisées par les autorités publiques compétentes avec, le plus souvent, le recours à un ou des indices de réévaluation définis par lesdites autorités ;
- à une date déterminée (à la clôture d'un ou de plusieurs exercices fixés préalablement) ;
- sous le bénéfice d'avantages fiscaux plus ou moins étendus, pouvant aller jusqu'à la non-imposition de l'écart de réévaluation (*provision spéciale de réévaluation*).

3.1. Réévaluation des immobilisations amortissables (art. 226 et 227 du CGI)

La réévaluation légale s'applique aux biens immobilisés amortissables à l'exclusion des immobilisations non amortissables, de l'actif circulant et de la trésorerie-actif. Les valeurs réévaluées des immobilisations amortissables ne doivent pas dépasser les montants obtenus en appliquant au coût d'achat ou de revient du bien les indices fixés par arrêté du Ministre chargé des finances déduction faite des amortissements déjà effectués, réévalués pour chaque exercice en fonction des mêmes indices[26].

---

[24] Par opposition à la **réévaluation libre** (qui ne signifie pas, pour autant, que l'entité puisse réévaluer en utilisant toute méthode de son choix). À ce propos, pour plus de détails, cf. infra *chapitre V- La réévaluation des immobilisations*, page 263.

[25] La réévaluation dans les écritures de l'exercice clos en 1994 (qui faisait suite à la dévaluation de 50% de la parité du franc CFA par rapport au franc français, le 11 janvier 1994 à Dakar) pouvait être aussi pratiquée dans les exercices clos en 1995 ou 1996. De même, la réévaluation de 2012 (faisant suite à l'adoption d'un nouveau CGI - Loi 2012-31 du 31/12/2012) pouvait également être pratiquée dans les écritures des exercices clos en 2013 ou 2014.

[26] cf. Arrêté ministériel n° 13083 MEF/DGID en date du 6 août 2013 fixant les modalités d'application de la réévaluation de bilan et de l'*aide fiscale à l'investissement* prévues par les articles 226 à 231 du Code général des Impôts (Loi 2012-31 du 31/12/2012).

Les indices susvisés sont censés traduire l'évolution du pouvoir d'achat général de la monnaie ; ils sont représentatifs :

- du prix des constructions en ce qui concerne les biens de cette nature ;
- du prix des matériels et outillages en ce qui concerne les autres éléments amortissables.

La plus-value dégagée par la réévaluation est égale à la différence entre la valeur nette comptable (VNC) réévaluée et la VNC avant réévaluation. Cette plus-value est inscrite au passif du bilan dans le compte ***154-Provisions spéciales de réévaluation***.

Dans le cadre d'une **réévaluation libre** (sans avantage fiscal), la plus-value dégagée par l'opération de réévaluation est enregistrée dans le compte ***1062-Écarts de réévaluation libre***. Elle augmente l'actif net de l'exercice de réévaluation et constitue ainsi un élément du bénéfice imposable de l'exercice considéré contrairement à la *provision spéciale de réévaluation*[27].

De même, lorsque la législation fiscale n'autorise pas la neutralité fiscale de l'opération de réévaluation dans le cadre d'une réévaluation légale, le compte *1061-Écarts de réévaluation légale* doit être crédité au lieu du compte *154-Provisions spéciales de réévaluation*.

3.2. Neutralité fiscale de la réévaluation légale (art. 228 du CGI)

La provision spéciale de réévaluation légale des éléments d'actif immobilisé est directement comptabilisée en franchise d'impôt (au passif du bilan dans le compte *154-Provisions spéciales de réévaluation*). Elle sera, par la suite, rapportée chaque année aux résultats en fonction de l'amortissement des biens réévalués. La réévaluation ne peut être ni étalée, ni partielle.

En cas de cession d'une immobilisation réévaluée, la fraction résiduelle de la provision spéciale est rapportée aux résultats de l'exercice de cession.

De même, la réévaluation légale n'a pas d'effet sur l'assiette des impôts locaux (CEL[28] et taxes foncières) destinés aux budgets des collectivités territoriales.

3.3. Aide fiscale à l'investissement (art. 229, 230 et 231 du CGI)

Les personnes physiques ou morales qui ont procédé à la réévaluation de leur bilan, conformément aux dispositions du CGI bénéficient d'une aide fiscale déductible de leur résultat imposable égale à 15 % des investissements nets

---

[27] Dans le cadre de la détermination du bénéfice imposable, il faudra alors procéder à la réintégration extracomptable de l'écart de réévaluation, puisqu'il ne figure pas dans un compte de produit (classes 7 ou 8) du compte de résultat.

[28] *Contribution économique locale* introduite à la faveur de la Loi n° 2018-10 du 30 mars 2018 modifiant certaines dispositions du CGI.

réalisés dans les cinq (5) années, à compter du 1er janvier de l'année suivant celle de la réévaluation.

Ouvrent droit à la déduction prévue ci-dessus les immobilisations corporelles créées ou acquises à l'état neuf, amortissables, à l'exception des véhicules de tourisme et des constructions à usage d'habitation. Toutefois, ces exclusions ne s'appliquent pas :

- aux véhicules destinés à l'exploitation des entreprises de transport et de location de voitures ;
- aux constructions d'immeubles à usage touristique.

La déduction est égale à 15 % de l'excédent de l'investissement sans pouvoir dépasser le montant de la provision spéciale de réévaluation. Elle s'opère sur les résultats de l'exercice au cours duquel les investissements ont été réalisés. L'investissement net est constitué par la différence entre la valeur des immobilisations amortissables figurant au bilan d'ouverture et la valeur des immobilisations de même nature figurant au bilan de clôture de chaque exercice.

Application :

Une société décide de pratiquer une réévaluation légale sur l'ensemble de ses immobilisations corporelles de l'exercice clos au 31/12/2013 (date d'effet : 1/1/2014) conformément aux dispositions du CGI (articles 226 et suivants).

Un matériel industriel acquis le 1er janvier 2010 pour la somme de 20.000.000, amortissable sur 10 ans, a été réévalué avec un indice de 1,03.

Passez les écritures de cession (et de reprise de la provision spéciale de réévaluation) en supposant que, le 1er juillet 2015, la société cède à 11.000.000 F le matériel industriel.

Extrait de l'arrêté ministériel N° 13083 MEF/DGID en date du 6 août 2013 fixant les modalités d'application de la réévaluation de Bilan et de l'Aide fiscale à l'Investissement prévues par les articles 226 à 231 du Code général des Impôts

Art. 7. - Les coefficients de réévaluation dont l'application est prévue aux articles 5 et 6 sont établis comme indiqué dans le tableau ci-dessous :

Années	Constructions immobilières	Autres immobilisations amortissables
1995 et antérieures	1,12	1,01
1996	1,12	1,02
1997	1,18	1,03
1998	1,07	1,05
1999	1,19	1,06
2000	1,01	1,09
2001	1,06	1,08
2002	1,06	1,08
2003	1,01	1,09
2004	1,00	1,09
2005	1,04	1,08
2006	0,98	1,07
2007	0,96	1,05
2008	0,95	1,03
2009	0,98	1,03
2010	1,02	1,03
2011	1,01	1,01
2012	1,00	1,00

1. Tableau de détermination de la provision spéciale de réévaluation

Libellé	**Calcul**	**Montant**
Coût d'acquisition réévalué	20 000 000 x 1,03	20 600 000
Amortissements réévalués	(20 000 000 x 10% x 4) x 1,03	8 240 000
VNC réévaluée	20 600 000 – 8 240 000	12 360 000
VNC avant réévaluation	20 000 000 – (20 000 000 x 10% x 4)	12 000 000
Provision spéciale de réévaluation	12 360 000 – 12 000 000	**360 000**

2. <u>Tableau d'amortissement et de reprise de la provision spéciale de réévaluation</u>

Exercices	Plan d'amortissement initial	Plan d'amortissement modifié	Amortissements complémentaires (28411)	Reprise de la provision spéciale de réévaluation
2010	20 000 000 x 10% = 2 000 000	20 600 000 x 10%= 2 060 000		
2011	2 000 000	2 060 000		
2012	2 000 000	2 060 000		
2013	2 000 000	2 060 000	(2 060 000 - 2 000 000) x 4 = 240 000	
2014	2 000 000	2 060 000		2 060 000 - 2 000 000 = 360 000 x 1/6 = 60 000
2015	2 000 000	2 060 000		60 000
2016	2 000 000	2 060 000		60 000
2017	2 000 000	2 060 000		60 000
2018	2 000 000	2 060 000		60 000
2019	2 000 000	2 060 000		60 000
TOTAL	**20 000 000**	**20 600 000**		**360 000**

3. <u>Écritures comptables</u>

31/12/2013

681		Dotations aux amortissements d'exploitation	2 000 000	
	28411	Amortissements du matériel industriel		2 000 000
2411		Matériel industriel	600 000	
	28411	Amortissements du matériel industriel		240 000
	154	**Provisions spéciales de réévaluation**		**360 000**

31/12/2014

681		Dotations aux amortissements d'exploitation	2 060 000	
	28411	Amortissements du matériel industriel		2 060 000
154		**Provisions spéciales de réévaluation**	**60 000**	
	861	**Reprises HAO de provisions réglementées**		**60 000**

Le 1er juillet 2015, la société cède à 11.000.000 F le matériel industriel.

4. <u>Écritures comptables de cession (et de reprise de la provision spéciale de réévaluation)</u>

1/7/2015

681		Dotations aux amortissements d'exploitation	1 030 000	
	28411	Amortissements du matériel industriel		1 030 000
2411		Matériel industriel	1 620 000	
	4441	État, TVA due		1 620 000
81		Valeurs comptables des cessions d'immobilisations	22 220 000	
	2411	Matériel industriel		22 220 000
28411		Amortissements du matériel industriel	11 330 000	
	81	Valeurs comptables des cessions d'immobilisations		11 330 000
485		Créances sur cessions d'immobilisations	11 000 000	
	82	Produits des cessions d'immobilisations		11 000 000
154		**Provision spéciale de réévaluation**	**270 000**	
	861	**Reprises HAO de provisions réglementées**		**270 000**

La plus-value de cession est de **380.000** = 11.000.000 – (22.220.000 – 11.330.000) + 270.000.

4. Les provisions relatives aux immobilisations

<u>DROIT FISCAL (article 11-5-b du CGI)</u>

Sont admises en déduction, pour la détermination du résultat imposable, les provisions pour renouvellement des biens prévues par le SYSCOHADA et comptabilisées par le concessionnaire conformément à l'obligation de renouvellement des biens d'investissement prévus.

La dotation aux provisions de renouvellement est calculée pour chaque exercice ainsi qu'il suit, sur la base d'une estimation ajustée du coût de remplacement :

- pour une immobilisation apportée par le concédant, la dotation est égale à la valeur de remplacement diminuée des provisions de renouvellement déjà constituées et des éventuelles subventions d'investissement accordées au concessionnaire au titre de ce renouvellement, divisée par la durée de vie restante du bien ;
- pour une immobilisation constituée par le concessionnaire, la dotation annuelle est égale à la différence entre la valeur de remplacement et la valeur de première acquisition (ou la valeur du précédent renouvellement dans le cas d'un renouvellement multiple), diminuée des provisions de renouvellement déjà constituées et des éventuelles subventions d'investissement accordées au concessionnaire au titre de ce renouvellement, divisée par la durée de vie restante de ce bien.

Dans le cas où le total provisionné jusqu'à la clôture du dernier exercice avant le renouvellement est différent du coût effectif d'acquisition du nouveau bien, il convient de passer un ajustement (dotation ou reprise) au compte de résultat pour assurer la concordance entre la provision de renouvellement constituée et la valeur de remplacement effective de ce bien.

NB : Contrairement aux dispositions prévues par l'ancien référentiel comptable (applicable jusqu'au 31/12/2017) qui prévoyait l'inclusion dans le patrimoine du concessionnaire, des biens mis à sa disposition par le concédant, le SYSCOHADA (révisé)[29] exclut de tels biens du bilan du concessionnaire car, ils ne répondent pas à la définition de l'actif (ressource économique actuelle contrôlée par l'entité).

Autrement dit, la première option de cette disposition fiscale du CGI (immobilisation apportée par le concédant) **ne serait pas applicable contrairement à la seconde option** (immobilisation constituée par le concessionnaire).

Application

[cf. Circulaire ministérielle (№ 504 du 15/01/2016) d'application de la Loi 2012-31 du 31/12/2012 portant Code général des impôts modifié, pp 9-11].

Hypothèse **1** : le bien à renouveler est la propriété du concessionnaire

L'entreprise amortit le bien sur sa durée d'utilisation normale. Si cette dernière est inférieure à la durée de la concession, elle devra le renouveler. Si au moment du renouvellement le prix du bien a augmenté, les dotations aux amortissements mis en réserve seront insuffisantes pour couvrir le coût. En vertu des dispositions du CGI, l'entreprise est autorisée à évaluer le prix du bien ou des composantes nécessaires à son renouvellement, au cours actuel du marché.

La différence entre le prix (ou coût) d'acquisition initiale du bien et le prix (ou coût) de son renouvellement représente le coût additionnel à supporter.

Lorsque l'autorité concédante s'engage à contribuer au renouvellement du bien, cette contribution vient en diminution du coût additionnel à supporter.

C'est en définitive ce coût additionnel déterminé en tenant compte de divers paramètres ci-dessus qui sert de base de calcul de la provision. Le coût additionnel est rapporté à la durée de vie restante du bien pour déterminer la dotation à la provision.

Ainsi, si l'on considère :

- C_n le prix du renouvellement estimé à l'année **N** ;
- C_0 le prix d'acquisition initial ;
- P_{n-1} le cumul de la provision constituée par l'entreprise jusqu'à la clôture de l'exercice précédent ;

[29] Acte uniforme relatif au droit comptable et à l'information financière -AUDCIF-, adopté par le Conseil des Ministres de l'OHADA le **26 janvier 2017** dont l'entrée en vigueur a est fixée au 1er janvier 2018 pour les comptes personnels des entités, et au 1er janvier 2019 pour les comptes consolidés, les comptes combinés et les états financiers produits en normes IFRS.

- **S** la subvention versée ou à verser par le concédant ; et
- **t** la durée de vie restante pour le bien,

La provision à déduire des produits de l'exercice **N** est : **$(C_n - C_0 - P_{n-1} - S) / t$**.

<u>Illustration chiffrée</u> :

L'entreprise A est concessionnaire d'un service public. Dans le cadre de l'exploitation et conformément aux obligations contractuelles, A a installé depuis 4 ans un portique de contrôle de sécurité. Le fournisseur du bien installé l'a garanti pour 10 ans. La durée de la concession est de 15 ans. À la clôture de l'exercice 2013, le prix d'achat dudit bien est estimé à 650.000.000 contre un coût initial de 500.000.000. L'autorité concédante s'est engagée à contribuer au remplacement du bien pour 50.000.000. L'entreprise a déjà constitué, les années antérieures, une provision de 40.000.000.

La hausse de prix est de : 650.000.000 - 500.000.000 = 150.000.000.

Le concédant couvre le coût du renouvellement à hauteur de 50.000.000

soit, pour l'entreprise, 150.000.000 - 50.000.000 = 100.000.000 de dépenses additionnelles à couvrir.

Compte tenu des provisions antérieurement constituées, la dotation à la provision de renouvellement au titre de l'exercice 2013 est de : (100.000.000 - 40.000.000) / 6 = 10.000.000.

Le tableau ci-après décrit une évolution possible de la provision pour renouvellement.

1. <u>Détermination de la provision pour renouvellement</u>

Année	Coût prévisionnel du renouvellement C_n	Coût initial C_0	Surcoût à provisionner	P_{n-1}	S	Temps restant avant renouvellement	Dotation ou reprise de l'exercice	P_n
2013	650 000 000	500 000 000	150 000 000	40 000 000	50 000 000	6	10 000 000	50 000 000
2014	655 000 000	500 000 000	155 000 000	50 000 000	50 000 000	5	11 000 000	61 000 000
2015	670 000 000	500 000 000	170 000 000	61 000 000	50 000 000	4	14 750 000	75 750 000

2. <u>Écritures comptables</u>

31/12/2013

681		Dotations aux amortissements d'exploitation	50 000 000	
	28411	Amortissements du matériel industriel		50 000 000
851		**Dotations HAO aux provisions réglementées**	**10 000 000**	
	155	**Provisions réglementées relatives aux immobilisations**		**10 000 000**

31/12/2014

681		Dotations aux amortissements d'exploitation	50 000 000	
	28411	Amortissements du matériel industriel		50 000 000
851		Dotations HAO aux provisions réglementées	11 000 000	
	155	Provisions réglementées relatives aux immobilisations		11 000 000

31/12/2015

681		Dotations aux amortissements d'exploitation	50 000 000	
	28411	Amortissements du matériel industriel		50 000 000
851		Dotations HAO aux provisions réglementées	14 750 000	
	155	Provisions réglementées relatives aux immobilisations		14 750 000

Hypothèse 2 : le bien à renouveler est apporté par le concédant

N'ayant pas supporté le coût d'acquisition du bien, le concessionnaire ne peut constituer des dotations aux amortissements. Par conséquent, la provision à constituer doit être à hauteur du prix du bien.

Compte tenu de l'inflation susceptible d'affecter le prix au fil du temps, à la clôture de chaque exercice, l'entreprise doit réviser le coût du renouvellement. La provision suit le prix de renouvellement prévu à la hausse ou à la baisse.

Considérons :

- $\mathbf{C_n}$ le prix du renouvellement estimé à l'année **N** ;
- $\mathbf{P_{n-1}}$ la provision constituée par l'entreprise à la clôture de l'exercice précédent ;
- **S** la subvention versée ou à verser par le concédant ; et
- **t** le nombre d'année restant à courir jusqu'à la date de renouvellement prévue.

Le coût restant à être financé est le solde entre le coût C_n et le financement acquis (P_{n-1} et S) soit $C_n - P_{n-1} - S$.

Ce solde doit être rapporté au temps nécessaire pour constituer le financement complémentaire. En conséquence, la provision à déduire des produits de l'exercice N est : $\mathbf{(C_n - P_{n-1} - S) / t}$.

Illustration chiffrée :

L'entreprise B, concessionnaire d'un service public, exploite un bien mis à sa disposition par l'État (concédant). B a l'obligation de remettre un bien identique à la fin du contrat prévu en fin 2018. À la clôture de l'exercice 2013, le prix d'achat dudit bien est estimé à 1.500.000.000. L'autorité concédante s'est engagée à contribuer au remplacement du bien pour 500.000.000. L'entreprise a déjà constitué, les années antérieures, une provision de 400.000.000.

La dotation à la provision de renouvellement au titre de l'exercice 2013 est de :
(1.500.000.000 - 400.000.000 - 500.000.000) / 5 = 600.000.000 / 5 = 120.000.000

À la clôture de chaque exercice, ce calcul est réactualisé pour prendre en compte les changements de prix du bien et du temps à courir avant le renouvellement, tel qu'il ressort du tableau ci-après :

1. Détermination de la provision pour renouvellement

Année	Coût prévisionnel du renouvellement C_n	P_{n-1}	S	Temps restant avant renouvellement	Dotation ou reprise de l'exercice	P_n
2013	1 500 000 000	400 000 000	500 000 000	5	120 000 000	520 000 000
2014	1 550 000 000	520 000 000	500 000 000	4	132 500 000	652 500 000
2015	1 150 000 000	652 500 000	500 000 000	3	- 833 333	651 666 667

2. Écritures comptables

31/12/2013

851		Dotations HAO aux provisions réglementées	120 000 000	
	155	Provisions réglementées relatives aux immobilisations		120 000 000

31/12/2014

851		Dotations HAO aux provisions réglementées	132 500 000	
	155	Provisions réglementées relatives aux immobilisations		132 500 000

31/12/2015

155		Provisions réglementées relatives aux immobilisations	833 333	
	861	Reprises HAO de provisions réglementées		833 333

III. L'AUDIT FISCAL DES SUBVENTIONS ET PROVISIONS RÉGLEMENTÉES

Les subventions peuvent être contrôlées à partir :

- des décisions d'octroi de la subvention ou d'affectation à l'entreprise d'un bien (de façon définitive et à titre gratuit), afin de s'assurer de la véritable nature de la subvention et du traitement fiscal adéquat ;

- du tableau d'amortissement des biens acquis ou créés à l'aide de la subvention afin de vérifier la reprise au résultat de la subvention selon le même rythme que les amortissements ;
- du bilan par comparaison, dans le temps, des soldes des comptes de subventions ;
- des décisions de gestion des organes compétents (AGO, AGE, CA) ;
- etc.

Les provisions réglementées peuvent être contrôlées à partir des recoupements issus :

- des écritures à la clôture de l'exercice ;
- des tableaux d'amortissements comptables et fiscaux (dérogatoires) ;
- des factures de cession d'immobilisations et des opérations faisant ressortir la plus ou moins-value de cession ;
- de la réévaluation (légale ou libre) du bilan ;
- des mouvements des comptes de provisions réglementées ;
- des décisions de gestion des organes compétents (AGO, AGE, CA) ;
- etc.

Dans les deux cas (subventions et provisions réglementées), il convient aussi de rapprocher les comptes concernés avec les Notes annexes :

- ***15A-Subventions et Provisions réglementées*** *;*
- *15B-Autres fonds propres ;*
- *3E-Informations sur les réévaluations effectuées par l'entité ;*
- *3A-Immobilsation brute ;*
- *3C-Immobilsations : Amortissements ;*
- *3D-Immobilsations : Plus-values et moins-value de cession ;*
- *etc.*

CHAPITRE IV

LES DETTES FINANCIÈRES

Les dettes financières constituent des ressources financières externes, contractées auprès d'établissements de crédit et/ou de tiers divers, pour une durée supérieure à un (1) an à l'origine, affectées de façon durable au financement des moyens d'exploitation ou de production.

Remboursables à terme, elles participent, concurremment avec les capitaux propres, à la couverture des besoins durables de l'entité.

Les dettes financières sont constituées des emprunts, des dettes de location-acquisition, des dettes liées à des participations et des comptes de liaison des établissements et sociétés en participation, tel qu'il ressort de la liste des comptes du SYSCOHADA.

16 EMPRUNTS ET DETTES ASSIMILÉES

- **161** EMPRUNTS OBLIGATAIRES
- **162** EMPRUNTS ET DETTES AUPRÈS DES ÉTABLISSEMENTS DE CRÉDIT
- **163** AVANCES REÇUES DE L'ÉTAT
- **164** AVANCES REÇUES ET COMPTES COURANTS BLOQUÉS
- **165** DÉPÔTS ET CAUTIONNEMENTS REÇUS
- **166** INTÉRÊTS COURUS
- **167** AVANCES ASSORTIES DE CONDITIONS PARTICULIÈRES
- **168** AUTRES EMPRUNTS ET DETTES

17 DETTES DE LOCATION-ACQUISITION

- **172** DETTES DE LOCATION-ACQUISITION / CRÉDIT-BAIL IMMOBILIER
- **173** DETTES DE LOCATION-ACQUISITION / CRÉDIT-BAIL MOBILIER
- **174** DETTES DE LOCATION-ACQUISITION / LOCATION-VENTE
- **176** INTÉRÊTS COURUS
- **178** AUTRES DETTES DE LOCATION-ACQUISITION

18 DETTES LIÉES À DES PARTICIPATIONS ET COMPTES DE LIAISON DES ÉTABLISSEMENTS ET SOCIÉTÉS EN PARTICIPATION

Il s'agira, ici, de mettre l'accent principalement sur :
- les emprunts obligataires ; et
- les dettes de location-acquisition (crédit-bail).

I. Les emprunts obligataires

1. Définition et cadre juridique de l'emprunt obligataire

Les obligations sont des titres négociables qui, dans une même émission, confèrent au titulaire, les mêmes droits de créance pour une même valeur nominale (article 779 - AUSCGIE).

L'émission d'obligations, interdite aux sociétés dont le capital n'est pas entièrement libéré (art. 781) est réservée essentiellement à la SA ou au GIE constitué de SA, ayant au moins 2 années d'existence et qui ont établi deux (2) bilans régulièrement approuvés par les actionnaires (art. 780).

L'Acte uniforme n'interdisant, de manière expresse, que l'émission d'obligations à lots (art. 782) et restant muet sur toute autre modalité, il en résulte que :

- l'obligation peut être émise à la valeur nominale : elle est dite dans ce cas « émission au pair » ;
- l'obligation peut également être émise en dessous ou au-dessus du pair ;
- les obligations peuvent être :
  - des obligations ordinaires à intérêts, primes de remboursement, capital indexé ou non ;
  - des obligations participantes pour lesquelles une partie de l'intérêt ou de la prime est liée aux variations des bénéfices ;
  - des obligations convertibles qui offrent la possibilité de transformer la créance en actions (cf. application 2, page 51).

2. Caractéristiques des obligations

2.1. Valeur nominale

C'est la quote-part de l'emprunt servant de référence pour le calcul des intérêts. Elle est fixée librement par la société émettrice. Elle est parfois appelée « pair » de l'obligation.

Dans ce cas, l'obligation émise à la valeur nominale, est dite « émission au pair ».

2.2. Prix d'émission

Le prix d'émission représente le prix à verser par le souscripteur au moment de l'émission. Il peut être :

- égal à la valeur nominale ;
- inférieur à la valeur nominale.

2.3. Prime d'émission

Elle est constatée lorsque l'obligation a été émise en dessous du pair. Elle représente la différence entre la valeur nominale et le prix d'émission de l'obligation.

2.4. Prix de remboursement

Il représente le prix remboursé par l'émetteur au souscripteur. Le prix de remboursement peut être :

- au minimum, égal à la valeur nominale (remboursement au pair) ;
- supérieur à la valeur nominale.

2.5. Prime de remboursement

Elle constitue le supplément payé par la société émettrice. Son montant est égal à la différence entre le prix de remboursement et la valeur nominale. Sur le plan comptable, la prime de remboursement correspond généralement à la différence entre le prix de remboursement et le prix d'émission. Il peut s'agir, en effet, d'une double prime.

2.6. Les modalités d'amortissement

Le remboursement des obligations, à chaque échéance, est effectué par tirage aléatoire. Le nombre d'obligations à rembourser, tirées au sort, dépend des modalités de remboursement ou loi d'amortissement.

Il existe trois (3) techniques de remboursement d'un emprunt obligataire :

- <u>l'amortissement constant</u> : chaque année, un même nombre d'obligations est remboursé. Le montant des intérêts diminue à chaque échéance ; les annuités sont décroissantes ;
- <u>l'annuité constante</u> : chaque année, une même somme est consacrée au service global de l'emprunt (coupon + remboursement). Le montant des intérêts diminue et le nombre d'obligations remboursé s'accroît à chaque échéance ;

- l'amortissement unique à l'échéance de l'emprunt (emprunt « in fine », qui ne nécessite donc pas de tirage) : chaque année, seul le paiement du coupon (intérêts) est assuré. Le remboursement de la totalité de l'emprunt est effectué au terme de sa durée de vie.

Quelle que soit la modalité de remboursement, le tableau d'amortissement mettra en évidence le service de l'emprunt obligataire (montant de l'annuité nécessaire afin de payer les intérêts et de rembourser une fraction de l'emprunt).

Une obligation amortie (dite « morte ») entraîne l'extinction de la dette. Les obligations restantes constituent les obligations « vivantes ».

3. Comptabilisation

✓ L'émission de l'emprunt obligataire se déroule en 3 phases :
  - l'ouverture de la souscription (pour le prix d'émission de l'emprunt) ;
  - la souscription de l'emprunt (pour le montant des obligations souscrites) ;
  - le versement des fonds (pour le montant des apports effectués par les obligataires).

✓ L'entité supporte en dehors des coupons d'intérêt deux (2) autres catégories de charges : la prime de remboursement des obligations (comptabilisée à chaque échéance) et les frais d'émission des emprunts (comptabilisés lors de l'émission).

✓ À l'occasion de chaque échéance, l'entité procède à la comptabilisation du service de l'emprunt qui comprend le paiement des intérêts (« coupons ») et le remboursement des obligations échues.

DROIT FISCAL

Les revenus des obligations, à échéance d'au moins cinq (5) ans, émises au Sénégal, sont soumis à une retenue à la source de 6 %, libératoire de tous autres impôts (article 203-3 du CGI).

Autrement (moins de 5 ans), la retenue est de 13% non libératoire (article 173-2 du CGI).

INNOVATIONS DU SYSCOHADA

✓ **Prime de remboursement**

Les primes de remboursement échues sont enregistrées au débit du compte *6714-Primes de remboursement des obligations*. Cette prime, étalée sur la durée de l'emprunt *au prorata* du nombre d'obligations échues, est déterminée comme suit :

$$\frac{Prime\ de\ remboursement \times Obligations\ échues}{Total\ des\ obligations\ émises}$$

Par contre, lorsqu'il s'agit d'un emprunt obligataire *in fine*, la prime de remboursement doit être étalée sur la durée de l'emprunt *au prorata* des intérêts courus, comme suit :

$$\frac{Prime\ de\ remboursement \times Intérêts\ courus\ de\ l'exercice}{Total\ des\ intérêts\ générés\ par\ l'emprunt}$$

Les primes de remboursement non échues, sont inscrites dans les Notes annexes en engagements hors bilan. Toutefois, les primes afférentes à la fraction d'emprunts remboursée ne peuvent, en aucun cas, être maintenues au bilan.

Auparavant, les primes de remboursement des obligations étaient comptabilisées dans le compte *206-Primes de remboursement des obligations*.

Au titre de la première année du SYSCOAHADA révisé (exercice 2018), les primes encore existantes au bilan devraient être soldées (avec la suppression des comptes *20-Charges immobilisées*) et virées au débit du compte *161-Emprunts obligataires*.

✓ **Frais d'émissions des emprunts obligataires**

Les frais d'émissions des emprunts sont désormais comptabilisés dans le compte *6316-Frais d'émission d'emprunts*.

Auparavant, les frais d'émissions des emprunts étaient comptabilisés dans le compte *2026- Frais d'émissions des emprunts*.

Au titre de la première année du SYSCOAHADA révisé (exercice 2018), les frais d'émission encore existants au bilan devraient être soldés (avec la suppression des comptes *20-Charges immobilisées*) et virés au débit du compte *4751-Compte transitoire, ajustement spécial lié à la révision du SYSCOHADA, compte d'actif.* Ensuite, le compte doit être repris en charge sur l'exercice ou étalé sur la période restant à amortir sans dépasser cinq (5) ans, par le biais du compte *6316-Frais d'émission d'emprunts*.

Application

Une SA a émis le 1er janvier N un emprunt obligataire aux conditions suivantes :

Valeur nominale des obligations	1 000 000
Nombre d'obligations	1 000
Taux de l'emprunt	8%
Durée	10 ans
Prix d'émission	900 000
Prix de remboursement	Remboursement au pair
	1 000 000
Frais d'émission	6 % de la valeur nominale de l'emprunt HT

Toutes les obligations sont souscrites et libérées par versement à la banque le 15/01/N. Les coupons sont payables le 31/12 de chaque année.

Hypothèse 1 : Amortissement constant

Amortissement annuel	1 000 actions / 10	100 actions
	900 000 F x 100	90 000 000
Prime de remboursement	(1 000 000 – 900 000) x 1 000	100 000 000
Prime de remboursement annuel	100 000 000 / 10	10 000 000
Frais d'émission	6 % x 1 000 x 1000 000 F	60 000 000

1. Tableau d'amortissement

Années	Obligations vivantes (1)	Charges d'intérêt (2) = (1) x 1.000.000 x 8%	Amortissement		Obligations non amorties (5) = (1)-(3)	Primes de remboursement au % des obligations échues (6) = 100.000.000 x (3) / 1.000
			Nombre d'obligation (3) =1.000 / 10	Valeur de remboursement (4) = (3) x1.000.000		
N	1 000	80 000 000	100	100 000 000	900	10 000 000
N+1	900	72 000 000	100	100 000 000	800	10 000 000
N+2	800	64 000 000	100	100 000 000	700	10 000 000
N+3	700	56 000 000	100	100 000 000	600	10 000 000
N+4	600	48 000 000	100	100 000 000	500	10 000 000
N+5	500	40 000 000	100	100 000 000	400	10 000 000
N+6	400	32 000 000	100	100 000 000	300	10 000 000
N+7	300	24 000 000	100	100 000 000	200	10 000 000
N+8	200	16 000 000	100	100 000 000	100	10 000 000
N+9	100	8 000 000	100	100 000 000	0	10 000 000
Total		**440 000 000**	**1 000**	**1 000 000 000**		**100 000 000**

2. Émission de l'emprunt obligataire

01/01/N

47131		Obligataires-obligations à placer	900 000 000	
	1611	Emprunts obligataires ordinaires		900 000 000
		Ouverture de la souscription pour le prix d'émission de l'emprunt		

15/01/N

47132		Obligataires, comptes de souscription	900 000 000	
	47131	Obligataires-obligations à placer		900 000 000
		Souscription de l'emprunt pour le montant des obligations souscrites		
521		Banques	829 200 000	
6316		Frais d'émission d'emprunts	60 000 000	
445		État, TVA récupérable	10 800 000	
	47132	Obligataires, comptes de souscription		900 000 000
		Libération des fonds par les obligataires et Paiement des Frais d'émission		

3. Service de l'emprunt obligataire

31/12/N

1611		Emprunts obligataires ordinaires	90 000 000	
6711		Intérêts des emprunts obligataires	80 000 000	
6714		Primes de remboursement des obligations	10 000 000	
	521	Banques		174 600 000
	4423	État, impôts recouvrables sur les obligataires		5 400 000
		Paiement du service de l'emprunt		

31/12/N+1

1611		Emprunts obligataires ordinaires	90 000 000	
6711		Intérêts des emprunts obligataires	72 000 000	
6714		Primes de remboursement des obligations	10 000 000	
	521	Banques		167 080 000
	4423	État, impôts recouvrables sur les obligataires		4 920 000
		Paiement du service de l'emprunt		

...

...

...

31/12/N+9

1611		Emprunts obligataires ordinaires	90 000 000	
6711		Intérêts des emprunts obligataires	8 000 000	
6714		Primes de remboursement des obligations	10 000 000	
	521	Banques		106 920 000
	4423	État, impôts recouvrables sur les obligataires		1 080 000
		Paiement du service de l'emprunt		

Hypothèse 2 : Amortissement à l'échéance (*in fine*)

1. Tableau d'amortissement

Années	Obligations vivantes (1)	Charges d'intérêt (2)=(1) x 1.000.000 x 8%	Amortissement		Obligations non amorties (5)=(1)-(3)	Primes de remboursement au % des intérêts courus (6)=100.000.000 x (2) / 800.000.000
			Nombre d'obligation (3)=1.000 / 10	Valeur de remboursement (4)=(3) x 1.000.000		
N	1 000	80 000 000	0	0	1 000	10 000 000
N+1	1 000	80 000 000	0	0	1 000	10 000 000
N+2	1 000	80 000 000	0	0	1 000	10 000 000
N+3	1 000	80 000 000	0	0	1 000	10 000 000
N+4	1 000	80 000 000	0	0	1 000	10 000 000
N+5	1 000	80 000 000	0	0	1 000	10 000 000
N+6	1 000	80 000 000	0	0	1 000	10 000 000
N+7	1 000	80 000 000	0	0	1 000	10 000 000
N+8	1 000	80 000 000	0	0	1 000	10 000 000
N+9	1 000	80 000 000	1 000	1 000 000 000	0	10 000 000
Total		**800 000 000**	**1 000**	**1 000 000 000**		**100 000 000**

2. Émission de l'emprunt obligataire

01/01/N

47131		Obligataires-obligations à placer	900 000 000	
	1611	Emprunts obligataires ordinaires		900 000 000
		Ouverture de la souscription pour le prix d'émission de l'emprunt		

15/01/N

47132		Obligataires, comptes de souscription	900 000 000	
	47131	Obligataires-obligations à placer		900 000 000
		Souscription de l'emprunt pour le montant des obligations souscrites		
521		Banques	829 800 000	
6316		Frais d'émission d'emprunts	60 000 000	
445		État, TVA récupérable	10 800 000	
	47132	Obligataires, comptes de souscription		900 000 000
		Libération des fonds par les obligataires et Paiement des Frais d'émission		

3. Service de l'emprunt obligataire

31/12/N

6711		Intérêts des emprunts obligataires	80 000 000	
	521	Banques		75 200 000
	4423	État, impôts recouvrables sur les obligataires		4 800 000
		Paiement des coupons d'intérêt		
6714		Primes de remboursement des obligations	10 000 000	
	1661	Intérêts courus sur emprunts obligataires		10 000 000
		Rattachement à l'exercice des primes de remboursement		

31/12/N+1

6711		Intérêts des emprunts obligataires	80 000 000	
	521	Banques		75 200 000
	4423	État, impôts recouvrables sur les obligataires		4 800 000
		Paiement des coupons d'intérêt		
6714		Primes de remboursement des obligations	10 000 000	
	1661	Intérêts courus sur emprunts obligataires		10 000 000
		Rattachement à l'exercice des primes de remboursement		

...

...

...

31/12/N+9

1611		Emprunts obligataires ordinaires	900 000 000	
1661		Primes de remboursement des obligations	90 000 000	
6711		Intérêts des emprunts obligataires	80 000 000	
6714		Primes de remboursement des obligations	10 000 000	
	521	Banques		1 069 200 000
	4423	État, impôts recouvrables sur les obligataires		10 800 000
		Paiement du service de l'emprunt		

Hypothèse 3 : Annuités constantes

L'annuité constante ***a*** est déterminée comme suit :

$$a = \frac{C \times N \times t}{1 - (1+t)^{-n}} = \frac{1.000.000 \times 1.000 \times 8\%}{1 - (1{,}08)^{-10}} = 149.029.489 \text{ F}$$

Avec :

C valeur nominale

N nombre d'obligations

t taux d'intérêt

n nombre d'annuités

1. Tableau d'amortissement **théorique**

Années	Obligations vivantes (1)	Charges d'intérêt (2)=(1) x 1.000.000 x 8%	Annuité constante (3)	Amortissements (4)=(3)-(2)	Obligations amorties (5)=(4) / 1.000.000	Primes de remboursement au % des obligations échues (6)=100.000.000 x (5) / 1.000
N	1 000	80 000 000	149 029 489	69 029 489	69,03	6 902 949
N+1	931	74 477 641	149 029 489	74 551 848	74,55	7 455 185
N+2	856	68 513 493	149 029 489	80 515 996	80,52	8 051 600
N+3	776	62 072 213	149 029 489	86 957 275	86,96	8 695 728
N+4	689	55 115 631	149 029 489	93 913 857	93,91	9 391 386
N+5	595	47 602 523	149 029 489	101 426 966	101,43	10 142 697
N+6	494	39 488 366	149 029 489	109 541 123	109,54	10 954 112
N+7	384	30 725 076	149 029 489	118 304 413	118,30	11 830 441
N+8	266	21 260 723	149 029 489	127 768 766	127,77	12 776 877
N+9	138	11 039 221	149 029 489	137 990 267	137,99	13 799 027
Total		**490 294 887**	**1 490 294 887**	**1 000 000 000**	**1 000,00**	**100 000 000**

Pour permettre l'amortissement annuel d'un nombre **entier** d'obligations (multiple de la valeur nominale unitaire : 1.000.000, puisqu'on ne peut pas rembourser des « morceaux » d'obligations), il conviendrait de corriger légèrement les différents montants comme suit :

2. Tableau d'amortissement **réel**

Années	Obligations vivantes (1)	Charges d'intérêt (2)=(1) x 1.000.000 x 8%	Obligations amorties (3)	Amortissements (4)=(3) x 1.000.000	Annuité constante (5)=(2)+(4)	Primes de remboursement au % des obligations échues (6)=100.000.000 x (3) / 1.000
N	1 000	80 000 000	69	69 000 000	149 000 000	6 900 000
N+1	931	74 480 000	75	75 000 000	149 480 000	7 500 000
N+2	856	68 480 000	80	80 000 000	148 480 000	8 000 000
N+3	776	62 080 000	87	87 000 000	149 080 000	8 700 000
N+4	689	55 120 000	94	94 000 000	149 120 000	9 400 000
N+5	595	47 600 000	101	101 000 000	148 600 000	10 100 000
N+6	494	39 520 000	110	110 000 000	149 520 000	11 000 000
N+7	384	30 720 000	118	118 000 000	148 720 000	11 800 000
N+8	266	21 280 000	128	128 000 000	149 280 000	12 800 000
N+9	138	11 040 000	138	138 000 000	149 040 000	13 800 000
Total		**490 320 000**	**1 000**	**1 000 000 000**	**1 490 320 000**	**100 000 000**

3. Émission de l'emprunt obligataire

01/01/N

47131		Obligataires-obligations à placer	900 000 000	
	1611	Emprunts obligataires ordinaires		900 000 000
		Ouverture de la souscription pour le prix d'émission de l'emprunt		

15/01/N

47132		Obligataires, comptes de souscription	900 000 000	
	47131	Obligataires-obligations à placer		900 000 000
		Souscription de l'emprunt pour le montant des obligations souscrites		
521		Banques	829 800 000	
6316		Frais d'émission d'emprunts	60 000 000	
445		État, TVA récupérable	10 800 000	
	47132	Obligataires, comptes de souscription		900 000 000
		Libération des fonds par les obligataires et Paiement des Frais d'émission		

4. Service de l'emprunt obligataire

31/12/N

1611		Emprunts obligataires ordinaires	90 000 000	
6711		Intérêts des emprunts obligataires	80 000 000	
6714		Primes de remboursement des obligations	6 900 000	
	521	Banques		171 686 000
	4423	État, impôts recouvrables sur les obligataires		5 214 000
		Paiement du service de l'emprunt		

31/12/N+1

1611		Emprunts obligataires ordinaires	90 000 000	
6711		Intérêts des emprunts obligataires	74 480 000	
6714		Primes de remboursement des obligations	7 500 000	
	521	Banques		167 061 200
	4423	État, impôts recouvrables sur les obligataires		4 918 800
		Paiement du service de l'emprunt		

…

…

…

31/12/N+9

1611		Emprunts obligataires ordinaires	90 000 000	
6711		Intérêts des emprunts obligataires	11 040 000	
6714		Primes de remboursement des obligations	13 800 000	
	521	Banques		113 349 600
	4423	État, impôts recouvrables sur les obligataires		1 490 400
		Paiement du service de l'emprunt		

NB :

Toutefois, dans le cadre d'un amortissement par annuités constantes et par remboursement au-dessus du pair (prix de remboursement supérieur à la valeur nominale), il convient d'abord de calculer, comme suit, un taux effectif ***T*** avec lequel il faudra déterminer l'annuité constante :

$$T = \frac{\textbf{Valeur nominale x t}}{\textbf{Prix de remboursement}}$$

Le coupon (***Valeur nominale x t***) est ramené à la valeur de remboursement pour déterminer le taux d'intérêt sur la valeur de remboursement.

L'annuité constante ***a*** est alors égale à : $\frac{C' \times N \times T}{1 - (1+T)^{-n}}$

Avec :

- *C'* Prix de remboursement
- *N* nombre d'obligations
- *T* taux d'intérêt effectif
- *n* nombre d'annuités

Application

Une SA a émis le 1er janvier N un emprunt obligataire aux conditions suivantes :

Valeur nominale des obligations	1 000 000
Nombre d'obligations	1 000
Taux de l'emprunt	11%
Durée	10 ans
Prix d'émission	900 000
Prix de remboursement	**Remboursement au-dessus du pair**
	1 100 000
Frais d'émission	6 % de la valeur nominale de l'emprunt HT

Le taux effectif $T = \frac{\textbf{Valeur nominale x t}}{\textbf{Prix de remboursement}} = \frac{1.000.000 \text{ x } 11\%}{1.100.000} = \mathbf{10\%}$

L'annuité constante ***a*** est alors égale à :

$$a = \frac{\mathbf{C' x N x T}}{\mathbf{1 - (1+T)^{-n}}} = \frac{\mathbf{1.100.000 \text{ x } 1.000 \text{ x } 10\%}}{\mathbf{1 - (1,1)^{-10}}} = 179.019.934 \text{ F}$$

Avec *:*

C' Prix de remboursement

N nombre d'obligations

T taux d'intérêt effectif

n nombre d'annuités

1. Tableau d'amortissement **théorique**

Années	Obligations vivantes (1)	Charges d'intérêt (2) = (1) x 1.000.000 x 11%	Annuité constante (3)	Amortissements (4) = (3)-(2)	Obligations amorties (5) = (4) / 1.100.000	Primes de remboursement au % des obligations échues (6) = 200.000.000 x (5) / 1.000
N	1 000	110 000 000	179 019 934	69 019 934	62,75	12 549 079
N+1	937	103 098 007	179 019 934	75 921 928	69,02	13 803 987
N+2	868	95 505 814	179 019 934	83 514 121	75,92	15 184 386
N+3	792	87 154 402	179 019 934	91 865 533	83,51	16 702 824
N+4	709	77 967 848	179 019 934	101 052 086	91,87	18 373 107
N+5	617	67 862 640	179 019 934	111 157 295	101,05	20 210 417
N+6	516	56 746 910	179 019 934	122 273 024	111,16	22 231 459
N+7	405	44 519 608	179 019 934	134 500 326	122,27	24 454 605
N+8	282	31 069 575	179 019 934	147 950 359	134,50	26 900 065
N+9	148	16 274 539	179 019 934	162 745 395	147,95	29 590 072
Total		**690 199 344**	**1 790 199 344**	**1 100 000 000**	**1 000,00**	**200 000 000**

2. Tableau d'amortissement **réel**

Années	Obligations vivantes (1)	Charges d'intérêt (2) = (1) x 1.000.000 x11%	Obligations amorties (3)	Amortissements (4) = (3) x 1.100.000	Annuité constante (5) = (2) +(4)	Primes de remboursement au % des obligations échues (6) =200.000.000 x (3) / 1.000
N	1 000	110 000 000	63	69 300 000	179 300 000	12 600 000
N+1	937	103 070 000	69	75 900 000	178 970 000	13 800 000
N+2	868	95 480 000	76	83 600 000	179 080 000	15 200 000
N+3	792	87 120 000	84	92 400 000	179 520 000	16 800 000
N+4	708	77 880 000	92	101 200 000	179 080 000	18 400 000
N+5	616	67 760 000	101	111 100 000	178 860 000	20 200 000
N+6	515	56 650 000	111	122 100 000	178 750 000	22 200 000
N+7	404	44 440 000	122	134 200 000	178 640 000	24 400 000
N+8	282	31 020 000	134	147 400 000	178 420 000	26 800 000
N+9	148	16 280 000	148	162 800 000	179 080 000	29 600 000
Total		**689 700 000**	**1 000**	**1 100 000 000**	**1 789 700 000**	**200 000 000**

4. Cas particuliers d'obligations

Il s'agit principalement de valeurs mobilières composées (ou complexes) donnant accès :

- à des actions (titres de capital) ; ou
- à d'autres obligations (titres de créance).

4.1. Obligations remboursables en actions (ORA)

Les ORA, inscrites au crédit du compte *1613-Emprunts obligataires remboursables en actions*, sont des obligations dont le remboursement s'effectue par la remise d'actions de la société émettrice dans un rapport déterminé dès l'émission des obligations et dont les intérêts sont servis pendant la durée de l'emprunt de manière habituelle et sans primes de remboursement à l'échéance.

Lors du remboursement à l'échéance, l'écriture suivante est effectuée :

1613		Emprunts obligataires remboursables en actions	X	
	1013	Capital souscrit, appelé, versé, non amorti		X
	1054	Primes de conversion		X
		Remboursement d'ORA		

4.2. Obligations convertibles en actions (OCA)

Le contrat d'émission d'obligations peut prévoir que les obligataires pourront, à tout moment ou à une ou plusieurs dates déterminées, convertir leurs obligations en actions selon un rapport déterminé à l'avance. Les obligations dont les porteurs n'ont pas demandé la conversion sont remboursables en numéraire, comme des obligations ordinaires.

À l'émission, le traitement comptable des OCA, inscrites au crédit du compte *1612-Emprunts obligataires convertibles en actions*, diffère selon qu'elles comportent ou non une prime de remboursement.

- **les OCA sans prime de remboursement** sont comptabilisées suivant les mêmes principes que les ORA ;
- **les OCA avec prime de remboursement** sont comptabilisées sur la base du seul prix d'émission à l'exclusion de la prime de remboursement qui n'est pas comptabilisée (étalée).

En revanche, une provision pour risque (de devoir payer la prime, en cas de remboursement en numéraire) est constatée à la clôture de l'exercice d'émission de l'emprunt au débit du compte *69-Dotations aux provisions* par le crédit du *19-Provisions pour risques et charges*. Cette provision est reprise en cas de conversion des obligations en actions par le crédit du compte *79*.

Le montant de la provision correspond à la prime totale ou, elle est évaluée en fonction de la probabilité de non-conversion.

4.3. Obligations à bons de souscription d'actions (OBSA)

Il s'agit de valeurs mobilières composées d'une obligation, accompagnée d'un ou de plusieurs bons de souscription d'actions, qui donnent le droit de souscrire à une augmentation de capital, dans des conditions et à une ou plusieurs dates prévues à l'avance.

Lors de la souscription, l'emprunt obligataire est normalement enregistré. Par contre, la contrepartie des bons n'est pas constatée car, du point de vue juridique, elle ne génère pas de dettes.

Lors de l'augmentation de capital (exercice des bons), l'écriture suivante est effectuée :

4615		Apporteurs, versements reçus sur aug. de capital	X	
	101	Capital social		X
	1051	Primes d'émission		X
		Émission d'actions		

En cas de péremption des bons (non utilisés), aucune écriture n'est passée.

4.4. Obligations avec bons de souscription d'obligations (OBSO)

L'émission d'obligations avec bons de souscription d'obligations permet à une société émettrice de se procurer des ressources à un taux d'intérêt inférieur à celui du marché avec, comme contrepartie, l'engagement de procéder ultérieurement à une émission d'obligations à un taux plus élevé.

- ✓ Lors de l'émission, le produit résultant de l'émission des bons s'inscrit au crédit du compte *4719-Bons de souscription d'obligations* par le débit d'un compte de trésorerie.
- ✓ Lors de l'exercice des bons :
    - l'emprunt émis est enregistré conformément aux dispositions générales ;
    - le compte *4719* est débité par le crédit du compte *7745-Revenus des obligations*, par étalement sur la durée de l'emprunt obligataire de façon linéaire.
- ✓ Lors de la préemption, le montant des bons non exercés est rapporté au résultat, au crédit du compte *7745*.

4.5. Bons de souscription d'actions (BSA)

Ces bons sont émis de manière autonome. Le produit de l'émission des bons de souscription d'actions autonomes est comptabilisé au crédit du compte *1051-Primes d'émission* par le débit d'un compte de trésorerie. Cette affectation est définitive, même en cas de préemption des bons.

4.6. Bons de souscription d'obligations (BSO)

- ✓ Lors de l'émission, le compte de trésorerie est débité par le crédit du compte *4719-Bons de souscription d'obligations*.
- ✓ Lors de l'exercice des bons, le compte *4719* est débité par le crédit du compte *7745-Revenus des obligations*, par étalement sur la durée de l'emprunt obligataire de façon linéaire
- ✓ Lors de la préemption, le montant des bons non exercés est rapporté au résultat par le crédit du compte *7745*.

II. LES DETTES DE LOCATION-ACQUISITION

La location-acquisition est un moyen de financement (emprunt) s'analysant en une opération de location assortie d'une option (promesse) d'achat que le preneur est **raisonnablement** certain d'exercer.

En application du postulat comptable de la prééminence de la réalité économique sur l'apparence juridique, le droit comptable préconise l'inscription du bien, objet de la location-acquisition, à l'actif du bilan du preneur (locataire).

1. Définition d'un contrat de location

Un contrat est, ou contient, un contrat de location :

- lorsqu'il porte sur un actif déterminé (clairement identifié et physiquement distinct notamment s'il s'agit d'une portion d'actif) ;
- s'il confère au client le droit de contrôler l'utilisation de l'actif[30] en question pour une certaine période en échange d'une contrepartie ; et
- si le client tire la quasi-totalité des avantages économiques de l'utilisation de l'actif.

---

[30] La notion de contrôle est essentielle, en ce sens que l'entité doit s'y référer pour différencier un contrat de location d'un contrat de service. En effet, si un fournisseur contrôle l'utilisation de l'actif pendant la période d'utilisation, le contrat est un contrat de service : le fournisseur utilise l'actif pour rendre des services à ses clients. En revanche, si le client contrôle l'utilisation de l'actif pendant la période d'utilisation, le fournisseur n'a pas le contrôle de l'actif. Dans ce cas, le client a obtenu le droit d'utiliser l'actif sous-jacent, et le contrat contient une composante location (Journal Officiel de l'OHADA, № spécial du 15 février 2017, page 624).

2. Critères de qualification des contrats de location-acquisition

Sont considérés comme *contrat de location-acquisition* (côté preneur)[31], les contrats de crédit-bail, de location-vente, et tout autre contrat de location assortie d'une option d'achat dont le preneur est raisonnablement certain de lever l'option d'achat.

En revanche, sont spécifiquement considérés comme *contrat de location simple* :

- les contrats de crédit-bail et tout autre contrat de location assortie d'une option d'achat dont la levée d'option en fin de contrat est hypothétique ;
- les contrats de crédit-bail, de location-vente et tout autre contrat de location assortie d'une option d'achat dont le montant n'est pas significatif[32] ;
- les contrats de crédit-bail, de location-vente et tout autre contrat de location assortie d'une option d'achat ayant une durée inférieure ou égale à douze (12) mois.

3. Comptabilisation (chez le preneur)

3.1. Règles générales de comptabilisation

Le contrat de location-acquisition est comptabilisé comme une acquisition d'immobilisation financée par un emprunt.

Le preneur comptabilise :

- un actif lié au droit d'utilisation, traité comme l'acquisition d'une immobilisation corporelle (actif sous-jacent), de manière similaire à d'autres actifs corporels de même nature ;
- un passif externe correspondant à l'emprunt ;
- une obligation locative (dette de location-acquisition).

---

[31] Contrat de location-acquisition (côté preneur) ou contrat de location-financement (côté bailleur).

[32] L'appréciation de la faible valeur d'un actif est basée sur sa valeur à neuf. Cette appréciation doit être effectuée contrat par contrat et indépendamment des données propres au preneur telles que sa taille. En principe, des entités de nature et de taille différentes doivent donc parvenir à la même conclusion quant à l'appréciation du seuil de signification. Ainsi, par exemple, sera considérée comme une location portant sur un bien de faible valeur, la location d'ordinateurs de bureau ou de portables, de petits éléments de mobilier de bureau. Par contre, la location d'une automobile ne peut pas bénéficier de l'exemption au titre de la faible valeur, car le prix à neuf d'une automobile ne peut être considéré comme de faible valeur (Journal Officiel de l'OHADA, № spécial du 15 février 2017, page 626).

Concrètement, il s'agira de comptabiliser :

- ✓ à la date d'entrée dans le patrimoine, les immobilisations acquises en location-acquisition au débit des différents comptes usuels de la classe *2*. En contrepartie, sera crédité un compte de dettes financières notamment le compte *17-Dettes de location-acquisition* ;
- ✓ en cours d'exercice, les loyers au débit du compte *623-Redevances de location-acquisition* ;
- ✓ à la clôture de l'exercice :
  - au débit des comptes *17-Dettes de location-acquisition* et *672-Intérêts dans loyers de location-acquisition* par retraitement du compte *623-Redevances de location-acquisition* ;
  - les intérêts courus au débit du compte *672-Intérêts dans loyers de location-acquisition* par le crédit du compte *176-Intérêts courus sur dettes de location-acquisition* ;
  - l'amortissement de l'immobilisation au débit du compte *6813-Dotations aux amortissements d'exploitation des immobilisations corporelles* par le crédit du compte *28-Amortissement* [des immobilisations], si l'actif sous-jacent est un bien amortissable ;
  - la dépréciation de l'actif sous-jacent au débit du compte *69-Dotations aux dépréciations des immobilisations* par le crédit du compte *29-Dépréciations des immobilisations*, en cas d'indice de perte de valeur de l'actif sous-jacent.

3.2. Évaluation initiale de la dette de location-acquisition

La dette de location-acquisition est évaluée initialement à la valeur actualisée des paiements locatifs, sur la durée de location. Les paiements locatifs sont actualisés au taux implicite du contrat de location :

$$\begin{aligned}&Dettes\ de\ location\text{-}acquisition\\&= Valeur\ actualisée\ des\ paiements\ de\ loyers\\&+ Valeur\ actualisée\ des\ paiements\ estimés\ à\ la\ fin\ du\ contrat\end{aligned}$$

3.3. Évaluation ultérieure de la dette de location-acquisition

Après la comptabilisation initiale, la dette de location-acquisition est évaluée ultérieurement au coût amorti selon la méthode du taux d'intérêt effectif (taux d'intérêt implicite).

$$\begin{aligned}&Coût\ amorti\ de\ la\ dette\ de\ location\text{-}acquisition\\&\qquad = Évaluation\ initiale\ de\ la\ dette\ de\ location\text{-}acquisition\\&\qquad - Remboursements\ en\ capital\end{aligned}$$

3.4. Taux d'actualisation

Le taux d'actualisation (taux implicite du contrat) est le taux qui égalise la valeur actualisée des loyers et de la valeur résiduelle non couverte par une garantie, avec la valeur actuelle de l'actif sous-jacent et des coûts directs initiaux du bailleur.

Si le preneur ne peut pas aisément déterminer le taux d'intérêt implicite du contrat de location, il utilise son taux marginal d'emprunt, qui est le taux d'intérêt que le preneur aurait à payer pour un contrat similaire ou, si celui-ci ne peut être déterminé, le taux d'intérêt qu'obtiendrait le preneur, au commencement du contrat de location, pour emprunter sur une durée et une garantie similaire, les fonds nécessaires à l'acquisition de l'actif.

En pratique, le taux d'actualisation (t) chez le preneur peut être obtenu, par l'égalité suivante :

$$\begin{aligned}&Valeur\ actuelle\ du\ bien\ (prix\ figurant\ dans\ le\ contrat)\\&= Valeur\ actuelle\ (au\ taux\ t)\ de\ l'ensemble\ des\ paiements\ locatifs\end{aligned}$$

3.5. Évaluation initiale du coût de l'immobilisation corporelle

À la signature du contrat de location, la valeur de l'immobilisation est déterminée comme suit :

$$\begin{aligned}&Immobilsation\ corporelle\ de\ location\text{-}\ acquisition\\&= Valeur\ initiale\ de\ la\ dette\ de\ location\text{-}\ acquisition\\&+ Coûts\ directs\ initiaux^{33}\\&+ Estimation\ des\ coûts\ de\ démantèlement, enlèvement\ ou\ remise\ en\ état\\&- Avantages\ liés\ au\ contrat\ de\ location\ reçus^{34}\end{aligned}$$

3.6. Évaluation du coût de l'immobilisation à la clôture de l'exercice

À la clôture de l'exercice :

- le droit d'utilisation comptabilisé en immobilisation corporelle doit faire l'objet d'un amortissement si l'actif sous-jacent est un bien amortissable. La

---

[33] Les coûts directs initiaux du preneur sont les coûts marginaux liés à l'obtention d'un contrat de location qui n'auraient autrement pas été encourus et autres frais liés à la mise en état d'utilisation du bien (commissions, honoraires juridiques liés à l'élaboration du contrat, frais de négociation du contrat, frais d'obtention de la garantie, transport, installation, montage, etc.).

[34] Lorsque le preneur a reçu du bailleur des sommes pour favoriser la conclusion du bail, elles sont déduites du droit d'utilisation. Il peut s'agir de remboursements de frais d'installation, de la prise en charge par le bailleur d'indemnités à payer par le preneur à son ancien bailleur ou au précédent occupant des lieux.

durée d'amortissement du droit d'utilisation est la durée d'utilité de l'actif sous-jacent, dès lors qu'il est prévu au terme du contrat un transfert de propriété au preneur ou une option d'achat exerçable. L'amortissement commence à la date de début du contrat de location ;
- en cas d'indice de perte de valeur, le droit d'utilisation de l'actif doit être déprécié et comptabilisé. À la suite de l'enregistrement d'une perte de valeur, les dotations aux amortissements futures de l'actif sont ajustées pour refléter la valeur révisée.

3.7. La levée d'option en fin de contrat

Dans ce cas, la fiction juridique d'appropriation cesse et le bien devient la propriété effective du preneur. Cependant, aucune écriture n'est à passer car, initialement, c'est l'hypothèse retenue dans le schéma de comptabilisation et dans le calcul financier.

En conséquence, l'amortissement du bien est poursuivi jusqu'à son terme et le compte courant de l'emprunt équivalent s'arrête avec cet ultime paiement.

3.8. La remise en cause de l'option en fin de contrat

Ce cas, en pratique, beaucoup plus rare que le précédent, entraîne les conséquences comptables suivantes :

- constatation de la "cession" du bien à la société de crédit-bail ;
- annulation de la "dette" d'emprunt équivalent, à travers sa dernière annuité correspondant au "prix de cession" de l'actif sous-jacent ;
- constatation d'un résultat de cession, généralement une perte (ce qui explique que, habituellement, l'option est levée) égale à la différence entre le prix de cession et la valeur nette comptable de l'actif sous-jacent.

PREMIÈRE APPLICATION DU SYSCOHADA RÉVISÉ RELATIVEMENT AUX CONTRATS DE LOCATION

Par dérogation et dans un souci de simplification, les nouvelles dispositions portant sur les contrats de location doivent s'appliquer exclusivement aux nouveaux contrats signés à partir de la date d'application du SYSCOHADA révisé : le 1er janvier 2018. En conséquence, aucun (re)traitement n'est opéré relativement aux contrats de location antérieurs au 31 décembre 2017.

Application

Le 1er janvier N, une SA finance l'acquisition d'une machine industrielle via un contrat de crédit-bail aux conditions suivantes :

Valeur de la machine	50 000 000
Nombre de loyers à terme échu	8
Montant des loyers	7 600 000
Loyer de levée d'option	4 471 648
Frais d'installation de la machine (réglés le 15/01/N)	3 000 000
Durée d'utilité de la machine	10 ans

1. Qualification du contrat

Il s'agit d'un contrat de location-acquisition car le preneur est raisonnablement certain d'exercer l'option d'achat incitative.

2. Taux d'intérêt implicite

Le taux d'intérêt implicite est le taux qui égalise la valeur actualisée des loyers avec la valeur actuelle de l'actif sous-jacent. Soit :

Valeur actuelle du bien
= Valeur actuelle (au taux t) de l'ensemble des paiements locatifs

$$50.000.000 = 7.600.000 \text{ x } \frac{1-(1+t)^{-8}}{t} + 4.471.648 \text{ x } (1+t)^{-8} \Rightarrow \mathbf{t = 6\%}$$

3. Évaluation initiale de la dette et du coût d'acquisition du bien

Dette de location-acquisition	50 000 000
Frais d'installation	3 000 000
Coût d'acquisition du matériel	53 000 000

4. Tableau d'amortissement de la dette de location-acquisition

Échéance	Dates	Loyers (1)	Ventilation des loyers		Dette à rembourser (4)=Coût-(1)
			Intérêts (2)=(4) x 6%	Dettes (3)=(1)-(2)	
À la signature	01/01/N				50 000 000
Échéance 1	31/12/N	7 600 000	3 000 000	4 600 000	45 400 000
Échéance 2	31/12/N+1	7 600 000	2 724 000	4 876 000	40 524 000
Échéance 3	31/12/N+2	7 600 000	2 431 440	5 168 560	35 355 440
Échéance 4	31/12/N+3	7 600 000	2 121 326	5 478 674	29 876 766
Échéance 5	31/12/N+4	7 600 000	1 792 606	5 807 394	24 069 372
Échéance 6	31/12/N+5	7 600 000	1 444 162	6 155 838	17 913 535
Échéance 7	31/12/N+6	7 600 000	1 074 812	6 525 188	11 388 347
Échéance 8	31/12/N+7	7 600 000	683 301	6 916 699	4 471 648
Levée d'option	31/12/N+7	4 471 648	0	4 471 648	0
Total		**65 271 648**	**15 271 648**	**50 000 000**	

5. <u>Comptabilisation</u>

01/01/N

2411		Matériel industriel	53 000 000	
	173	Dettes de location-acquisition/Crédit-bail mobilier		50 000 000
	4812	Fournisseurs d'investissement		3 000 000
		Machine industrielle acquise par contrat de crédit-bail N°...		

15/01/N

4812		Fournisseurs d'investissement	3 000 000	
	521	Banques		3 000 000
		Règlement des frais d'installation		

31/12/N

623		Redevances de location-acquisition	7 600 000	
4454		État, TVA récupérable sur services extérieurs	1 368 000	
	401	Fournisseurs, Dettes en compte[35]		8 968 000
		Redevance annuelle (1re échéance)		
401		Fournisseurs, Dettes en compte	8 968 000	
	521	Banques		8 968 000
		Règlement de la redevance annuelle (1re échéance)		
173		Dettes de location-acquisition/Crédit-bail mobilier	4 600 000	
672		Intérêts dans loyers de location-acquisition	3 000 000	
	623	Redevances de location-acquisition		7 600 000
		Ventilation de la redevance annuelle		
6813		Dotations aux amortissements des immobilisations corporelles	5 300 000	
	28411	Amortissements du matériel industriel		5 300 000
		Amortissement annuel du matériel < (50.000.000 + 3.000.000) / 3>		

[35] Il est recommandé de créditer le compte *401* (même s'il s'agit d'une opération d'investissement) pour ne pas alourdir les retraitements relatifs au calcul du besoin de financement lié aux activités opérationnelles, dans le cadre de l'élaboration du Tableau des flux de trésorerie.

31/12/N+1

623		Redevances de location-acquisition	7 600 000	
4454		État, TVA récupérable sur services extérieurs	1 368 000	
	401	Fournisseurs, Dettes en compte		8 968 000
		Redevance annuelle (1re échéance)		
401		Fournisseurs, Dettes en compte	8 968 000	
	521	Banques		8 968 000
		Règlement de la redevance annuelle (1re échéance)		
173		Dettes de location-acquisition/Crédit-bail mobilier	4 876 000	
672		Intérêts dans loyers de location-acquisition	2 724 000	
	623	Redevances de location-acquisition		7 600 000
		Ventilation de la redevance annuelle		
6813		Dotations aux amortissements des immobilisations corporelles	5 300 000	
	28411	Amortissements du matériel industriel		5 300 000
		Amortissement annuel du matériel		

6. Hypothèse 1 : Levée d'option à la fin du contrat

31/12/N+7

623		Redevances de location-acquisition	4 471 648	
4454		État, TVA récupérable sur services extérieurs	804 897	
	401	Fournisseurs, Dettes en compte		5 276 545
		Prix de levée d'option		
401		Fournisseurs, Dettes en compte	5 276 545	
	521	Banques		5 276 545
		Règlement du prix de levée d'option		
173		Dettes de location-acquisition/Crédit-bail mobilier	4 471 648	
	623	Redevances de location-acquisition		4 471 648
		Retraitement du prix de levée d'option		
6813		Dotations aux amortissements des immobilisations corporelles	5 300 000	
	28411	Amortissements du matériel industriel		5 300 000
		Amortissement annuel du matériel		

7. Hypothèse 2 : Non levée d'option à la fin du contrat

Tout se passe comme si le matériel est cédé au prix de levée d'option.

31/12/N+7

6813		Dotations aux amortissements des immobilisations corporelles	5 300 000	
	28411	Amortissements du matériel industriel		5 300 000
		Amortissement annuel du matériel		
812		Valeurs comptables des cessions d'immobilisations	53 000 000	
	2411	Matériel industriel		53 000 000
		Sortie du matériel (Valeur d'origine)		
28411		Amortissements du matériel industriel	42 400 000	
	812	Valeurs comptables des cessions d'immobilisations		42 400 000
		Sortie du matériel (Cumul des amortissements)		
173		Dettes de location-acquisition/Crédit-bail mobilier	4 471 648	
	822	Redevances de location-acquisition		4 471 648
		Cession du matériel et Solde du compte de crédit-bail		

Le preneur dégage une moins-value de 6.128.352 = 4.471.648 – (53.000.000 – 42.400.000).

III. L'AUDIT FISCAL DES DETTES FINANCIÈRES

Les emprunts obligataires peuvent être contrôlés à partir de recoupements issus :

- des avis d'appel d'offres accompagnés des Termes et Conditions relatifs à l'émission d'obligations ;
- des annonces relatives aux résultats des émissions d'obligations ;
- des contrats signés par l'entité ;
- du tableau d'amortissement des emprunts ;
- des virements de fonds (réception et remboursements) ;
- du calcul des intérêts courus (déductibilité des intérêts) ;
- du calcul des primes de remboursement ;
- des contrats de dépôts et cautionnements ;
- des modalités de remboursement ou de conversion des obligations (en actions ou obligations) ;
- etc.

Les dettes de location-acquisition peuvent être contrôlées à partir :

- des contrats de location-acquisition ;
- du tableau d'amortissement des dettes de location-acquisition ;
- de la destination des actifs sous-jacents financés par des dettes de location-acquisition ;
- des factures de redevances (déductibilité des redevances) ;
- des échéanciers de remboursement ;
- etc.

Dans les deux cas (emprunts obligataires et dettes de location-acquisition), il convient rapprocher les comptes concernés avec les Notes annexes :

- ***3B-Biens pris en location-acquisition*** ;
- ***16A-Dettes financières et ressources assimilées*** ;
- *3A-Immobilsation brute* ;
- *20- Banques, crédit d'escompte et de trésorerie* ;
- *11-Disponibilités* ;
- *29- Charges et Revenus financiers* ;
- *1-Dettes garanties par des sûretés réelles* ;
- *etc.*

DEUXIÈME PARTIE

LES OPÉRATIONS DE RESTRUCTURATION

Les entreprises doivent continuellement s'adapter aux exigences de leur marché, à de nouvelles contraintes, se restructurer autant que faire se peut. Les techniques de restructuration doivent permettre de réorganiser la structure économique et financière d'une entreprise, de gérer et d'anticiper les changements.

Elles peuvent prendre différentes formes en fonction des besoins de l'entreprise : fusion, scission, apport partiel d'actif, liquidation, etc.

Dans tous ces cas, il est généralement nécessaire de procéder préalablement à l'évaluation de l'entreprise, d'en connaître la valeur.

Cette deuxième (2ème) partie s'articulera autour des chapitres ci-dessous :

- chapitre 1 : L'évaluation des entreprises
- chapitre 2 : Les fusions et opérations assimilées
- chapitre 3 : La liquidation de l'entreprise

CHAPITRE I

L'ÉVALUATION DES ENTREPRISES

L'évaluation d'une entreprise consiste à estimer sa valeur potentielle en vue de procéder (ou non) à une opération de vente, de transmission, de fusion, etc.

Il existe plusieurs méthodes comptables et financières pour valoriser une entreprise, qui se répartissent schématiquement en trois (3) catégories :

- l'évaluation par l'actif net ou par la valeur patrimoniale ;
- l'évaluation par les flux de profits futurs ; et
- l'évaluation mixte fondée sur le goodwill.

Chaque méthode repose sur des hypothèses différentes et doit être utilisée dans un contexte précis, selon la taille de l'entreprise, son secteur d'activité, sa situation financière, sa rentabilité, ses perspectives d'évolution, la finalité ou le but poursuivi par l'évaluation, etc. Plusieurs autres paramètres entrent également en jeu dans la détermination de la valeur de l'entreprise : la capacité de négociation des acteurs, l'urgence de la transaction, etc.

Par ailleurs, compte tenu des spécificités de l'entreprise évaluée, les négociateurs peuvent s'accorder sur l'utilisation combinée de plusieurs méthodes afin d'obtenir, non pas un prix (moyen) mais plutôt, une représentation variée de l'entreprise ou une fourchette raisonnable de prix.

I. LES MÉTHODES STATIQUES D'ÉVALUATION PAR LA VALEUR PATRIMONIALE

Ces méthodes consistent à évaluer la valeur patrimoniale d'une entreprise. Sur la base du bilan comptable le plus récent de l'entreprise, il convient de reprendre tous les postes de l'Actif et du Passif, de les analyser et d'apporter les corrections nécessaires afin d'avoir l'image la plus fiable possible de la réalité économique du bilan à travers, d'abord, l'Actif net comptable et ensuite, l'Actif net comptable corrigé[36].

1. L'Actif net comptable (ANC)

L'Actif net comptable correspond à la différence entre :

- le cumul des biens inscrits à l'actif ; et
- les dettes (et provisions pour risques) figurant au passif.

L'Actif net comptable peut être calculé de deux (2) manières différentes :

ANC = Actif réel – (Dettes + Provisions pour risques)
= **Actif réel – Passif réel**

ANC = Capitaux propres – Actif fictif = **Passif fictif – Actif fictif**

Il est donc nécessaire de ventiler l'actif entre les postes d'actif réel et les postes d'actif fictif. L'actif fictif correspond aux actifs qui n'ont *a priori* aucune valeur de négociation (non-valeurs[37]). Il regroupe notamment :

- les frais d'établissement (constitution, prospection, publicité et lancement, modification de capital, etc.) ;
- les charges à répartir sur plusieurs exercices (frais d'acquisition d'immobilisation, frais d'émission des emprunts, etc.) ;
- les primes de remboursement d'obligation.

<u>**Application 1 :**</u>

Les dirigeants d'une société A, spécialisée dans la fabrication de chaussures de sport, décident de procéder à la fusion avec une autre société B, spécialisée dans la production de sacs de sport.

Afin d'arrêter la parité d'échange en vue de ladite fusion, les dirigeants de la société A, sur la base du bilan ci-après, décident, dans un 1er temps, de déterminer l'actif net comptable.

---

[36] Il existe d'autres variantes des méthodes statiques, fondées sur la VSB (valeur substantielle brute) ou sur les CPNE (capitaux permanents nécessaires à l'exploitation).

[37] Le SYSCOHADA révisé a, du reste, supprimé le compte (d'actif fictif) *20-Charges immobilisées*. Cette suppression, conforme aux normes comptables internationales (*IAS 16-Immobilisations corporelles*), est justifiée par le fait que les charges immobilisées ne répondent pas à la définition retenue d'un actif, à même de procurer à son détenteur des avantages économiques futurs.

Bilan au 31/12/N – 1

ACTIF		PASSIF	
Immobilisations incorporelles	32 200 000	Capital	75 000 000
Immobilisations corporelles	216 642 500	Primes liées au capital	47 500 000
Immobilisations financières	11 250 000	Réserves	108 537 500
Stocks et encours	32 782 500	Résultat de l'exercice	42 100 000
Créances et emplois assimilés	84 097 500	Subventions d'investissement	1 737 500
Titres de placement	1 250 000	Provisions réglementées	15 000 000
Banques	3 200 000	Emprunts et dettes financières	41 250 000
		Provisions pour risques et charges	13 500 000
		Dettes fournisseurs	28 172 500
		Dettes fiscales et sociales	8 625 000
Total	**381 422 500**	**Total**	**381 422 500**

Le capital est constitué de 300 actions de 250.000 F. La société A envisage de distribuer un dividende de 65.000 par actions.

Détermination de l'Actif net comptable

1) Suivant la formule :

$$ANC = Actif\ réel\ -\ (Dettes\ +\ Provisions\ pour\ risques)$$
$$= Actif\ réel\ -\ Passif\ réel$$

Actif réel		381 422 500
Emprunts et dettes financières	41 250 000	
Provisions pour risques et charges	13 500 000	
Dettes fournisseurs	28 172 500	
Dettes fiscales et sociales	8 625 000	
Dividendes	65 000 x 300	
Passif réel		111 047 500
Actif net comptable	381 422 500 – 111 047 500	**270 375 000**

2) Suivant la formule :

$$ANC = Capitaux\ propres - Actif\ fictif = Passif\ fictif - Actif\ fictif$$

Capital	75 000 000	
Primes liées au capital	47 500 000	
Réserves	108 537 500	
Résultat de l'exercice	42 100 000	
Subventions d'investissement	1 737 500	
Provisions réglementées	15 000 000	
Capitaux propres (avant répartition)		289 875 000
Dividendes à distribuer	65 000 x 300	19 500 000
Capitaux propres (après répartition)	289 875 000 – 19 500 000	270 375 000
Actif fictif		0
Actif net comptable	270 375 000 – 0	**270 375 000**

2. L'Actif net comptable corrigé (ANCC)

En vertu des principes ou conventions comptables du coût historique et de prudence, l'actif net comptable ne reflète qu'une valeur historique de l'entreprise. En effet, la valeur comptable et la valeur réelle des actifs ne coïncident qu'au moment de la création de l'entreprise.

Le calcul de l'Actif net comptable, devant donc constituer une première étape avant la détermination de l'Actif net comptable corrigé, doit être revu en retraitant plusieurs postes du bilan, en procédant à des ajustements, corrections, réévaluations, retraitements, etc., dont les plus fréquents sont les suivants :

- réévaluation des biens ayant pris ou perdu de la valeur : immobilier, terrain, fonds commercial, stocks etc. À ce titre, la valeur de chaque bien est définie comme étant celle qui correspond au prix qu'un chef d'entreprise prudent et avisé accepterait de décaisser pour obtenir ce bien s'il devait l'acquérir compte tenu de l'utilité que sa possession présenterait pour la réalisation des objectifs de l'entreprise ;
- intégration de passifs non comptabilisés au bilan : c'est souvent le cas du passif social, c'est-à-dire les provisions pour départ à la retraite de salariés, ou encore du coût de mesures de remise en état de sites d'exploitation, etc. ;
- suppression de non-valeurs : il peut y avoir au bilan des éléments sans valeur économique (frais d'établissement, frais de recherche et développement, terrains, etc.) ou du moins pour le repreneur (aménagements inadaptés, marques, etc.) ;
- intégration des passifs de liquidation si cette solution est réellement envisagée (indemnisation des salariés, paiement de frais, etc.) ;

- **prise en compte de la fiscalité différée et latente.**

IMPÔT EXIGIBLE *VERSUS* IMPÔT DIFFÉRÉ *VERSUS* IMPÔT LATENT

✓ **L'impôt exigible** est la charge d'impôt de l'exercice, due à l'État et liquidée au cours de l'exercice. Relativement à l'impôt sur le bénéfice, l'impôt exigible est déterminé suivant les produits et charges de l'exercice auxquels il convient d'ajouter ou de retrancher les décalages définitifs correspondant :

- aux produits non imposables (déductions extracomptables) ; et
- aux charges non déductibles (réintégrations extracomptables).

L'évaluation de l'entreprise tient compte obligatoirement de l'impôt exigible, qui par ailleurs, est normalement comptabilisé.

✓ **L'impôt différé** est la charge d'impôt imputable aux produits et charges objet de décalages temporaires, qui renvoient aux :

- charges comptabilisées l'année *N* mais déductibles l'année *N+1* ou ultérieurement, générant des impôts différés actif (créance d'impôt) au titre de l'exercice *N* de comptabilisation (provisions pour congés, provisions pour retraite, ARD, DOR, etc.) ;
- produits comptabilisés l'année *N* mais imposables l'année *N+1* ou ultérieurement générant des impôts différés passif (dette d'impôt) au titre de l'exercice *N* de comptabilisation (plus-value de cession, etc.).

Il convient généralement d'intégrer dans les décalages temporaires, les différences d'évaluation entre valeurs comptables et valeurs fiscales d'un actif ou d'un passif, qui conduisent lors de la sortie du patrimoine des biens concernés, à dégager des résultats comptables et fiscaux différents. Ces différences sont plus spécifiquement identifiées comme des différences temporelles.

L'évaluation de l'entreprise tient compte obligatoirement de l'impôt différé qui, toutefois et contrairement à l'impôt exigible, ne devrait pas être comptabilisé. Il en est de même pour l'impôt latent.

✓ **L'impôt latent** est relatif à la charge fiscale suspensive, subordonnée à la réalisation de certaines conditions ou la prise de certaines décisions (plus-value de cession en cas de non-respect des conditions d'exonération).

La prise en compte de l'impôt différé, dans le cadre de l'évaluation de l'entreprise, devrait s'apprécier au regard de la réalisation des conditions suspensives. En cas de cessation d'activité, il faudra impérativement tenir compte de la fiscalité latente sur les plus ou moins-values de cession d'éléments d'actif.

Application 2 : cf. application 1.

La valeur d'utilité de certaines immobilisations incorporelles et corporelles inscrites au bilan est fournie ci-après :

Actif immobilisé	**Valeur d'utilité** (valeur actuelle)
Brevets	14 000 000
Logiciels	7 500 000
Terrains	131 250 000
Bâtiments	75 000 000
Matériel industriel	13 000 000
Matériel informatique	2 000 000

Autres renseignements :

Rubriques	**Montant**	**Renseignements**
Provisions réglementées	15 000 000	Amortissements dérogatoires
Provisions pour risques et charges	13 500 000	Provisions pour amendes et pénalités

Détermination de l'Actif net comptable corrigé

1. Plus ou moins-values

Actif immobilisé	**Valeur d'origine** (valeur d'acquisition)	**Valeur d'utilité** (valeur actuelle)	**Plus ou moins-values**
Brevets	11 650 000	14 000 000	2 350 000
Logiciels	9 500 000	7 500 000	– 2 000 000
Autres immobilisations incorporelles	11 050 000	11 050 000	0
Total	**32 200 000**	**32 550 000**	**350 000**
Terrains	37 500 000	131 250 000	93 750 000
Bâtiments	97 000 000	75 000 000	– 22 000 000
Matériel industriel	17 800 000	13 000 000	– 4 800 000
Matériel informatique	7 800 000	2 000 000	– 5 800 000
Autres immobilisations corporelles	56 542 500	56 542 500	0
Total	**216 642 500**	**277 792 500**	**61 150 000**

2. <u>Imposition différée</u>

Rubriques	Analyse	Impôt différé
Provisions réglementées	Les dotations aux amortissements dérogatoires ont eu à générer des économies d'impôt (débit du compte *851*). Par conséquent, les reprises futures par le crédit du compte *« 861-Reprises HAO de provisions réglementées »* génèrent une dette d'impôt	15 000 000 x 30% = 4 500 000 (impôt différé passif)
Provisions pour amendes et pénalités	La provision pour amendes et pénalités engendre une créance d'impôt. Car, elle a été réintégrée (imposée) au moment de sa constitution. Par conséquent, sa reprise va générer une créance d'impôt au titre des *provisions non déductibles, antérieurement taxées, et réintégrées dans les résultats comptables de l'exercice*	13 500 000 x 30% = 4 050 000 (impôt différé actif)
Total	4 050 000 - 4 500 000	**- 450 000**

Au total :

$$\textbf{ANCC} = 270\ 375\ 000 + 350\ 000\ + 61\ 150\ 000 - 450\ 000\ = \textbf{331 425 000}$$

II. Les méthodes dynamiques d'évaluation par les flux de profits ou de trésorerie futurs

Les méthodes statiques d'évaluation par la valeur patrimoniale (ANC et ANCC) présentent les limites intrinsèques du bilan, qui rend compte notamment, avec les autres états financiers, des performances passées de l'entreprise. Le bilan ne peut donc intégrer la rentabilité future de l'exploitation. Alors que l'objectif de l'entreprise demeure fondamentalement la réalisation (future) de profits auxquels s'intéresse tout acquéreur.

La valeur de l'entreprise ne saurait donc se limiter à sa valeur statique (même corrigée avec l'ANCC) à travers la somme algébrique des éléments constitutifs du bilan. L'entreprise ne vaut pas seulement par ce qu'elle possède. Elle vaut aussi et surtout par ce qu'elle va rapporter.

Dès lors, l'on doit tenir compte de sa rentabilité future qui peut s'apprécier notamment :

- sur la base des dividendes ;
- en référence aux bénéfices futurs ; ou
- à partir des flux nets de trésorerie.

1. L'actualisation des dividendes futurs

Pour un actionnaire, notamment minoritaire, la politique de distribution de dividendes détermine fondamentalement la valeur de l'action et par conséquent celle de l'entreprise. L'actualisation du dividende prévisionnel distribué, au taux de rentabilité exigé ou espéré par l'actionnaire, permet d'apprécier la valeur financière de l'entreprise, déterminée comme suit :

$$\textbf{Valeur financière} = \frac{\textbf{Dividende}}{\textbf{Taux d'actualisation}} \textbf{ x nombre d'actions}$$

<u>Application 3 :</u>

cf. application 1 avec la société A dont le capital est constitué de 300 actions de 250.000 F. qui envisage de distribuer un dividende de 65.000 par action.

Si le taux de rentabilité exigé par l'actionnaire est de 10%, la valeur financière de la société A est égale à :

$$\text{Valeur financière de l'action} = \frac{65\ 000}{10\%} = 650\ 000$$

$$\textbf{Valeur financière de l'entreprise} = \textbf{650 000 x 300} = \textbf{195 000 000}$$

Pour une meilleure détermination de la valeur financière, il est recommandé de retenir la moyenne pondérée des dividendes distribués sur les dernières années, avec plus de poids pour les années les plus proches.

De même, le taux d'actualisation à retenir devrait être le taux de rendement des emprunts d'État (taux de rendement sans risque) majoré d'une prime forfaitaire pour prendre en compte le risque économique encouru par l'entreprise.

<u>CROISSANCE DU DIVIDENDE</u>

En cas d'augmentation annuelle du dividende à taux constant (g), un modèle a été développé par Gordon et Shapiro[38] où $\boldsymbol{V_0} = \frac{\boldsymbol{D_1}}{\boldsymbol{t-g}}\ \boldsymbol{x\ Nombre\ d'actions}$

Avec :

- V_0 Valeur de l'action à l'instant 0
- D_1 Dividende anticipé pour la période 1
- t Taux de rendement exigé ou espéré par l'actionnaire
- g Taux de croissance attendu du dividende

Ces méthodes fondées sur l'actualisation des dividendes s'adressent plus à un acquéreur minoritaire qui s'intéresse en priorité aux dividendes distribués alors que l'acquéreur-actionnaire majoritaire mettra l'accent sur les bénéfices futurs.

---

[38] Myron J. Gordon and Eli Shapiro, 1956, cité par PALOU J., *Comptabilité approfondie et révision*, pp 516-517.

2. L'actualisation des bénéfices futurs

Avec cette méthode, il convient d'appliquer la même démarche que celle utilisée précédemment dans l'actualisation des dividendes futurs.

La valeur de l'entreprise est alors déterminée par le rapport du résultat de l'exercice au taux d'actualisation (exigé par l'investisseur). Ce dernier peut correspondre, comme dans l'actualisation des dividendes, au taux de rendement sans risque des emprunts d'État, auquel il convient de rajouter une prime forfaitaire pour prendre en compte le risque économique encouru par l'entreprise. Soit :

$$\textbf{Valeur de rendement} = \frac{\textbf{Résultat}}{\textbf{Taux d'actualisation}}$$

Pour apprécier le résultat, l'on se réfère, suivant les cas, aux performances du dernier exercice, aux prévisions de l'année en cours, ou encore à la moyenne des résultats de plusieurs exercices.

De même, il importe de retraiter les résultats en ne retenant que les opérations afférentes aux activités ordinaires, récurrentes, liées à l'exploitation, à l'exclusion des opérations liées aux HAO (hors activités ordinaires).

Application 4 :

cf. application 1 avec la société A dont le résultat est 42.100.000.

Soit un taux de rentabilité exigé par l'investisseur de 10%, la valeur de rendement de la société A est égale à :

$$\textbf{Valeur de rendement de l'entreprise} = \frac{\textbf{42 100 000}}{\textbf{10\%}} = \textbf{421 000 000}$$

$$\text{Valeur de rendement de l'action} = \frac{421\ 000\ 000}{300} = 1\ 403\ 333$$

3. L'actualisation des flux nets de trésorerie

Dans cette approche, on considère que la valeur de l'entreprise est égale à la somme des revenus prévisionnels susceptibles d'être dégagés au cours des prochaines années[39].

Il existe différentes formules pour déterminer les revenus futurs. La méthode la plus utilisée est celle des *discounted cash flows* (**DCF**), littéralement « flux de trésorerie actualisés ». Elle consiste de partir de l'excédent brut d'exploitation (EBE) ou de la capacité d'autofinancement (CAF) et d'y retrancher l'impôt

---

[39] La même démarche est appliquée lors de l'évaluation des projets d'investissement à travers les flux nets de trésorerie.

exigible sur le résultat d'exploitation, la variation du besoin en fonds de roulement (BFR) ainsi que le montant consacré aux investissements nets des désinvestissements. Soit :

$$\text{Cash-flows (flux de trésorerie FT)} = \text{EBE} - \text{IS sur le résultat d'exploitation} - \Delta\,\text{BFR} - \text{Investissements} + \text{Désinvestissements}$$

La valeur économique de l'entreprise ou celle de ses fonds propres est alors obtenue par l'actualisation desdits cash-flows (DCF) auquel il convient, le cas échéant, de rajouter sa valeur résiduelle actualisée et de retrancher la valeur actualisée de l'endettement net. Soit :

$$\textbf{Valeur de l'entreprise} = \sum_{p=1}^{n} \frac{FT_p}{(1+t)^p} + \frac{VR_n}{(1+t)^n} - \textbf{Valeur actualisée de } \textit{l'endettement}$$

Avec :

- FT_p Flux de trésorerie engendrés par l'activité à la période p
- VR_n Valeur résiduelle de l'entreprise à l'échéance n
- t Taux de rendement espéré par l'acquéreur
- n Échéance retenue

Application :

En vue de sa valorisation, la société A fait état des informations suivantes :

Année	**N+2**	**N+3**	**N+4**	**N+5**	**N+6**
EBE	108 500 000	108 500 000	119 000 000	122 500 000	122 500 000
Variation du BFR	- 3 500 000	0	- 7 000 000	0	0
Investissements	0	0	- 49 000 000	0	0
Désinvestissements	0	7 000 000	0	0	10 500 000
FT	**105 000 000**	**115 500 000**	**63 000 000**	**122 500 000**	**133 000 000**
Valeur résiduelle (**VR**) en N+6					52 500 000
Taux de rendement espéré par l'acquéreur **10%**					

$$\text{Valeur de l'entreprise} = \frac{105\,000\,000}{(1{,}10)} + \frac{115\,500\,000}{(1{,}10)^2} + \frac{63\,000\,000}{(1{,}10)^3} + \frac{122\,500\,000}{(1{,}10)^4} + \frac{133\,000\,000}{(1{,}10)^5} + \frac{52\,500\,000}{(1{,}10)^5}$$

Valeur de l'entreprise = 437 091 977

III. Les méthodes combinées fondées sur le Goodwill

Il s'agit d'une variété de méthodes mixtes ou intermédiaires, combinant à la fois la dimension patrimoniale (ANC et ANCC) et la dimension bénéficiaire (profits futurs). Il existe, en effet, un lien fort entre la valeur patrimoniale et la capacité bénéficiaire. Cette dernière dépendrait fortement du patrimoine de l'entreprise. En d'autres termes, un outil de travail approprié doit être en mesure de dégager des bénéfices appréciables.

Par ailleurs, le patrimoine de l'entreprise n'est pas toujours égal à la somme algébrique des éléments constitutifs du bilan. En effet, au-delà des éléments d'actif comptabilisés, l'entreprise dispose généralement d'actifs immatériels non comptabilisés appelés *goodwill.* Ces éléments immatériels développés en interne ne sont pas valorisés par la comptabilité (qualité du personnel, parts de marché, qualité du portefeuille-client, notoriété, qualité relationnelle avec les banques, avec les fournisseurs, technologies ou brevets développés par la société, etc.).

Au total, afin de tendre vers une meilleure appréciation de la valeur d'une entreprise, il est utile non seulement de combiner la dimension patrimoniale (ANCC) et la dimension bénéficiaire (profits futurs), mais aussi de tenir compte du *goodwill*, qui correspondra, notamment en cas d'acquisition, à la « survaleur » du prix payé pour acquérir une entreprise sur sa valeur comptable ou à la différence entre l'évaluation dynamique par les flux et l'évaluation statique patrimoniale. Soit :

$$\mathbf{GW = VG - ANCC}$$

Avec :

GW Goodwill

VG Valeur globale de l'entreprise

ANCC Actif net comptable corrigé (sans les éléments incorporels compris dans *GW*)

Lorsqu'elle existe (sinon, l'on parle de « *badwill* »), cette survaleur est considérée comme une rente future que l'acquéreur est prêt à payer lors du rachat.

La méthode du goodwill présente des variantes dont les plus courantes sont :

- la méthode des praticiens (ou « méthode allemande ») ;
- la méthode des anglo-saxons ;
- les méthodes de la rente de goodwill actualisée.

1. La méthode des praticiens (ou « méthode allemande »)

Avec cette méthode, la valeur globale de l'entreprise se situe entre la valeur de rendement et la valeur patrimoniale. Elle correspond à la moyenne arithmétique de l'actif net comptable corrigé (sans valorisation des éléments incorporels) et la valeur de rendement de l'entreprise, soit :

$$\mathbf{VG} = \frac{\mathbf{ANCC} + \frac{\mathbf{CB}}{\mathbf{t}}}{\mathbf{2}}$$

Avec :

VG	Valeur globale de l'entreprise
ANCC	Actif net comptable corrigé
CB	Capacité bénéficiaire
t	Taux de rendement attendu par l'acquéreur

En se servant de l'égalité $GW = VG - ANCC$, l'on aboutit à la détermination du GW par la formule :

$$\mathbf{GW} = \frac{\mathbf{CB} - (\mathbf{t\ x\ ANCC})}{\mathbf{2t}}$$

<u>Application :</u>

cf. supra application 1 avec la société A dont l'ANCC et la valeur de rendement ont été arrêtés comme suit :

Actif net comptable corrigé = 331 425 000

$$\text{Valeur de rendement de l'entreprise} = \frac{\text{Capacité Bénéficiaire}}{\text{t}} = \frac{42\ 100\ 000}{10\%}$$

$$= 421\ 000\ 000$$

L'on aura :

$$\mathbf{VG} = \frac{\text{ANCC} + \frac{\text{CB}}{\text{t}}}{2} = \frac{331\ 425\ 000 + 421\ 000\ 000}{2} = \mathbf{376\ 212\ 500}$$

$$\mathbf{GW} = \frac{\mathbf{CB - tANCC}}{\mathbf{2t}} = \frac{42\ 100\ 000 - 10\%\ \text{x}\ 331\ 425\ 000}{2\ \text{x}\ 10\%} = \mathbf{44\ 787\ 500}\ \text{ou}$$

$$\mathbf{GW} = \mathbf{VG} - \mathbf{ANCC} = 376\ 212\ 500 - 331\ 425\ 000 = \mathbf{44\ 787\ 500}$$

2. La méthode des anglo-saxons

Dans cette méthode, le goodwill est égal à la capitalisation (au taux de rendement attendu) de la différence entre la capacité bénéficiaire et la rémunération de l'ANCC au taux sans risque des emprunts d'État, soit :

$$\mathbf{GW} = \frac{\mathbf{CB} - (\mathbf{r\ x\ ANCC})}{\mathbf{t}} \quad \textbf{et} \quad \mathbf{VG} = \mathbf{ANCC} + \frac{\mathbf{CB} - (\mathbf{r\ x\ ANCC})}{\mathbf{t}}$$

Avec :

CB	Capacité bénéficiaire
r	Taux de placement sans risque
ANCC	Actif net comptable corrigé[40]
t	Taux de rendement attendu par l'acquéreur

Application :

cf. supra application 1 avec la société A dont l'ANCC et la valeur de rendement ont été arrêtés comme suit :

Actif net comptable corrigé = 331 425 000

$$\text{Valeur de rendement de l'entreprise} = \frac{\text{Capacité Bénéficiaire}}{\text{t}} = \frac{42\ 100\ 000}{10\%}$$

$$= 421\ 000\ 000$$

L'on aura si le taux de rémunération sans risque (des emprunts d'État) est égal à 6% :

$$\text{VG} = \text{ANCC} + \frac{\text{CB} - \text{rANCC}}{\text{t}} = 331\ 425\ 000 + \frac{42\ 100\ 000 - 6\%\ \text{x}\ 331\ 425\ 000}{10\%}$$

$$= \mathbf{553\ 570\ 000}$$

$$\text{GW} = \frac{\mathbf{CB - rANCC}}{\mathbf{t}} = \frac{42\ 100\ 000 - 6\%\ \text{x}\ 331\ 425\ 000}{10\%} = \mathbf{222\ 145\ 000}\ \text{ou}$$

$$\text{GW} = \mathbf{VG - ANCC} = 553\ 570\ 000 - 331\ 425\ 000 = \mathbf{222\ 145\ 000}$$

3. Les méthodes de la rente de goodwill actualisée

3.1. La méthode de l'UEC (Union européenne des experts comptables, économiques et financiers)

Dans cette méthode, le surprofit est calculé par rapport à la rémunération de la valeur globale de l'entreprise et non de la valeur de base (ANCC ou VSB). Le goodwill correspond à la valeur actualisée de ce surprofit, soit :

$$\textbf{GW actualisée} = [\mathbf{CB - r\ x\ (VSB + GW)}]\ \mathbf{x}\ \frac{\mathbf{1 - (1 + t)^{-n}}}{\mathbf{t}}$$

[40] Une 2ème variante de cette formule fait référence à la Valeur substantielle brute (VSB) et non à l'ANCC ; $GW = \frac{CB - rVS}{t}$.

Avec :

CB Capacité bénéficiaire

r Taux de placement sans risque

VSB Valeur substantielle brute (sans les éléments incorporels compris dans le goodwill)

GW Goodwill

t Taux de rendement attendu par l'acquéreur

n Durée de la rente de goodwill

Cette méthode d'évaluation considère la rente de goodwill comme l'excédent de profit sur la rémunération du prix que l'investisseur aura à payer.

La VSB représente « l'outil de travail » de l'entreprise indépendamment de l'apparence juridique des biens ou de leur mode de financement. Elle est égale à l'ensemble des biens utilisés pour les besoins de l'exploitation dont l'entreprise dispose sans en être nécessairement propriétaire et qui sont indispensables à son fonctionnement. Elle est généralement restreinte aux éléments d'actif immobilisé. La VSB ne fait aucune référence au passif.

3.2. La méthode de la rémunération de l'actif net comptable corrigé (ANCC)

Avec cette méthode, la valeur de base est l'actif net comptable corrigé (ANCC), soit :

$$\mathbf{GW = (CB - r \times ANCC) \times \frac{1-(1+t)^{-n}}{t}}$$

$$\mathbf{VG = ANCC + (CB - r \times ANCC) \times \frac{1-(1+t)^{-n}}{t}}$$

Avec :

CB Capacité bénéficiaire

r Taux de placement sans risque ou coût des capitaux propres

ANCC Actif net comptable corrigé

t Taux de rendement attendu par l'acquéreur

n Durée de la rente de goodwill

3.3. La méthode des capitaux permanents nécessaires à l'exploitation (CPNE)

Dans cette méthode, l'actif investi correspond aux capitaux permanents nécessaires à l'exploitation (CPNE), soit :

$$\mathbf{GW = (CB - r \times CPNE) \times \frac{1-(1+t)^{-n}}{t}}$$

$$\mathbf{VG = ANCC + (CB - r \times CPNE) \times \frac{1-(1+t)^{-n}}{t}}$$

Avec :

CB	Capacité bénéficiaire
r	Taux de rémunération sans risque ou coût des capitaux propres
CPNE	Capitaux permanents nécessaires à l'exploitation
t	Taux de rendement attendu par l'acquéreur
n	Durée de la rente de goodwill
ANCC	Actif net comptable corrigé

Les capitaux permanents nécessaires à l'exploitation (CPNE) représentent l'ensemble des biens utilisés par l'entreprise (outil économique) financés par des capitaux permanents. Les CPNE sont obtenus en additionnant :

- la valeur d'utilité des immobilisations nécessaires à l'exploitation ; et
- le besoin en fonds de roulement d'exploitation.

3.4. La méthode de la valeur substantielle brute (VSB)

Avec cette méthode, l'actif investi est la VSB, soit :

$$\mathbf{GW = (CB - r \times VSB) \times \frac{1-(1+t)^{-n}}{t}}$$

$$\mathbf{VG = ANCC + (CB - r \times VCB) \times \frac{1-(1+t)^{-n}}{t}}$$

Avec :

CB	Capacité bénéficiaire
r	Taux de placement sans risque ou coût des capitaux propres
VSB	Valeur substantielle brute
t	Taux de rendement attendu par l'acquéreur
n	Durée de la rente de goodwill
ANCC	Actif net comptable corrigé

IV. L'AUDIT FISCAL DE L'ÉVALUATION DES ENTREPRISES

L'audit fiscal de l'évaluation d'une entreprise ne saurait être une fin en soi. L'évaluation, en tant que telle, ne serait pas une opération imposable au même titre qu'une opération impliquant deux agents économiques.

L'audit fiscal de l'évaluation devrait plutôt mettre l'accent, *in fine*, sur le but poursuivi par ladite évaluation : transmission, cession, fusion, apport partiel d'actif, etc.

Il s'agira alors de contrôler (i) la réalité des données affichées par l'évaluation au regard des éléments comptables, (ii) la cohérence d'ensemble des variables ou paramètres utilisés pour ladite évaluation dans le but (fiscal) d'apprécier les bases déclarées à l'occasion de la cession d'un bien objet de l'évaluation, d'une cession d'entreprise, d'une fusion, etc.

Dans un sens (remise en cause des données communiquées par l'entreprise) comme dans l'autre (acceptation des valeurs déclarées par l'entreprise) l'auditeur fiscal ne devrait pas perdre de vue que :

- le processus d'évaluation pourrait logiquement intégrer un objectif d'optimisation fiscale d'une opération subséquente (cession, fusion, apport partiel d'actif, etc.) à l'évaluation ;
- le passage d'une méthode, d'un modèle à l'autre ou une légère modification des variables d'un modèle permet d'aboutir à des résultats différents pour l'évaluation d'une même entreprise ;
- chaque méthode reste sensible aux hypothèses ou variables retenues. La sensibilité est plus forte pour les méthodes basées sur les flux futurs et sur celles fondées sur le *goodwill* ;
- la capacité bénéficiaire (CB) ou les profits futurs (DCF) devraient être rigoureusement appréciés sur la base des activités courantes (ordinaires) à l'exclusion des opérations liées aux HAO (hors activités ordinaires) ;
- le contrôle des éléments comptables et assimilés (ANCC, CPNE, VSB, CB) doit s'appuyer sur les déclarations et les états financiers déjà souscrits par le contribuable et, autant que faire se peut, sur la base d'une moyenne pondérée des derniers exercices ou suivant des prévisions réalistes ;
- le contrôle des éléments extracomptables (taux d'actualisation, taux de placement sans risque des emprunts d'État, coût des capitaux propres, etc.) doit s'appuyer sur les données réelles internes ou externes (marché financier) ;

- il est nécessaire d'harmoniser la capacité bénéficiaire avec l'actif nécessaire à l'exploitation mais aussi avec le taux de rémunération de cet actif[41] :

Capacité bénéficiaire	**Actif nécessaire à l'exploitation**	**Taux de rémunération de l'actif**
Résultat net courant	Actif net comptable corrigé (ANCC)	Coût des capitaux propres
Résultat net courant avant intérêts des dettes financières	Capitaux permanents nécessaires à l'exploitation (CPNE)	Coût moyen pondéré du capital
Résultat net courant avant intérêts des dettes financières et des charges liées aux dettes d'exploitation	Valeur substantielle brute (VSB)	Coût moyen pondéré des capitaux investis dans la VSB

- **la remise en cause par l'auditeur des données comptables et extracomptables retenues par l'entreprise devra permettre de rectifier :**
    - (non seulement) les bases déclarées au titre de l'opération (cession, fusion, etc.) ayant motivé l'évaluation ;
    - (mais aussi) les déclarations souscrites ou à souscrire (dans la limite des délais de reprise ou de prescription) à l'occasion d'opérations antérieures ou postérieures à l'évaluation, impliquant des biens et valeurs objet de l'évaluation. Il en est ainsi, par exemple, des valeurs déclarées au titre d'une cession d'immeubles ayant fait l'objet de cession antérieurement ou ultérieurement à leur évaluation.

---

41 Palou J., opus cité, page 513.

CHAPITRE II

LES FUSIONS ET OPÉRATIONS ASSIMILÉES

Les opérations de fusion, de scission et d'apport partiel d'actif constituent des opérations juridiques de regroupement de sociétés devant permettre de réorganiser la structure d'un groupe et de renforcer la capacité concurrentielle des entreprises impliquées.

I. DÉFINITIONS

1. Fusion

La fusion est l'opération par laquelle deux (2) ou plusieurs sociétés se réunissent pour n'en former qu'une seule soit par création d'une société nouvelle, soit par absorption par l'une d'entre elles (article 189 - AUSCGIE).

La fusion peut donc résulter :

- soit de la création d'une société nouvelle par plusieurs sociétés existantes (fusion-réunion ou fusion-combinaison). Elle suppose que les deux (2) sociétés fusionnantes se dissolvent ensemble tout en créant une nouvelle ;
- soit de l'absorption d'une société par une autre (fusion-absorption). Généralement, la société ayant une meilleure situation financière sera l'absorbante.

La fusion entraîne transmission à titre universel du patrimoine de la ou des sociétés, qui disparaissent du fait de la fusion, à la société absorbante ou à la société nouvelle (art. 189 - AUSCGIE).

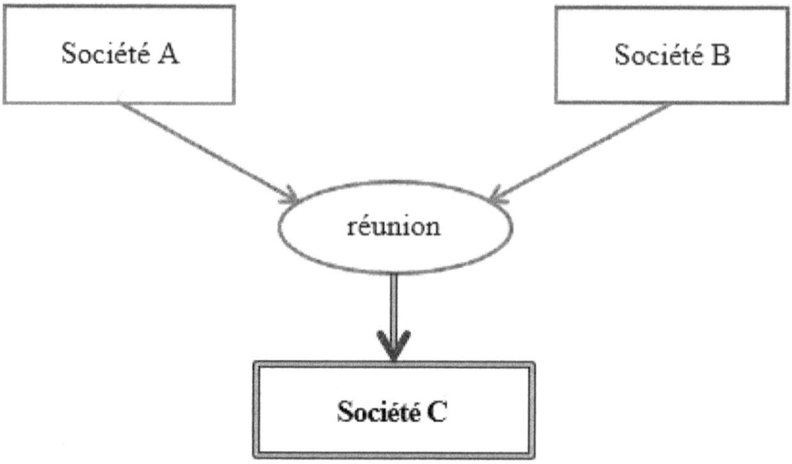

Fig. 1 : Fusion-réunion

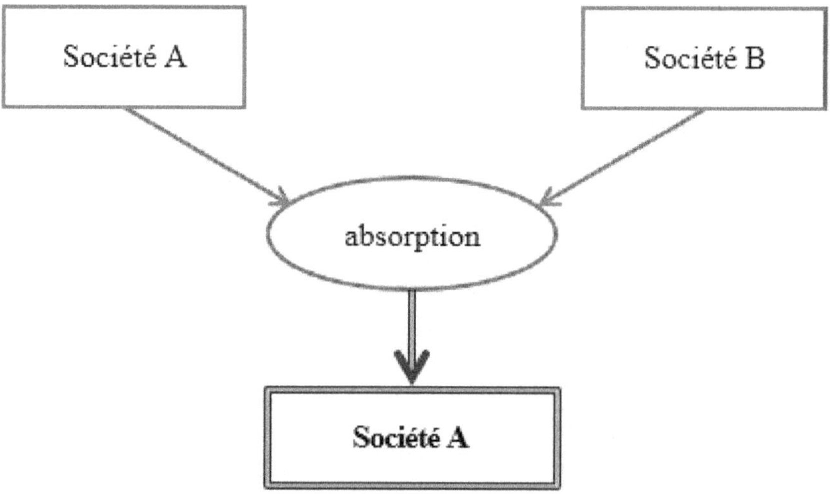

Fig. 2 : Fusion-absorption

2. Scission

La scission est l'opération par laquelle le patrimoine d'une société est partagé entre plusieurs sociétés existantes ou nouvelles. La scission entraîne transmission à titre universel du patrimoine de la société, qui disparaît du fait de la scission, aux sociétés existantes ou nouvelles (art. 190 - AUSCGIE).

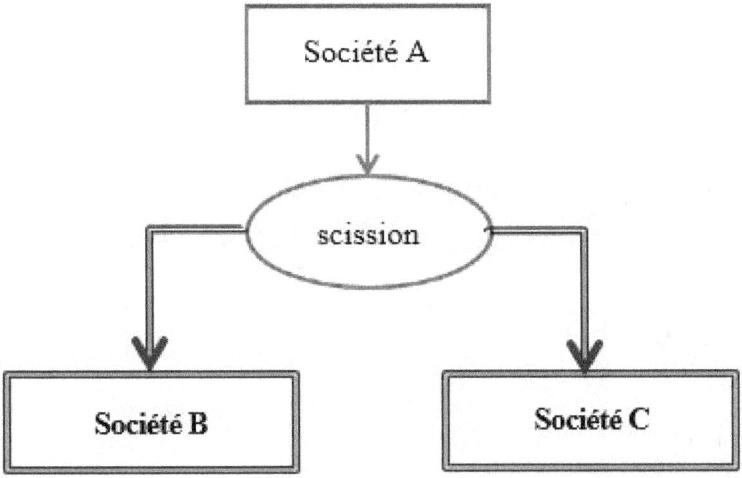

Fig. 3 : Scission

3. Apport partiel d'actif

L'apport partiel d'actif est l'opération par laquelle une société fait apport d'une branche autonome d'activité à une société préexistante ou à créer. La société apporteuse ne disparaît pas du fait de cet apport. L'apport partiel d'actif est soumis au régime de la scission (art. 195 - AUSCGIE).

En effet, l'opération est semblable à une scission en ce qui concerne l'actif apporté mais, contrairement à la scission, l'apport partiel d'actif n'entraîne pas la dissolution de la société apporteuse.

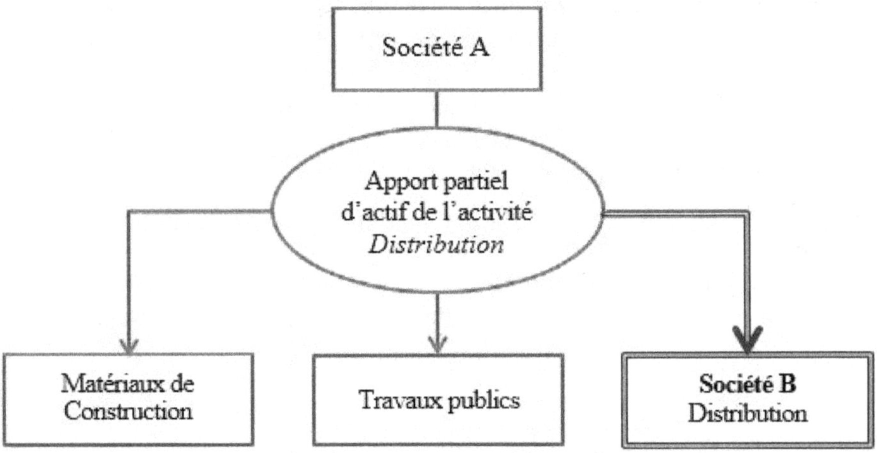

Fig. 4 : Apport partiel d'actif

4. Entité absorbante

L'entité absorbante ou entité bénéficiaire des apports est celle qui reçoit les apports en vertu du traité d'apport et qui émet des titres en rémunération desdits apports.

À cet effet, elle doit procéder à une augmentation de capital d'un montant égal à la valeur nominale des titres créés et attribués aux associés de la société absorbée ou apporteuse.

5. Entité absorbée

L'entité absorbée ou entité apporteuse est celle qui transfère à la société absorbante ou à la bénéficiaire des apports, les actifs et les passifs mentionnés dans le traité d'apport.

Il en résulte le désintéressement des associés de l'absorbée par l'échange des titres détenus contre des titres de l'absorbante et éventuellement la remise d'une soulte.

II. RÈGLES GÉNÉRALES DE VALORISATION DES APPORTS

1. Principes et fondements des règles de valorisation des apports

Les règles de valorisation des fusions et opérations assimilées sont basées sur les principes suivants :

- ***la référence obligatoire au traité d'apport***, qui constitue le document de référence pour la comptabilisation des opérations. Signé par les sociétés impliquées, il décrit les modalités et les conditions financières de l'opération envisagée. Ce traité est communiqué au commissaire à la fusion[42] qui s'assure que les valeurs attribuées aux actions des sociétés participant à la fusion sont pertinentes et que le rapport d'échange est équitable ;
- ***l'application d'une seule méthode d'évaluation des apports***, soit à la valeur réelle, soit à la valeur comptable, en fonction de la situation de contrôle des entités qui participent à l'opération de fusion. De ce fait, la notion de contrôle sert de fondement à la méthode d'évaluation à appliquer (cf. ci-après § 2.1).

[42] Le commissaire à la fusion ne peut être choisi parmi les commissaires aux comptes des sociétés qui participent à l'opération (art. 673 - AUSCGIE).

Le contrôle (exclusif)[43] d'une société est la détention effective du pouvoir de décision au sein de cette société (art. 174).

Une entité (personne physique ou morale) est présumée détenir le contrôle d'une société :

- lorsqu'elle détient, directement ou indirectement ou par personne interposée, plus de la moitié des droits de vote ;
- lorsqu'elle dispose de plus de la moitié des droits de vote en vertu d'un accord ou d'accords conclus avec d'autres associés (art. 175).

- ***la recherche de la neutralité de l'opération*** de regroupement entre entités sous contrôle exclusif, sur le résultat de l'absorbante et sur ses capitaux propres.

2. Détermination de la valeur des apports

2.1. Une seule valorisation possible : valeur réelle ou valeur comptable

Les apports sont inscrits dans les comptes de l'entité bénéficiaire, pour les valeurs figurant dans le traité de fusion (qui sert de base à la comptabilisation des opérations de fusion).

Les apports sont évalués soit à la valeur réelle, soit à la valeur comptable, en fonction de la situation de contrôle (contrôle exclusif) des entités qui participent à l'opération de fusion.

✓ ***Apports évalués à la valeur réelle***

Lorsque l'opération de fusion ou assimilée a pour conséquence une prise de contrôle (dans la logique des comptes consolidés), il convient de traiter cette opération comme une acquisition à la valeur réelle. Les valeurs réelles s'apprécient en fonction du marché et de l'utilité du bien pour l'entité.

Ainsi, les valeurs individuelles des actifs et passifs apportés correspondent aux valeurs réelles attribuées à chacun des éléments du traité d'apport, figurant ou non (les impôts différés) à l'actif ou au passif, dans les comptes de l'absorbée ou de la société apporteuse, à la date de l'opération.

Les actifs immatériels (droit au bail, procédés, marques, etc.) apportés suivant le traité de fusion, qui ne figurent pas dans le bilan de l'entité absorbée, sont inscrits au débit du compte *215-Fonds commercial* de l'entité absorbante.

---

[43] Par opposition au contrôle conjoint qui correspond à un partage contractuellement convenu du contrôle exercé sur une entité. Le contrôle conjoint n'existe que dans le cas où les décisions concernant les activités pertinentes requièrent le consentement unanime des parties partageant le contrôle (pour plus de détail, Cf. § *II. Les différents types de contrôle,* Chapitre I – 3eme partie, page 202).

✓ ***Apports évalués à la valeur comptable***

En revanche, lorsque l'opération de fusion correspond à l'absorption par une entité d'une ou de plusieurs de ses filiales détenues en permanence à 100%, les apports doivent être évalués à la valeur comptable de chaque actif ou passif figurant dans les comptes de l'absorbée ou de la société apporteuse, à la date d'effet de l'opération, sans modification.

En effet, cette opération de regroupement correspond à un maintien de contrôle (restructuration interne), car avant l'opération de fusion, la situation de contrôle est déjà établie entre l'entité mère absorbante et l'entité filiale absorbée. C'est pourquoi, conformément à l'article 676 de l'AUSCGIE, il n'y a lieu ni à approbation de la fusion par l'Assemblée générale extraordinaire des sociétés absorbées, ni à l'établissement des rapports du Conseil d'administration et du Commissaire à la fusion.

Et il conviendra, en termes de comptabilisation, de procéder à la ventilation de la valeur nette comptable, entre la valeur d'origine, les amortissements et dépréciations.

2.2. Date d'effet de l'opération de fusion

La fusion ou la scission prend effet selon l'article 192 de l'AUSCGIE :

- en cas de création d'une ou de plusieurs sociétés nouvelles, à la date d'immatriculation, au registre du commerce et du crédit mobilier, de la nouvelle société ou de la dernière d'entre elles ;
- en cas de fusion entre sociétés existantes :
  - à la date de la dernière assemblée générale ayant approuvé l'opération ; ou
  - à la date prévue par le contrat, si elle est différente. Cette date ne doit être ni postérieure à la date de clôture de l'exercice en cours de la ou des sociétés bénéficiaires ni antérieure à la date de clôture du dernier exercice clos de la ou des sociétés qui transmettent leur patrimoine.

3. Fixation de la parité d'échange des titres

La fusion et les opérations assimilées renvoient nécessairement à une comparaison entre deux entités. À cet effet, dans le cadre de la fusion-absorption, elles comportent un échange de titres sur la base d'un rapport des valeurs d'échange des titres des entités impliquées :

$$\textbf{Rapport ou Parité d'échange} = \frac{\dfrac{\textbf{Valeur de l'entité absorbée}}{\text{Nombre d'actions de l'entité absorbée}}}{\dfrac{\textbf{Valeur de l'entité absorbante}}{\text{Nombre d'actions de l'entité absorbante}}}$$

Ce rapport indique le nombre d'actions de l'entité absorbante qui seront remises aux actionnaires ou associés de l'entité absorbée, pour chaque action de celle-ci détenue.

La valeur d'échange est obtenue, le plus souvent, à partir de plusieurs critères d'évaluation significatifs (actif net corrigé, valeur boursière, bénéfices nets, valeur financière) sans que leur nombre ne soit excessif[44]. Il est donc recommandé :

- d'utiliser des méthodes d'évaluation multicritères ;
- d'homogénéiser les méthodes employées par les diverses entités participant à l'opération ;
- d'avoir une base d'évaluation arrêtée à la même date.

Le calcul du rapport d'échange n'aboutit pas, le plus souvent, à un nombre entier. Deux méthodes sont généralement utilisées pour calculer une parité :

- soit en rapportant la valeur d'un titre d'une société à l'autre, et en recherchant par approches successives un nombre entier ;
- soit en recherchant le plus grand diviseur commun.

✓ *Traitement des rompus*

Les rompus sont des titres qui ne sont pas rémunérés et sont donc perdus en raison du rapport d'échange. En effet, l'application du rapport d'échange à la composition du capital social de l'entité absorbée ne permet pas toujours d'attribuer un nombre entier de titres de l'entité absorbante à chaque actionnaire ou associé de l'entité absorbée. Les solutions couramment utilisées pour résoudre ce problème sont les suivantes :

- les rompus ne feront l'objet d'aucun traitement, les actionnaires subiront une perte ;
- les rompus seront compensés par le versement d'une soulte. Les associés qui transmettent leur patrimoine dans le cadre d'une opération de fusion reçoivent des parts ou des actions de la société bénéficiaire et, éventuellement, une soulte en espèces dont le montant ne peut dépasser 10% de la valeur nominale des parts ou actions attribuées (art. 191) ;
- renonciation par un actionnaire de l'entité absorbée à exercer son droit sur quelques titres ;
- achat par l'entité absorbante ou absorbée, de ses propres actions, suivi d'une réduction du capital pour annuler les actions ainsi acquises.

---

[44] cf. supra *chapitre I, L'évaluation des entreprises*, page 131.

RÉGIME FISCAL DE FAVEUR DES FUSIONS[45]

Le régime fiscal des fusions est prévu notamment par les dispositions des articles 20, 205, 378, 386, 466, 471, 472 et 536 du CGI.

Il consiste,

En matière d'impôt sur les sociétés[46], en :

- l'exonération des plus-values, autres que celles réalisées sur les marchandises, résultant de l'attribution d'actions ou de parts sociales à la suite de fusion de sociétés anonymes ou à responsabilité limitée (par dérogation aux dispositions de l'article 8) ;
- l'exonération des plus-values, autres que celles réalisées sur les marchandises, résultant de l'attribution gratuite d'actions ou de parts sociales, à la suite de l'apport par une société anonyme ou à responsabilité limitée, à une autre société constituée sous une de ces formes, d'une partie de ces éléments d'actif, à condition que :
  - la société bénéficiaire de l'apport ait son siège social au Sénégal ;
  - l'apport se présente sous la forme d'une fusion, d'un apport partiel ou d'une scission de société[47].

En matière de retenue sur les revenus de valeurs mobilières, en :

- l'exemption des plus-values résultant de l'attribution gratuite d'actions, de parts bénéficiaires, de parts sociales ou d'obligations à la suite de fusions de sociétés anonymes ou à responsabilité limitée.

En matière de TVA, en :

- la possibilité de déduire (par la société absorbante ou nouvelle) le montant des crédits de taxes figurant sur la dernière déclaration déposée par la ou les sociétés fusionnées ;
- la dispense de régularisation de la TVA déduite initialement sur des éléments d'actif apportés et dont l'acquisition avait donné lieu à déduction.

---

[45] Cf. Circulaire d'application du CGI № 504 du 15/01/2016, pp 71 et 72.

[46] Il s'agit strictement des plus-values sur les actifs immobilisés résultant de ces opérations. Autrement dit, le régime de droit commun et celui de faveur ont un dénominateur commun en ce sens que tous les produits autres que les plus-values sont immédiatement imposables au niveau de la ou des sociétés absorbées ou apporteuses. Il en est ainsi des provisions pour pertes et charges, des dépréciations, des plus-values sur les actifs circulants ainsi que des subventions d'investissement dont l'imposition est échelonnée. De même, la société absorbée ou apporteuse perd, le cas échéant, le privilège de la déduction du reliquat du crédit d'impôt qui, en temps normal, aurait pu être déduit pendant cinq (5) ou dix (10) exercices comptables en fonction du montant de l'investissement réalisé [cf. à ce propos B. COLY, *Les effets fiscaux des opérations de fusion, scission et apport partiel d'actif*, in revue ID (magazine trimestriel interne de la DGID) № 25, 4ème trimestre 2019, pp 33-35].

[47] Toutefois, l'application desdites exonérations est subordonnée à l'obligation, constatée dans l'acte de fusion ou d'apport, pour la société bénéficiaire de l'apport de calculer, en ce qui concerne les éléments autres que les marchandises comprises dans l'apport, les amortissements annuels à prélever sur les bénéfices ainsi que les plus-values ultérieures résultant de la réalisation de ces éléments, d'après le prix de revient qu'ils comportaient pour les sociétés fusionnées ou pour la société apporteuse, déduction faite des amortissements déjà pratiqués par elles.

En matière de droits d'enregistrement, en :

- l'exonération de droits d'enregistrement de la prise en charge partielle ou totale du passif ;
- l'enregistrement au droit fixe de 50.000 francs des actes de fusion et opérations assimilées ;
- la dispense du paiement de la surtaxe immobilière par la société absorbante, la société nouvelle ou par la société bénéficiaire de l'apport ;
- l'enregistrement au taux de 3% de l'excédent de l'actif apporté par la ou les nouvelles sociétés fusionnées sur le capital et non remboursé ;
- l'exonération de la taxe de publicité foncière des actes de fusion et opérations assimilées.

Extension du régime fiscal de faveur des fusions aux scissions

L'opération de scission est aussi soumise au régime fiscal de faveur des fusions, à condition que :

- les sociétés impliquées soient constituées sous la forme d'une SA ou d'une SARL ;
- les sociétés bénéficiaires des apports aient leur siège au Sénégal ;
- les apports résultent de conventions prenant effet à la même date pour les différentes sociétés qui en sont bénéficiaires, et entraînent, dès leur réalisation, la dissolution immédiate de la société apporteuse.

Extension du régime fiscal de faveur des fusions aux apports partiels d'actif

De même, l'apport partiel d'actif bénéficie du régime de faveur des fusions, à condition que :

- les sociétés impliquées soient constituées sous la forme de SA ou de SARL ;
- la société bénéficiaire de l'apport ait son siège social au Sénégal ;
- l'apport ait été préalablement agréé par le Ministre chargé des Finances ;
- la société apporteuse et la société bénéficiaire de l'apport aient expressément manifesté, dans l'acte d'apport, la volonté de bénéficier de cette assimilation (à l'opération de fusion).

III. ÉCRITURES COMPTABLES DES OPÉRATIONS DE FUSION

Il existe plusieurs situations comptables en fonction des relations financières existantes entre les entités avant la fusion :

- les entités sont indépendantes (aucune participation avant la fusion) ;
- l'entité absorbante détient une participation dans l'entité absorbée ;
- l'entité absorbée détient une participation dans l'entité absorbante ;
- il existe des participations réciproques entre les entités.

1. Comptabilisation des fusions simples (entités indépendantes)

Les deux (2) entités n'ont aucun lien entre elles avant l'opération de fusion, les apports seront évalués à la valeur réelle.

Dans le cas d'une fusion-absorption, il s'agit donc d'une opération de prise de contrôle.

Dans les deux cas (fusion réunion ou fusion-absorption), il convient de comptabiliser :

- **chez l'absorbante :**
  - la promesse des apports ;
  - la réalisation des apports ;
  - la constatation, le cas échéant, des frais relatifs à la fusion, comptabilisés en charges par nature ou imputés sur la prime de fusion (pour le montant net d'impôt sur les sociétés)[48].
- **chez l'absorbée :**
  - le transfert du patrimoine (actifs et passifs) et la constatation de la créance qui en résulte ;
  - la rémunération des apports ;
  - la constatation des droits des apporteurs sur l'actif net ;
  - le désintéressement des apporteurs de l'entité absorbée.

Auparavant, et notamment dans le cadre de la fusion-absorption, il convient de déterminer :

- la parité d'échange des titres ;
- l'augmentation de capital chez l'absorbante. L'entité absorbante doit procéder à une augmentation de capital. Une prime de fusion peut apparaître lorsque la valeur des titres de l'absorbante est supérieure à la valeur nominale desdits titres.

  Soit :

$$\text{Apports nets} = \text{Augmentation de capital} + \text{Prime de fusion}$$

$$\text{Augmentation de capital} = \text{Apports nets} - \text{Prime de fusion}$$

---

[48] Les frais relatifs à la fusion sont constitués de :

- coûts internes (voyages, déplacements, temps passé au montage de l'opération, frais administratifs, etc.) obligatoirement enregistrés en charges ;
- coûts externes directement liés à l'opération de fusion (honoraires des conseils, commissions bancaires, frais relatifs aux formalités fiscales ou légales, frais de communication et de publicité, etc.) qui constituent des frais d'émission de titres. Ces coûts externes peuvent être :
  - comptabilisés en charges de l'exercice ; ou
  - imputés sur la prime de fusion, pour le montant net d'impôt sur les sociétés.

Application 1-1 : Fusion-absorption

Le 1er mars N, une opération de fusion-absorption de la société B (absorbée) par la société A (absorbante) est réalisée.

À la veille de l'opération de fusion- absorption, on vous communique les documents suivants :

Bilan de la société A (absorbante)					
Actif	**Brut**	**Amorts. / Dépréc.**	**Net**	**Passif**	**Net**
Matériel industriel	7 000	2 500	4 500	Capital	7 000
Marchandises	4 000	400	3 600	Réserves	2 200
Clients	9 000	1 000	8 000	Fournisseurs	7 000
Banques	700		700	Autres dettes	600
Total	**20 700**	**3 900**	**16 800**	**Total**	**16 800**

Bilan de la société B (absorbée)					
Actif	**Brut**	**Amorts. / Dépréc.**	**Net**	**Passif**	**Net**
Matériel industriel	9 000	4 000	5 000	Capital	6 000
Marchandises	2 000	200	1 800	Réserves	1 560
Clients	4 360	300	4 060	Fournisseurs	3 000
Banques	500		500	Autres dettes	800
Total	**15 860**	**4 500**	**11 360**	**Total**	**11 360**

Informations relatives à la fusion

Les éléments actifs et passifs sont apportés pour leur valeur nette comptable (VNC) sauf pour les éléments suivants :

1- Les fonds de commerce des 2 sociétés ont été créés et sont évalués à :
   - pour la société A (absorbante) : 7 000
   - pour la société B (absorbée) : 5 000
2- Les immobilisations corporelles (matériel industriel) à :
   - pour la société A (absorbante) : 6 000
   - pour la société B (absorbée) : 6 600

Le capital de la société A (absorbante) est composé de 100 actions de 70, soit 7.000. À l'issue de la fusion, la valeur nominale de l'action sera maintenue à 70.

Le capital de la société B (absorbée) est composé de 120 actions de 50, soit 6.000.

Les frais relatifs à l'opération de fusion (Honoraires HTVA du notaire : 100, droits d'enregistrement : 50, *Droit fixe prévu par l'article 471-III-2*) sont imputés sur la prime de fusion.

1. Détermination de la valeur nette de chaque société

Apports	Société A (absorbante)	Société B (absorbée)
Éléments d'actif		
Fonds de commerce	7 000	5 000
Matériel industriel	6 000	6 600
Marchandises	3 600	1 800
Créances clients	8 000	4 060
Banques	700	500
Dettes		
Fournisseurs	- 7 000	- 3 000
Autres dettes	- 600	- 800
Valeur nette de l'entité	**17 700**	**14 160**
ou		
Capitaux propres	9 200	7 560
Plus-values sur fonds de commerce	7 000	5 000
Plus-values sur matériel	1 500	1 600
Valeur nette de l'entité	**17 700**	**14 160**

2. Détermination du rapport ou de la parité d'échange des titres

$$\text{Rapport ou Parité d'échange} = \frac{\frac{\text{Valeur de l'entité absorbée}}{\text{Nombre d'actions de l'entité absorbée}}}{\frac{\text{Valeur de l'entité absorbante}}{\text{Nombre d'actions de l'entité absorbante}}} = \frac{\frac{14\,160}{120}}{\frac{17\,700}{100}}$$

$$= \frac{118}{177} = \mathbf{\frac{2}{3}}$$

L'échange des titres se fera donc sur la base suivante : remise de 3 actions de la société absorbée B à 118 pour l'obtention de 2 actions de la société absorbante A à 177.

Il conviendra de créer ⅔ x 120 actions, soit 80 actions à remettre aux associés de la société absorbée B.

3. Augmentation de capital chez l'absorbante avec prime de fusion

Apports nets de l'absorbée

= Augmentation de capital chez l'absorbante

\+ Prime de fusion

La valeur nominale de l'action de l'absorbante étant maintenue à 70, à l'issue de la fusion, on aura :

Apports nets = 14 160 = (80 actions x 70) + 8 560

4. Comptabilisation chez l'entité absorbante - société A

1/3/N

4614		Apporteurs, compte d'apport société B absorbée	14 160	
	101	Capital social		5 600
	1053	Prime de fusion		8 560
		Promesse des apports Augmentation de capital		
215		Fonds de commerce	5 000	
241		Matériel industriel	6 600	
311		Marchandises	1 800	
411		Créances clients	4 060	
521		Banques	500	
	401	Fournisseurs		3 000
	471	Autres dettes		800
	4614	Apporteurs, compte d'apport société B absorbée		14 160
		Réalisation des apports de la société B		
1053		Prime de fusion < 150 x 70% >	105	
445		État, TVA récupérable < 100 x 18% >	18	
89		Impôt sur le résultat < 150 x 30% >	45	
	521	Banques		168
		Imputation des frais de fusion sur la prime de fusion		

5. Comptabilisation chez l'entité absorbée - société B

1/3/N

4718		Apport, compte de fusion, société absorbante A	14 160	
401		Fournisseurs	3 000	
471		Autres dettes	800	
2841		Amortissements du matériel	4 000	
3911		Dépréciations des marchandises	200	
4911		Dépréciation des créances	300	
	1381	Résultat de fusion		6 600
	241	Matériel industriel		9 000
	311	Marchandises		2 000
	411	Créances clients		4 360
	521	Banques		500
		Transfert de patrimoine à la société A et Détermination du résultat de fusion		
502		Actions, société A	14 160	
	4718	Apport, compte de fusion, société absorbante A		14 160
		Rémunération des apports par la remise de titres		

10 11 1381	 4618	Capital Réserves Résultat de fusion Apporteurs, titres à échanger *Constatation du droit des apporteurs sur l'actif net*	6 000 1 560 6 600	 14 160
4618	 502	Apporteurs, titres à échanger Actions, société A *Désintéressement des apports*	14 160	 14 160

Application 1-2 : Fusion-réunion

Le 1er mars N, une opération de fusion-réunion de deux sociétés A et B est réalisée. Elle conduit à la création d'une société anonyme C à l'aide des apports d'éléments d'actif et de passif des deux sociétés réunies.

À la veille de l'opération de fusion-réunion, on vous communique les documents suivants :

Bilan de la société A (absorbante)					
Actif	**Brut**	**Amorts. / Dépréc.**	**Net**	**Passif**	**Net**
Matériel industriel	7 000	2 500	4 500	Capital	7 000
Marchandises	4 000	400	3 600	Réserves	2 200
Clients	9 000	1 000	8 000	Fournisseurs	7 000
Banques	700		700	Autres dettes	600
Total	**20 700**	**3 900**	**16 800**	**Total**	**16 800**

Bilan de la société B (absorbée)					
Actif	**Brut**	**Amorts. / Dépréc.**	**Net**	**Passif**	**Net**
Matériel industriel	9 000	4 000	5 000	Capital	6 000
Marchandises	2 000	200	1 800	Réserves	1 560
Clients	4 360	300	4 060	Fournisseurs	3 000
Banques	500		500	Autres dettes	800
Total	**15 860**	**4 500**	**11 360**	**Total**	**11 360**

Informations relatives à la fusion

Les éléments actifs et passifs sont apportés pour leur VNC sauf pour les éléments suivants :

1- Les fonds de commerce des 2 sociétés ont été créés et sont évalués à :
   - pour la société A : 7 000
   - pour la société B : 5 000
2- Les immobilisations corporelles (matériel industriel) à :
   - pour la société A : 6 000
   - pour la société B : 6 600

Le capital de la nouvelle société C sera composé de 531 actions de 60, soit 31.860.

Les frais relatifs à l'opération de fusion sont constitués des honoraires HTVA du notaire (100) et des droits (fixes) d'enregistrement (50).

1. Détermination de la valeur des apports nets de chaque société apporteuse

Apports	Société A	Société B
Éléments d'actif		
Fonds de commerce	7 000	5 000
Matériel industriel	6 000	6 600
Marchandises	3 600	1 800
Créances clients	8 000	4 060
Banques	700	500
Dettes		
Fournisseurs	- 7 000	- 3 000
Autres dettes	- 600	- 800
Montants des apports nets (1)	**17 700**	**14 160**
Nombre de titres remis aux actionnaires (2) = (1) / 60	295	236
ou		
Capitaux propres	9 200	7 560
Plus-values sur fonds de commerce	7 000	5 000
Plus-values sur matériel	1 500	1 600
Montants des apports nets (1)	**17 700**	**14 160**
Nombre de titres remis aux actionnaires (2) = (1) / 60	295	236

2. Comptabilisation chez l'entité absorbante - société C

1/3/N

46140		Apporteurs, compte d'apport société A	17 700	
46141		Apporteurs, compte d'apport société B	14 160	
	101	Capital social		31 860
		Promesse des apports		
215		Fonds de commerce	7 000	
241		Matériel industriel	6 000	
311		Marchandises	3 600	
411		Créances clients	8 000	
521		Banques	700	
	401	Fournisseurs		7 000
	471	Autres dettes		600
	46140	Apporteurs, compte d'apport société A		17 700
		Réalisation des apports de la société A		
215		Fonds de commerce	5 000	
241		Matériel industriel	6 600	
311		Marchandises	1 800	
411		Créances clients	4 060	
521		Banques	500	
	401	Fournisseurs		3 000
	471	Autres dettes		800
	46141	Apporteurs, compte d'apport société B		14 160
		Réalisation des apports de la société B		

6324		Honoraires des professions réglementées	100	
646		Droits d'enregistrement	50	
445		État, TVA récupérable	18	
	521	Banques		168
		Frais de fusion		

3. Comptabilisation chez l'entité absorbée - société A

1/3/N

4718		Apport, compte de fusion, société A	17 700	
401		Fournisseurs	7 000	
471		Autres dettes	600	
2841		Amortissements du matériel	2 500	
3911		Dépréciations des marchandises	400	
4911		Dépréciation des créances	1 000	
	1381	Résultat de fusion		8 500
	241	Matériel industriel		7 000
	311	Marchandises		4 000
	411	Créances clients		9 000
	521	Banques		700
		Transfert de patrimoine à la société C		
502		Actions, société A	17 700	
	4718	Apport, compte de fusion, société A		17 700
		Rémunération des apports		
10		Capital	7 000	
11		Réserves	2 200	
1381		Résultat de fusion	8 500	
	4618	Apporteurs, titres à échanger		17 700
		Constatation du droit des apporteurs sur l'actif net		
4618		Apporteurs, titres à échanger	17 700	
	502	Actions, société A		17 700
		Désintéressement des apports		

4. <u>Comptabilisation chez l'entité absorbée - société B</u>

1/3/N

4718		Apport, compte de fusion, société A	14 160	
401		Fournisseurs	3 000	
471		Autres dettes	800	
2841		Amortissements du matériel	4 000	
3911		Dépréciations des marchandises	200	
4911		Dépréciation des créances	300	
	1381	Résultat de fusion		6 600
	241	Matériel industriel		9 000
	311	Marchandises		2 000
	411	Créances clients		4 360
	521	Banques		500
		Transfert de patrimoine à la société C et Détermination du résultat de fusion		
502		Actions, société A	14 160	
	4718	Apport, compte de fusion, société A		14 160
		Rémunération des apports		
10		Capital	6 000	
11		Réserves	1 560	
1381		Résultat de fusion	6 600	
	4618	Apporteurs, titres à échanger		14 160
		Constatation du droit des apporteurs sur l'actif net		
4618		Apporteurs, titres à échanger	14 160	
	502	Actions, société A		14 160
		Désintéressement des apports		

2. Comptabilisation des fusions où l'entité absorbante détient une participation dans l'entité absorbée

Fig. 5 : L'absorbante détient une participation dans l'absorbée

✓ ***Chez l'absorbante :***

L'une des conséquences d'une telle opération de fusion, pour l'entité absorbante est la détention de ses propres titres. Or, la souscription ou l'achat par une société de ses propres actions, directement ou indirectement, est interdite (article 639 de l'AUSCGIE).

Deux méthodes peuvent être envisagées pour résoudre ce type de problème : la fusion-renonciation ou la fusion-allotissement.

- **La fusion-renonciation** consiste, pour l'entité absorbante, à renoncer à émettre les titres qui devraient lui revenir. L'augmentation de capital ne rémunère que les actionnaires extérieurs. L'entité absorbante doit constater :
    - une augmentation de capital qui rémunère les autres apporteurs de l'entité absorbée ;
    - l'annulation des titres de l'entité absorbée détenus par l'entité absorbante.

  L'égalité, définie précédemment, devient alors :

$$\text{Apports nets} = \text{Augmentation de capital} + \text{Annulation de titres} \\ + \text{Prime de fusion}$$

  En outre, les titres étant éliminés pour leur valeur nette comptable, il se dégage un écart appelé « *plus ou moins-value de fusion ou encore boni ou mali de fusion* » égal à la différence entre la quote-part de l'apport représentée par les titres annulés et leur valeur nette comptable. Cet écart est considéré comme une prime de fusion à inscrire dans le compte *1053-Prime de fusion*. Au même titre que la prime de fusion proprement dite réalisée par les autres associés de l'entité absorbée, qui est égale à la différence entre la valeur réelle du titre de l'entité absorbante et sa valeur nominale ou entre la valeur de leurs apports et l'augmentation de capital.

- **La fusion-allotissement** (ou partage du patrimoine de l'absorbée en 2 lots) s'analyse comme une liquidation partielle de l'entité absorbée, suivie d'une fusion pour la fraction n'appartenant pas à l'entité absorbante. Le lot qui est attribué à l'entité absorbante pour les droits correspondants aux titres détenus dans l'entité absorbée, ne font pas l'objet d'échange de titres. La plus-value réalisée par l'entité absorbante (différence entre la valeur réelle des titres et leur valeur comptable) n'a pas le caractère, en réalité, d'une plus-value de fusion pour la partie concernant l'actif alloti ; il s'agit plutôt d'une plus-value de liquidation. Toutefois, afin de tenir compte de la nature de l'opération (opération de fusion), le SYSCOHADA préconise de comptabiliser cette plus-value dans le compte *1053-Prime de fusion*.

Coût fiscal de la fusion-allotissement

Le traitement fiscal des plus-values réalisées dans le cadre de la fusion-renonciation est globalement plus favorable que dans la fusion-allotissement. Cette dernière s'analyse comme une liquidation partielle de l'absorbée suivie d'une fusion. Autrement dit, il s'agit d'une opération par laquelle l'on efface le lien juridique qui existait entre les deux sociétés participantes à l'opération de fusion avant de réaliser l'opération de fusion.

Il convient alors de procéder successivement à l'imposition séparée au régime de droit commun :

1. de la dissolution de l'entité absorbée (avec l'imposition des plus-values réalisées notamment celle sur les titres détenus par l'absorbante) ;
2. du partage de l'actif net de l'entité absorbée ;
3. de la fusion de la quote-part (2nd lot) revenant aux autres actionnaires.

Seule cette dernière opération de fusion proprement dite peut bénéficier du régime fiscal de faveur. C'est la raison pour laquelle la fusion-allotissement est rarement mise en œuvre, du fait de son coût fiscal relativement élevé.

✓ *Chez l'absorbée :*

L'entité absorbée passe des écritures de dissolution selon les règles habituelles. Lorsque la fusion est valorisée à la valeur réelle, la plus ou moins-value d'apport est comptabilisée dans le compte *1381-Résultat de fusion.*

En cas de fusion à la valeur comptable, il doit être procédé à l'éclatement de la valeur nette comptable entre la valeur d'origine, les amortissements et les dépréciations.

Application 2 : Fusion-renonciation

Le 1er décembre N, une opération de fusion-absorption de la société B (absorbée) par la société A (absorbante) est réalisée.

À la veille de l'opération de fusion-absorption, on vous communique les documents suivants :

Bilan de la société A (absorbante)					
Actif	**Brut**	**Amorts. / Dépréc.**	**Net**	**Passif**	**Net**
Matériel industriel	4 000	1 200	2 800	Capital (100 actions de 20)	2 000
Titres de participation (15 actions B)	225		225		
Marchandises	400	50	350	Réserves	1 600
Clients	325	60	265	Fournisseurs	250
Banques	360		360	Autres dettes	150
Total	**5 310**	**1 310**	**4 000**	**Total**	**4 000**

Bilan de la société B (absorbée)					
Actif	**Brut**	**Amorts. / Dépréc.**	**Net**	**Passif**	**Net**
Fonds commercial	500		500	Capital (60 actions de 15)	900
Matériel industriel	800	300	500		
Marchandises	100	10	90	Réserves	150
Clients	360	70	290	Fournisseurs	300
Banques	20		20	Autres dettes	50
Total	**1 780**	**380**	**1 400**	**Total**	**1 400**

Informations relatives à la fusion
Les éléments actifs et passifs sont apportés pour leur VNC. Cependant, les fonds de commerce des 2 sociétés sont évalués à : - pour la société A (absorbante) : 675 (création) - pour la société B (absorbée) : 1 250 (plus-value) La société absorbante A ne reçoit pas de titres en contrepartie de ceux qu'elle détient sur la société absorbée B. Ces titres sont donc annulés. Elle renonce donc à l'échange de titres.

1. Détermination des capitaux propres de chaque société

Apports	Société B (absorbée)	Société A (absorbante)
Capital	900	2 000
Réserves	150	1 600
Plus-values sur fonds de commerce	750	675
Plus-values sur titres de participation (15 x 30 - 225)		225
Montant des apports nets	**1 800**	**4 500**
Valeur nominale des titres existants	15	20
Nombre de titres existants	60	100
Valeur mathématique des titres	**30**	**45**

2. Détermination du rapport ou de la parité d'échange des titres

$$\text{Rapport ou Parité d'échange} = \frac{\dfrac{\text{Valeur de l'entité absorbée}}{\text{Nombre d'actions de l'entité absorbée}}}{\dfrac{\text{Valeur de l'entité absorbante}}{\text{Nombre d'actions de l'entité absorbante}}}$$

$$= \frac{\dfrac{1\,800}{60}}{\dfrac{4\,500}{100}} = \frac{30}{45} = \frac{\mathbf{2}}{\mathbf{3}}$$

L'échange des titres se fera donc sur la base suivante : remise de 3 actions de la société absorbée B à 30 pour l'obtention de 2 actions de la société absorbante A à 45.

Il conviendra de créer ⅔ x (60 - 15) actions, soit 30 actions à remettre aux autres associés de la société absorbée B.

3. Augmentation de capital chez l'absorbante, Annulation de titres et Prime de fusion

Apports nets = Augmentation de capital + Annulation de titres + Prime de fusion

Apports nets = 1 800
= [30 actions x 20] + [15 actions x 15] + Prime de fusion

Apports nets = 600 + 225 + 975

La prime de fusion peut être scindée en un boni de fusion et en une prime de fusion proprement dite. Soit :

Prime de fusion = 975 = [15 actions x (30 – 15)] + [30 actions x (45 – 20)]
= 225 + 750

Le boni de fusion (au regard l'absorbante) est égal à l'écart entre la quote-part des titres détenus par l'absorbante A dans l'absorbée B et leur coût d'acquisition : 15 actions x (30 – 15) = 225.

La prime de fusion proprement dite (au regard des autres actionnaires de l'absorbée B) est égale à la différence entre la valeur réelle du titre de l'entité absorbante et sa valeur nominale ou entre la valeur des apports des autres actionnaires et l'augmentation de capital : 30 actions x (45 – 20) = (45 actions x 30) – 600 = 750.

4. Comptabilisation chez l'entité absorbante - société A

1/12/N

4614		Apporteurs, compte d'apport société B absorbée	1 800	
	101	Capital social		600
	1053	Prime de fusion		975
	26	Titres de participation		225
		Promesse des apports (Augmentation du capital, Annulation de titres)		
215		Fonds de commerce	1 250	
241		Matériel industriel	500	
311		Marchandises	90	
411		Créances clients	290	
521		Banques	20	
	401	Fournisseurs		300
	471	Autres dettes		50
	4614	Apporteurs, compte d'apport société B absorbée		1 800
		Réalisation des apports de la société B		

5. Comptabilisation chez l'entité absorbée - société B

1/12/N

4718		Apport, compte de fusion, société absorbante A	1 800	
401		Fournisseurs	300	
471		Autres dettes	50	
2841		Amortissements du matériel	300	
3911		Dépréciations des marchandises	10	
4911		Dépréciation des créances	70	
	1381	Résultat de fusion		750
	215	Fonds de commerce		500
	241	Matériel industriel		800
	311	Marchandises		100
	411	Créances clients		360
	521	Banques		20
		Transfert de patrimoine à la société B et Détermination du résultat de fusion		
502		Actions, société A	1 350	
	4718	Apport, compte de fusion, société absorbante A		1 350
		Rémunération des apports		
10		Capital	900	
11		Réserves	150	
1381		Résultat de fusion	750	
	4618	Apporteurs, titres à échanger		1 350
	4718	Apport, compte de fusion, société absorbante A		450
		Constatation du droit des apporteurs sur la liquidation & Renonciation des associés de la société A		
4618		Apporteurs, titres à échanger	1 350	
	502	Actions, société A		1 350
		Désintéressement des apports		

3. Comptabilisation des fusions où l'entité absorbée détient une participation dans l'entité absorbante

Fig. 6 : L'absorbée détient une participation dans l'absorbante

✓ *Chez l'absorbante :*

À l'issue de la fusion, la société absorbante risque de se retrouver avec ses propres titres, ce qui est interdit par les prescriptions de l'article 639 de l'AUSCGIE. Dès lors, la société absorbante doit reprendre les éléments d'actif et de passif (dettes) de la société absorbée, à l'exclusion des titres qu'elle laisse à la disposition des associés de la société absorbée.

L'entité absorbante doit donc :

- constater une augmentation de capital selon les règles habituelles ; puis
- procéder à une réduction de capital pour se conformer aux dispositions de l'Acte uniforme.

✓ *Chez l'absorbée :*

L'entité absorbée passe des écritures de dissolution selon les règles habituelles.

Application 3 : Fusion où l'entité absorbée détient une participation dans l'entité absorbante

Le 1er décembre N, une opération de fusion-absorption de la société B (absorbée) par la société A (absorbante) est réalisée.

À la veille de l'opération de fusion-absorption, on vous communique les documents suivants :

Bilan de la société A (absorbante)					
Actif	**Brut**	**Amorts. / Dépréc.**	**Net**	**Passif**	**Net**
Matériel industriel	4 000	1 200	2 800	Capital (100 actions de 20)	2 000
Marchandises	625	50	575		
Clients	325	60	265	Réserves	1 750
Banques	360		360	Fournisseurs	150
				Autres dettes	100
Total	**5 310**	**1 310**	**4 000**	**Total**	**4 000**

Bilan de la société B (absorbée)					
Actif	**Brut**	**Amorts. / Dépréc.**	**Net**	**Passif**	**Net**
Fonds commercial	500		500	Capital (60 actions de 15)	900
Matériel industriel	600	300	300		
Titres de participation (10 actions A)	200		200	Réserves	150
Marchandises	100	10	90	Fournisseurs	300
Clients	360	70	290	Autres dettes	50
Banques	20		20		
Total	**1 780**	**380**	**1 400**	**Total**	**1 400**

Informations relatives à la fusion
Les éléments actifs et passifs sont apportés pour leur VNC. Cependant, les fonds de commerce des 2 sociétés sont évalués à : - pour la société A (absorbante) : 750 (création) - pour la société B (absorbée) : 1 000 (plus-value) La société absorbante A reprend tous les éléments d'actif et de passif de la société absorbée B, à l'exclusion des titres qu'elle laisse à la disposition des associés de la société absorbée.

1. Détermination des capitaux propres de chaque société

Apports	Société A (absorbante)	Société B (absorbée)
Capital Réserves Plus-values sur fonds de commerce Plus-values sur titres de participation (10 x 45 - 200)	2 000 1 750 750	900 150 500 250
Montant des apports nets (1)	**4 500**	**1 800**
Valeur nominale des titres existants	20	15
Nombre de titres existants (2)	100	60
Valeur mathématique des titres (3) = (1) / (2)	**45**	**30**
Valeur mathématique des titres détenus par l'absorbée (4) = 10 actions x (3)		**450**
Détermination de l'apport net de l'absorbée hors titres de participation sur l'absorbante dans le cas où il est envisagé que la société absorbée B conserve les titres détenus sur l'absorbante pour n'apporter que le reste de son actif. Cette méthode (qui aboutit au même résultat : création de 30 actions) ne semble pas être préconisée par le SYSCOHADA qui prévoit une augmentation suivie d'une réduction du capital.		
Apport net de l'absorbée hors titres de participation sur l'absorbante (5) = (1) - (4)		**1 350**
Nombre de titres à émettre (6) = (5) / (3)		**30**

2. Détermination du rapport ou de la parité d'échange des titres

$$\text{Rapport ou Parité d'échange} = \frac{\dfrac{\text{Valeur de l'entité absorbée}}{\text{Nombre d'actions de l'entité absorbée}}}{\dfrac{\text{Valeur de l'entité absorbante}}{\text{Nombre d'actions de l'entité absorbante}}}$$

$$= \frac{\dfrac{1\,800}{60}}{\dfrac{4\,500}{100}} = \frac{30}{45} = \mathbf{\frac{2}{3}}$$

L'échange des titres se fera donc sur la base suivante : remise de 3 actions de la société absorbée B à 30 pour l'obtention de 2 actions de la société absorbante A à 45.

Dans un 1er temps, il conviendra de créer ⅔ x 60 actions, soit 40 actions à remettre aux associés de la société absorbée B, avant de procéder à la diminution du capital à travers l'annulation des 10 actions détenues sur l'entité absorbante.

3. **Augmentation (et diminution) de capital chez l'absorbante et Prime de fusion**

Augmentation de capital et de la prime de fusion

Augmentation de capital = 40 actions x 20 = 800

Prime de fusion = 1 800 – 800 = 40 actions x (45 – 20) = 1 000

Réduction du capital et de la prime de fusion par annulation des 10 actions détenues par l'absorbée

Diminution de capital = 10 actions x 20 = 200

Réduction de la prime de fusion = 10 actions x (45 – 20) = 250

Montant net de l'augmentation de capital et de la prime de fusion

Augmentation de capital = 800 – 200 = (40 – 10) x 20 = 30 actions x 20
= 600

Prime de fusion = 1 000 – 250 = 30 actions x (45 – 20) = 750 ou

Apports nets = Augmentation de capital + Prime de fusion = 1 350
= 30 x 20 + 30 x (45 – 20)

Rubriques	Augmentation	Réduction	Montant net
Capital	800	200	600
Prime de fusion	1 000	250	750
Total	**1 800**	**450**	**1 350**

4. **Comptabilisation chez l'entité absorbante - société A**

1/12/N

4614		Apporteurs, compte d'apport société B absorbée	1 800	
	101	Capital social		800
	1053	Prime de fusion		1 000
		Promesse des apports / Augmentation du capital		
215		Fonds de commerce	1 000	
241		Matériel industriel	300	
5021		Actions propres A (10 actions A)	450	
311		Marchandises	90	
411		Créances clients	290	
521		Banques	20	
	401	Fournisseurs		300
	471	Autres dettes		50
	4614	Apporteurs, compte d'apport société B absorbée		1 800
		Réalisation des apports de la société B		

101		Capital social	200	
1053		Prime de fusion	250	
	5021	Actions propres A (10 actions A)		450
		Réduction du capital par annulation des actions propres		

5. Comptabilisation chez l'entité absorbée - société B

1/12/N

4718		Apport, compte de fusion, société absorbante A	1 800	
401		Fournisseurs	300	
471		Autres dettes	50	
2841		Amortissements du matériel	300	
3911		Dépréciations des marchandises	10	
4911		Dépréciation des créances	70	
	1381	Résultat de fusion		750
	215	Fonds de commerce		500
	241	Matériel industriel		600
	26	Titres de participation (10 actions A)		200
	311	Marchandises		100
	411	Créances clients		360
	521	Banques		20
		Transfert de patrimoine à la société B et Détermination du résultat de fusion		
502		Actions, société A	1 800	
	4718	Apport, compte de fusion, société absorbante A		1 800
		Rémunération des apports		
10		Capital	900	
11		Réserves	150	
1381		Résultat de fusion	750	
	4618	Apporteurs, titres à échanger		1 800
		Constatation du droit des apporteurs sur la liquidation		
4618		Apporteurs, titres à échanger	1 800	
	502	Actions, société A		1 800
		Désintéressement des apports		

4. Comptabilisation des fusions avec participations réciproques

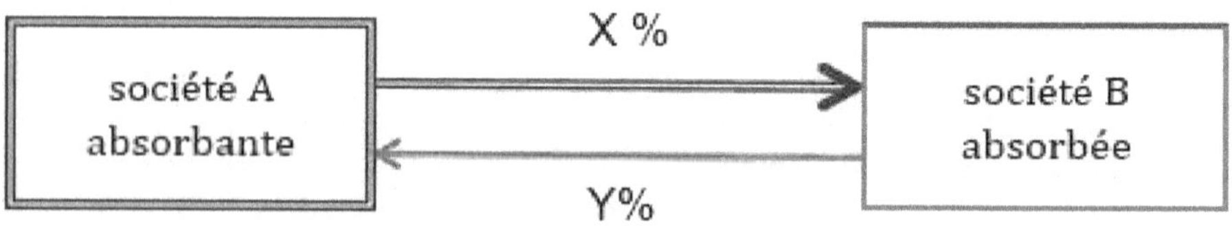

Fig. 7 : Participations réciproques

La participation réciproque est réglementée par les dispositions de l'article 177 de l'AUSCGIE. En effet, une société par actions ou une SARL ne peut posséder d'actions ou de parts sociales d'une autre société si celle-ci détient une fraction de son capital supérieure à 10%. À défaut d'accord entre les sociétés intéressées pour régulariser la situation, celle qui détient la fraction la plus faible du capital de l'autre doit céder ses actions ou ses parts sociales. Si les participations réciproques sont de même importance, chacune des sociétés doit réduire la sienne, de telle sorte qu'elle n'excède pas 10% du capital de l'autre.

Les difficultés relatives à une fusion avec participations réciproques sont liées au calcul des valeurs des actions ou parts sociales des deux (2) entités, celles-ci étant interdépendantes. La solution est donnée par la résolution d'un système de 2 équations à 2 inconnues.

Le schéma de comptabilisation d'une telle opération résulte de la combinaison des différentes écritures précédemment développées (participations de l'absorbante dans l'absorbée et de l'absorbée dans l'absorbante).

Application 4 : Fusion avec participations réciproques

Le 1er décembre N, une opération de fusion-absorption de la société B (absorbée) par la société A (absorbante) est réalisée.

À la veille de l'opération de fusion, par renonciation, on vous communique les documents suivants :

Bilan de la société A (absorbante)					
Actif	**Brut**	**Amorts. / Dépréc.**	**Net**	**Passif**	**Net**
Matériel industriel	100 000	25 000	75 000	Capital (1 000 actions de 100)	100 000
Titres de participation (10%, 50 actions B)	5 000		5 000	Réserves	60 000
Clients	150 000	10 000	140 000	Fournisseurs	60 000
Total	**255 000**	**35 000**	**220 000**	**Total**	**220 000**

Bilan de la société B (absorbée)					
Actif	**Brut**	**Amorts. / Dépréc.**	**Net**	**Passif**	**Net**
Matériel industriel	80 000	19 000	61 000	Capital (500 actions de 100)	50 000
Titres de participation (5%, 50 actions A)	9 000		9 000	Réserves	30 000
Clients	90 000	20 000	70 000	Fournisseurs	60 000
Total	**179 000**	**39 000**	**140 000**	**Total**	**140 000**

Informations relatives à la fusion
Les éléments actifs et passifs sont apportés pour leur VNC. Cependant, le matériel industriel des 2 sociétés est évalué à : - pour la société A (absorbante) : 105 000 - pour la société B (absorbée) : 130 000

1. Détermination des capitaux propres de chaque société

Apports	Société A (absorbante)	Société B (absorbée)
Actif		
Matériel industriel	105 000	130 000
Titres	50 B	50 A
Créances clients	140 000	70 000
Passif		
Fournisseurs	– 60 000	– 60 000
Montants des apports nets	**185 000 + 50B**	**140 000 + 50A**
Nombre de titres existants	1 000	500
Compte tenu des participations réciproques, la détermination des valeurs de chaque titre nécessite la résolution d'un système de 2 équations à 2 inconnues. Soit : $\begin{cases} 50\text{ B} + 185\,000 = 1\,000\text{ A} \\ 50\text{ A} + 140\,000 = 500\text{ B} \end{cases} \Rightarrow\Rightarrow \begin{cases} \text{A} = 200 \\ \text{B} = 300 \end{cases}$		
Valeur mathématique des titres	200	300

2. Détermination du rapport ou de la parité d'échange des titres

$$\text{Rapport ou Parité d'échange} = \frac{\dfrac{\text{Valeur de l'entité absorbée}}{\text{Nombre d'actions de l'entité absorbée}}}{\dfrac{\text{Valeur de l'entité absorbante}}{\text{Nombre d'actions de l'entité absorbante}}}$$

$$= \frac{\dfrac{150\,000}{500}}{\dfrac{200\,000}{1\,000}} = \frac{300}{200} = \mathbf{\frac{3}{2}}$$

L'échange des titres se fera donc sur la base suivante : remise de 2 actions de la société absorbée B à 300 pour l'obtention de 3 actions de la société absorbante A à 200.

Il conviendra de créer 3/2 x (500 x 90%) actions, soit 675 actions à remettre aux associés de la société absorbée B.

Nombre de titres à échanger	90% x 500 titres B	450 titres B
Nombre de titres à émettre	450 x 3/2	675 titres A

3. Augmentation de capital chez l'absorbante, Annulation de titres et Prime de fusion

Augmentation de capital et de la prime de fusion (**brut**), annulation de titres

Apports nets = Augmentation de capital + Annulation de titres détenus par A + Prime de fusion

Apports nets = 150 000
= [675 actions x 100] + [50 actions x 100] + Prime de fusion

Apports nets = 67 500 + 5 000 + 77 500

La prime de fusion peut être scindée en un boni de fusion et en une prime de fusion proprement dite. Soit :

Prime de fusion = 77 500 = [50 actions x (300 – 100)] + 67 500

Le boni de fusion (au regard de l'absorbante) est égal à l'écart entre la quote-part des titres détenus par l'absorbante A dans l'absorbée B et leur coût d'acquisition : 50 actions x (300 – 100) = 10.000.

La prime de fusion proprement dite (au regard des autres actionnaires) est égale au reliquat : 77.500 – 10.000 = 67.500

Réduction du capital et de la prime de fusion par annulation des 50 actions détenues par l'absorbée B

Diminution de capital = 50 actions x 100 = 5 000

Réduction de la prime de fusion = 50 actions x (200 – 100) = 5 000

Montant **net** de l'augmentation de capital et de la prime de fusion

Augmentation de capital = 67 500 – 5 000 = (675 – 50) x 100
= 625 actions x 100 = 62 500

Prime de fusion = 77 500 – 5 000 = 72 500

ou

Apports nets = Augmentation de capital + Prime de fusion = 150 000 x 90%
= 625 x 100 + 72 500

Rubriques	Augmentation	Réduction	Montant net
Capital Prime de fusion Annulation de titres	67 500 77 500 5 000	5 000 5 000	62 500 72 500
Total	**150 000**	**10 000**	**135 000**

4. Comptabilisation chez l'entité absorbante - société A

1/12/N

4614		Apporteurs, compte d'apport société B absorbée	150 000	
	101	Capital social		67 500
	1053	Prime de fusion		77 500
	26	Titres de participation B		5 000
		Promesse des apports / Augmentation du capital		
241		Matériel industriel	130 000	
5021		Actions propres (50 actions A)	10 000	
411		Créances clients	70 000	
	401	Fournisseurs		60 000
	4614	Apporteurs, compte d'apport société B absorbée		150 000
		Réalisation des apports de la société B		

101		Capital social	5 000	
1053		Prime de fusion	5 000	
	5021	Actions propres (50 actions A)		10 000
		Réduction du capital par annulation des actions propres		

5. Comptabilisation chez l'entité absorbée - société B

1/12/N

4718		Apport, compte de fusion, société absorbante A	150 000	
401		Fournisseurs	60 000	
2841		Amortissements du matériel	19 000	
4911		Dépréciation des créances	20 000	
	1381	Résultat de fusion		70 000
	241	Matériel industriel		80 000
	26	Titres de participation (50 actions A)		9 000
	411	Créances clients		90 000
		Transfert de patrimoine à la société B et Détermination du résultat de fusion		
502		Actions, société A	135 000	
	4718	Apport, compte de fusion, société absorbante A		135 000
		Rémunération des apports		
10		Capital	50 000	
11		Réserves	30 000	
1381		Résultat de fusion	70 000	
	4618	Apporteurs, titres à échanger		135 000
	4718	Apport, compte de fusion, société absorbante A		15 000
		Constatation du droit des apporteurs sur la liquidation		
4618		Apporteurs, titres à échanger	135 000	
	502	Actions, société A		135 000
		Désintéressement des apports		

IV. ÉCRITURES COMPTABLES DES OPÉRATIONS DE SCISSION

Pour rappel, la scission est l'opération par laquelle le patrimoine d'une société est partagé entre plusieurs sociétés existantes ou nouvelles. La scission entraîne transmission à titre universel du patrimoine de la société, qui disparaît du fait de la scission, aux sociétés existantes ou nouvelles (article 190 de l'AUSCGIE).

1. Comptabilisation chez la société scindée

La scission entraînant la disparition de la société scindée, cette dernière doit constater dans ses comptes :

- le transfert de son patrimoine aux sociétés bénéficiaires des apports et la remise d'actions de ces dernières en contrepartie ;
- l'annulation des capitaux propres (y compris le résultat de scission) par l'échange de titres des sociétés bénéficiaires des apports et la liquidation de la société scindée.

Les écritures dans les comptes de la société scindée sont identiques à celles enregistrées par la société absorbée lors d'une opération de fusion (à l'exception toutefois des écritures relatives à la remise des actions des sociétés bénéficiaires des apports).

2. Comptabilisation chez les sociétés bénéficiaires des apports

2.1. Apports à des sociétés préexistantes

La comptabilisation de l'apport reçu par les sociétés bénéficiaires s'effectue sur la base des valeurs retenues dans le projet de scission (valeur comptable ou valeur réelle).

Dans le cas où l'enregistrement est fait à la valeur comptable, les amortissements et les provisions doivent apparaître distinctement, tels qu'ils figuraient dans les comptes de la société apporteuse.

2.2. Apports à des sociétés nouvelles

Lorsque les sociétés bénéficiaires sont nouvelles, les écritures comptables sont identiques à celles enregistrées lors d'une constitution de société.

Dans le cas où l'enregistrement est fait à la valeur comptable, les amortissements et les provisions doivent apparaître distinctement, tels qu'ils figuraient dans les comptes de la société apporteuse.

Application : Scission à une société nouvelle et préexistante

Le patrimoine d'une société A est transféré pour moitié (50%) à deux sociétés B (nouvelle) et C (préexistante).

Les bilans de la société A et de la société C, à la veille de cette opération de scission (31/12/N), sont les suivants :

Bilan de la société A (scindée)					
Actif	**Brut**	**Amorts. / Dépréc.**	**Net**	**Passif**	**Net**
Matériel industriel	1 000	600	400	Capital (40 actions de 15)	600
Marchandises	300	30	270	Réserves	200
Clients	430	100	330	Fournisseurs	300
Banques	200		200	Autres dettes	100
Total	**1 930**	**730**	**1 200**	**Total**	**1 200**

Bilan de la société C (bénéficiaire préexistante)					
Actif	**Brut**	**Amorts. / Dépréc.**	**Net**	**Passif**	**Net**
Matériel industriel	9 000	4 000	5 000	Capital (72 actions de 50)	3 600
Marchandises	2 000	200	1 800	Réserves	3 960
Clients	4 360	300	4 060	Fournisseurs	3 000
Banques	860		860	Autres dettes	1 160
Total	**16 220**	**4 500**	**11 720**	**Total**	**11 720**

Informations relatives à la fusion
Les apports sont effectués sur la base de la VNC, telle qu'elle ressort du bilan.
La valeur nominale de l'action de la société C, bénéficiaire, est maintenue, à l'issue de la scission, à 50.
Les frais relatifs à l'opération de scission, constitués des honoraires HTVA du notaire (50) et des droits (fixes) d'enregistrement (50), sont supportés, pour moitié (50%), par les deux sociétés B (comptabilisés en charges de l'exercice) et C (imputés sur la prime de fusion).

1. Détermination de la valeur nette de chaque société

Apports	Société C (bénéficiaire)	Société A (scindée)
Éléments d'actif		
Matériel industriel	5 000	400
Marchandises	1 800	270
Créances clients	4 060	330
Banques	500	200
Dettes		
Fournisseurs	- 3 000	- 300
Autres dettes	- 1 160	- 100
Valeur nette de l'entité	**7 200**	**800**
Valeur apportée à chaque entité B et C		**400**

2. Détermination du rapport ou de la parité d'échange des titres

$$\text{Rapport ou Parité d'échange} = \frac{\frac{\text{Valeur apportée de l'entité scindée}}{\text{Nombre d'actions de l'entité scindée}}}{\frac{\text{Valeur de l'entité bénéficiaire}}{\text{Nombre d'actions de l'entité bénéficiaire}}}$$

$$= \frac{\frac{400}{40}}{\frac{7\,200}{72}} = \frac{10}{100} = \mathbf{\frac{1}{10}}$$

L'échange des titres se fera donc sur la base suivante : remise de 10 actions de la société scindée A à 10 pour l'obtention d'1 action de la société bénéficiaire C à 100.

Il conviendra de créer 1/10 x 40 actions, soient 4 actions à remettre aux associés de la société scindée A.

3. Augmentation de capital chez l'entité C avec prime de fusion

Apports nets de la scindée A

= Augmentation de capital chez le bénéficiaire C

\+ Prime de fusion

La valeur nominale de l'action de la société C, bénéficiaire, étant maintenue à 50, à l'issue de scission, on aura :

Apports nets = 400 = (4 actions x 50) + 200

4. Comptabilisation chez l'entité apporteuse - société A scindée

31/12/N

47181		Apport, compte de fusion et opérations assimilées, B	400	
47182		Apport, compte de fusion et opérations assimilées, C	400	
2841		Amortissements du matériel	600	
3911		Dépréciations des marchandises	30	
4911		Dépréciation des créances	100	
401		Fournisseurs	300	
471		Autres dettes	100	
	241	Matériel industriel		1 000
	311	Marchandises		300
	411	Créances clients		430
	521	Banques		200
		Transfert de patrimoine de la société A		
5021		Actions, société B	400	
5022		Actions, société C	400	
	47181	Apport, compte de fusion et opérations assimilées, B		400
	47182	Apport, compte de fusion et opérations assimilées, C		400
		Rémunération des apports par la remise de titres B et C		

10		Capital	600	
11		Réserves	200	
	4618	Apporteurs, titres à échanger		800
		Annulation des capitaux propres de la société A		
4618		Apporteurs, titres à échanger	800	
	5021	Actions, société B		400
	5022	Actions, société C		400
		Attribution des titres aux actionnaires de la société A		

5. Comptabilisation chez l'entité bénéficiaire - société B (nouvelle)

31/12/N

4614		Apporteurs, compte d'apport société A	400	
	101	Capital social		250
	11	Réserves		150
		Augmentation des capitaux propres		
241		Matériel industriel	500	
311		Marchandises	150	
411		Créances clients	215	
521		Banques	100	
	2841	Amortissements du matériel		300
	3911	Dépréciations des marchandises		15
	4911	Dépréciation des créances		50
	401	Fournisseurs		150
	471	Autres dettes		50
	4614	Apporteurs, compte d'apport société B absorbée		400
		Entrée des éléments dans le patrimoine de la société B		
6324		Honoraires des professions réglementées	25	
646		Droits d'enregistrement	25	
445		État, TVA récupérable	4,5	
	521	Banques		54,5
		Règlement des frais de fusion		

6. <u>Comptabilisation chez l'entité bénéficiaire - société C (préexistante)</u>

31/12/N

4614		Apporteurs, compte d'apport société A scindée	400	
	101	Capital social		200
	1053	Prime de fusion		200
		Augmentation de capital		
241		Matériel industriel	500	
311		Marchandises	150	
411		Créances clients	215	
521		Banques	100	
	2841	Amortissements du matériel		300
	3911	Dépréciations des marchandises		15
	4911	Dépréciation des créances		50
	401	Fournisseurs		150
	471	Autres dettes		50
	4614	Apporteurs, compte d'apport société A scindée		400
		Réalisation des apports de la société A		
1053		Prime de fusion < 50 x 70% >	35	
445		État, TVA récupérable < 25 x 18% >	4,5	
89		Impôt sur le résultat < 50 x 30% >	15	
	521	Banques		54,5
		Imputation des frais de fusion sur la prime de fusion		

V. ÉCRITURES COMPTABLES DES OPÉRATIONS D'APPORT PARTIEL D'ACTIF

Pour rappel, l'apport partiel d'actif est l'opération par laquelle une société fait apport d'une branche autonome d'activité à une société préexistante ou à créer (société bénéficiaire de l'apport). La société apporteuse ne disparaît pas du fait de cet apport. L'apport partiel d'actif est soumis au régime de la scission (article 195 de l'AUSCGIE).

1. Comptabilisation chez la société apporteuse

1.1. Règles générales

Les plus-values d'apport sont dégagées comptablement chez la société apporteuse lorsque l'opération est réalisée à la valeur réelle.

Les titres reçus en rémunération de l'apport sont comptabilisés pour la valeur des apports retenue dans le traité d'apport.

En conséquence :

- lorsque l'opération est réalisée à la valeur réelle, les titres sont comptabilisés pour un montant égal à la valeur réelle des apports ;
- lorsque l'opération est réalisée à la valeur comptable, le coût d'entrée des titres en rémunération de l'apport partiel d'actif doit correspondre à la valeur comptable des apports.

1.2. Règles de comptabilisation

Les titres reçus en contrepartie de l'apport sont comptabilisés au débit du compte *26-Titres de participation* (pour le montant de l'apport), par le crédit de plusieurs comptes, selon la nature de l'apport :

- pour des **immobilisations** : par le crédit du compte *82-Produits des cessions d'immobilisations.* L'immobilisation est ensuite sortie en valeur comptable nette par le débit du compte *81-Valeurs comptables des cessions d'immobilisations* ;
- pour des **stocks** : par le crédit du compte *843-Produits liés aux opérations de restructuration.* Pour ne pas fausser le résultat d'exploitation (la diminution du stock est constatée au débit du compte *603-Variation de stocks* par le crédit du compte de stock de la classe 3), le SYSCOHADA préconise de débiter le compte *833-Charges liées aux opérations de restructuration* par le crédit du compte *781-Transferts de charges d'exploitation* ;
- pour les **autres éléments** : par le crédit du compte concerné et, en cas de plus ou moins-value, au crédit du compte *843-Produits liés aux opérations de restructuration* (cas d'une plus-value) ou au débit du compte *833-Charges liées aux opérations de restructuration* (cas d'une moins-value).

2. Comptabilisation chez l'entité bénéficiaire de l'apport

2.1. Règles générales

Pour l'entité bénéficiaire de l'apport, l'opération s'analyse comme une augmentation de capital (ou une constitution de société, si la bénéficiaire est créée à cet effet). Les éléments sont repris pour la valeur figurant dans l'acte d'apport, la différence entre l'apport net et l'augmentation de capital étant inscrite au crédit du compte *1052-Primes d'apport.*

En effet, après l'approbation du traité d'apport par les associés, la société bénéficiaire des apports comptabilise des **écritures identiques à celles d'une opération de fusion** dans une société apporteuse :

- constatation de l'augmentation de capital et de la prime d'apport ;
- réalisation des apports ;
- engagement (le cas échéant) des frais pour réaliser l'opération.

2.2. Règles de comptabilisation

Le coût d'entrée comptable des éléments reçus par voie d'apport est leur valeur d'apport, c'est-à-dire :

- soit la valeur réelle ;
- soit la valeur comptable.

Dans le cas où l'enregistrement est fait à la valeur comptable, les amortissements et les provisions doivent apparaître distinctement, tels qu'ils figuraient dans les comptes de la société apporteuse.

3. Cas particuliers des apports isolés

Les apports partiels d'actifs isolés sont exclus du champ d'application des règles comptables relatives à la fusion et opérations assimilées, car ils ne répondent pas à la définition d'un apport partiel d'actif (apport d'une branche autonome d'activité). Ces apports doivent être enregistrés comme une opération d'échange, conformément aux règles d'évaluation définies dans le cadre conceptuel. En effet, en cas d'acquisition par voie d'échange, la valeur d'entrée doit être la valeur actuelle du bien acquis, lorsque les deux (2) lots échangés peuvent être estimés de façon fiable.

Application 1 : Apport partiel d'actif à la valeur comptable

Une société A transfert une partie de son activité ainsi que les éléments d'actif correspondants à une société bénéficiaire B.

Le bilan partiel de la société apporteuse A relatif à la branche d'activité apportée à la veille de l'opération d'apport partiel (31/12/N) est le suivant :

Bilan de la société A (apporteuse)					
Actif	**Brut**	**Amorts. / Dépréc.**	**Net**	**Passif**	**Net**
Fonds de commerce	1 500		1 500	Capital	7 000
Matériel industriel	5 000	1 000	4 000	Réserves	2 100
Marchandises	2 000	200	1 800	Fournisseurs	1 000
Clients	2 500		2 500	Autres dettes	200
Banques	500		500		
Total	**11 500**	**1 200**	**10 300**	**Total**	**10 300**

Informations relatives à l'apport partiel d'actif
Les apports sont évalués sur la base de la VNC, telle qu'elle ressort du bilan. En contrepartie, la société apporteuse A recevra des actions de la société bénéficiaire B émises à une **valeur d'échange de 50.** La **valeur nominale** est de **20.**

1. Détermination de la valeur d'apport de la branche par l'entité A et nombre d'actions à émettre par l'entité B

Apports	Société A (apporteuse)
Éléments d'actif	
Fonds de commerce	1 500
Matériel industriel	4 000
Marchandises	1 800
Créances clients	2 500
Dettes	
Fournisseurs	- 1 000
Autres dettes	- 200
Valeur nette des apports	**8 600**
Valeur nominale de l'action de B (bénéficiaire)	50
Nombre d'actions à émettre par la société B	**172**

2. Comptabilisation chez l'entité apporteuse - société A

31/12/N

4718		Apport, compte de fusion et opérations assimilées	5 500	
	82	Produits des cessions d'immobilisation		5 500
		Apport du matériel et du fonds de commerce		
2841		Amortissements du matériel	1 000	
81		Valeurs comptables des cessions d'immobilisation	5 500	
	215	Fonds de commerce		1 500
	241	Matériel industriel		5 000
		Sortie pour solde du matériel et du fonds de commerce		
4718		Apport, compte de fusion et opérations assimilées	3 100	
3911		Dépréciations des marchandises	200	
401		Fournisseurs	1 000	
471		Autres dettes	200	
	311	Marchandises		2 000
	411	Créances clients		2 500
		Apport de l'actif et du passif circulants		
26		Titres de participation, société B	8 600	
	4718	Apport, compte de fusion et opérations assimilées		8 600
		Remise des titres		

3. Comptabilisation chez l'entité bénéficiaire - société B

31/12/N

4614		Apporteurs, compte d'apport société B absorbée	8 600	
	101	Capital social		3 440
	1052	Prime d'apport		5 160
		Augmentation de capital		
215		Fonds de commerce	1 500	
241		Matériel industriel	5 000	
311		Marchandises	2 000	
411		Créances clients	2 500	
	2841	Amortissements du matériel		1 000
	3911	Dépréciations des marchandises		200
	401	Fournisseurs		1 000
	471	Autres dettes		200
	4614	Apporteurs, compte d'apport société B absorbée		8 600
		Réalisation des apports de la société A		

Application 2 : Apport partiel d'actif à la valeur réelle

Une société A transfère une partie de son activité ainsi que les éléments d'actif correspondants à une société bénéficiaire B.

Le bilan partiel de la société apporteuse A relatif à la branche d'activité apportée à la veille de l'opération d'apport partiel (31/12/N) est le suivant :

Bilan de la société A (apporteuse)					
Actif	**Brut**	**Amorts. / Dépréc.**	**Net**	**Passif**	**Net**
Fonds de commerce	1 500		1 500	Capital	7 000
Matériel industriel	5 000	1 000	4 000	Réserves	2 100
Marchandises	2 000	200	1 800	Fournisseurs	1 000
Clients	2 500		2 500	Autres dettes	200
Banques	500		500		
Total	**11 500**	**1 700**	**10 300**	**Total**	**10 300**

Informations relatives à l'apport partiel d'actif
L'apport est fait à la valeur comptable des éléments actifs et passifs, telle qu'elle ressort du bilan, à l'exception : - du fonds de commerce évalué à 3.580 ; - du stock de marchandises qui a subi une décote de 10% sur sa VNC ; - des créances qui sont dépréciées de 20%. En contrepartie, la société apporteuse A recevra des actions de la société bénéficiaire B émises à une **valeur d'échange de 50.** La **valeur nominale** est de **20.**

1. Détermination de la valeur d'apport de la branche par l'entité A et nombre d'actions à émettre par l'entité B

Apports	Société A (apporteuse)		
	VNC	**Valeur réelle**	**Résultat d'apport**
Fonds de commerce	1 500	3 580	2 080
Matériel industriel	4 000	4 000	0
Marchandises	1 800	1 620	- 180
Créances clients	2 500	2 000	- 500
Fournisseurs	- 1 000	- 1 000	0
Autres dettes	- 200	- 200	0
Valeur nette des apports	**8 600**	**10 000**	**1 400**
Valeur nominale de l'action de B (bénéficiaire)		50	
Nombre d'actions à émettre par la société B		**200**	

2. Comptabilisation chez l'entité apporteuse - société A

31/12/N

4718		Apport, compte de fusion et opérations assimilées	7 580	
	82	Produits des cessions d'immobilisation		7 580
		Apport du matériel et du fonds de commerce		
2841		Amortissements du matériel	1 000	
81		Valeurs comptables des cessions d'immobilisation	5 500	
	215	Fonds de commerce		1 500
	241	Matériel industriel		5 000
		Sortie pour solde du matériel et du fonds de commerce		
4718		Apport, compte de fusion et opérations assimilées	2 420	
401		Fournisseurs	1 000	
471		Autres dettes	200	
	311	Marchandises		1 620
	411	Créances clients		2 000
		Sortie pour solde et Apport de l'actif et du passif circulants		
26		Titres de participation, société B	10 000	
	4718	Apport, compte de fusion et opérations assimilées		10 000
		Remise des titres		

833		Charges liées aux opérations de restructuration	180	
3911		Dépréciations des marchandises	200	
	311	Marchandises		380
		Décote de 10% du stock et solde des dépréciations		
833		Charges liées aux opérations de restructuration	500	
	411	Créances clients		500
		Dépréciation de 20% des créances		
82		Produits des cessions d'immobilisation	7 580	
	81	Valeurs comptables des cessions d'immobilisation		5 500
	833	Charges liées aux opérations de restructuration		680
	1382	Résultat d'apport partiel d'actif		1 400
		Détermination du résultat d'apport		

3. Comptabilisation chez l'entité bénéficiaire - société B

31/12/N

4614		Apporteurs, compte d'apport, société A	10 000	
	101	Capital social		4 000
	1052	Prime d'apport		6 000
		Augmentation de capital		
215		Fonds de commerce	3 580	
241		Matériel industriel	4 000	
311		Marchandises	1 620	
411		Créances clients	2 000	
	401	Fournisseurs		1 000
	471	Autres dettes		200
	4614	Apporteurs, compte d'apport, société A		1000
		Réalisation des apports de la société A		

VI. L'AUDIT FISCAL DES FUSIONS ET OPÉRATIONS ASSIMILÉES

Il convient de rappeler que les opérations de fusion bénéficient d'un régime fiscal de faveur, au regard quasiment de tous les impôts et taxes (IS, RVM, TVA, DE : cf. supra, pages 156-157). L'aménagement de ce régime de faveur est sans doute motivé par le souci du législateur fiscal d'accompagner et d'encourager les restructurations et regroupements d'entreprises.

Il importe aussi de rappeler que ledit régime de faveur des fusions est aussi applicable aux opérations assimilées aux fusions : scission et apport partiel d'actif.

Dès lors, dans le cadre d'un audit fiscal desdites opérations, il conviendrait de s'assurer que les conditions fixées par le CGI, pour bénéficier du régime de faveur, sont effectivement remplies par les entités impliquées (apporteuse et bénéficiaire). Il s'agit notamment :

- de la configuration des apports qui doivent se présenter sous la forme effective d'une fusion, d'un apport partiel d'actif ou d'une scission de société ;
- de l'aboutissement de l'opération qui doit se traduire principalement par un apport de moyens permanents d'exploitation ;
- de la forme (SA ou SARL) des sociétés impliquées ;
- de la localisation (au Sénégal) des sociétés bénéficiaires des apports ;
- de la dissolution immédiate de la société apporteuse (scission) ;
- de l'agrément préalable du Ministre chargé des Finances (apport partiel d'actif).

Au surplus, les exonérations en matière d'IS ne sont pas applicables à tous les produits réalisés, en l'espèce, par les entreprises impliquées. En effet, elles se limitent aux seules plus-values sur l'actif immobilisé, induites par les opérations de fusion et assimilées. Autrement dit, seront imposables de plein droit :

- les plus-values sur l'actif circulant (stock de marchandises, …) ;
- les provisions pour pertes et charges devenues sans objet ;
- les subventions d'investissement dont l'imposition était échelonnée.

Il s'y ajoute que l'exonération en matière d'IS des plus-values est subordonnée à l'obligation, constatée dans l'acte de fusion ou d'apport, pour la société bénéficiaire de l'apport de calculer, en ce qui concerne les éléments autres que les marchandises comprises dans l'apport, les amortissements annuels à prélever sur les bénéfices ainsi que les plus-values ultérieures résultant de la réalisation de ces éléments, d'après le prix de revient qu'ils comportaient pour les sociétés fusionnées ou pour la société apporteuse, déduction faite des amortissements déjà pratiqués par elles (art. 20-3). Il s'agirait d'un sursis d'imposition de ces plus-values.

Toutes les fois que les conditions édictées par le régime de faveur du CGI ne sont pas remplies, il convient logiquement d'appliquer le régime de droit commun dans les différentes matières (IS, RVM, TVA, DE) concernées.

CHAPITRE III

LA LIQUIDATION DE L'ENTREPRISE

La liquidation correspond à l'ensemble des opérations qui, après dissolution d'une société, ont pour objet la réalisation des éléments d'actif et le paiement des créanciers sociaux, en vue de procéder au partage de l'actif net subsistant entre les associés.

Aux termes des dispositions des articles 200 et 204 de l'AUSCGIE, une société est en liquidation dès sa dissolution, justifiée par :

1) l'expiration du temps pour lequel elle a été constituée ;
2) la réalisation ou l'extinction de son objet ;
3) l'annulation du contrat de société ;
4) la décision des associés, aux conditions prévues pour modifier les statuts ;
5) la dissolution anticipée prononcée par la juridiction compétente, à la demande d'un associé pour justes motifs, notamment en cas d'inexécution de ses obligations par un associé ou de mésentente entre associés empêchant le fonctionnement normal de la société ;
6) l'effet d'un jugement ordonnant la liquidation des biens de la société ;
7) toute autre cause prévue par les statuts.

Dans le cadre d'une liquidation amiable, le liquidateur est désigné par les associés, pour un mandat de trois (3) ans. La même durée est de rigueur dans le cadre d'une liquidation judiciaire, ordonnée par une décision judiciaire qui désigne aussi le liquidateur.

I. LES DIFFÉRENTES ÉTAPES DE LA LIQUIDATION

Les opérations de liquidation s'effectuent principalement en quatre (4) phases :

- **le début de la liquidation** (inventaire du patrimoine, solde des amortissements et des provisions existants, établissement du bilan avant liquidation) ;

- **les opérations de liquidation** (cession des différents éléments constituant les immobilisations, cession du stock, recouvrement des créances, paiement des dettes, règlement des frais liés à la liquidation) ;
- **le bilan de la liquidation** (établissement du compte définitif de liquidation qui se présente sous la forme d'un bilan et permet de déterminer soit un boni ou un mali de liquidation, soit une insuffisance d'actif) ;
- **la clôture de la liquidation** (constatation du droit des associés, partage du boni ou du mali de liquidation, règlement des associés).

II. La comptabilisation de la liquidation

1. Les opérations (HAO) de liquidation

Le SYSCOHADA préconise une nomenclature de comptes HAO spécifiques pour l'enregistrement des opérations de liquidation :

✓ le compte *837-Charges liées aux opérations de liquidation* enregistre les charges et pertes constatées sur la réalisation de l'actif et le paiement du passif exigible ainsi que les frais de liquidation ;

✓ le compte *847-Produits liés aux opérations de liquidation* enregistre les produits et profits constatés sur la réalisation de l'actif et le paiement du passif exigible ainsi que l'annulation des provisions. ;

✓ le compte *1384-Résultat de liquidation* (compte divisionnaire du *138-Résultat HAO*) enregistre le résultat des opérations de liquidation correspondant à la différence entre les produits (compte *847*) et les charges (compte *837*) liés aux opérations de liquidation.

Toutefois, il est admis par souci de simplification d'utiliser directement le compte *1384-Résultat de liquidation* sans transiter par les comptes de charges (*837*) et produits (*847*) liés aux opérations de liquidation.

2. Les opérations de clôture de la liquidation

Cette étape peut être décomposée en 3 phases successives :

- **la restitution du capital aux associés**, à travers le débit des comptes de capitaux propres (pour solde) par le crédit des comptes *4619-Associés, capital à rembourser* (pour leurs apports respectifs) ;
- **la répartition du résultat de liquidation**, à travers le compte *1384-Résultat de liquidation* qui est débité (boni) ou crédité (mali) pour solde par le crédit (boni) ou le débit (mali) des comptes *4619-Associés, capital à rembourser* ;

- **le paiement des associés**, à travers le compte *4619-Associés, capital à rembourser* qui est débité (pour solde) par le crédit d'un compte de trésorerie (pour le règlement).

Après l'écriture du règlement des associés, tous les comptes de la société devraient être soldés.

III. Cas particulier de l'entité individuelle

La liquidation de l'entreprise individuelle intervient généralement en cas de vente pure et simple, d'apport en société ou du jugement d'un tribunal ordonnant la liquidation judiciaire.

Pour les besoins de la liquidation, des états financiers de synthèse (bilan, compte de résultat et notes annexes) sont établis à l'ouverture de la liquidation.

Le SYSCOHADA préconise d'utiliser un mode de comptabilisation simplifié des opérations de liquidation de l'entité individuelle, qui se présente comme suit :

- les charges et les produits résultant du paiement du passif de l'entité sont comptabilisés dans le compte *1384-Résultat de liquidation* ;
- les frais de liquidation sont comptabilisés dans le compte *1384-Résultat de liquidation* ;
- la différence entre la valeur nette comptable des éléments d'actif et le prix de vente est directement comptabilisée dans le compte *1384-Résultat de liquidation* ;
- ces écritures aboutissent à la présentation du bilan de clôture avec les disponibilités, le compte de l'exploitant (compte *104*) et le résultat de liquidation (compte *1384*) ;
- le compte *1384-Résultat de liquidation* est ensuite viré au compte de l'exploitant ;
- les comptes de trésorerie et le compte de l'exploitant sont définitivement soldés pour constater le transfert des disponibilités dans le patrimoine non affecté à l'exploitant.

Droit fiscal

En matière d'impôt sur les sociétés (IS) et à travers l'article 260 (section XI. Cession d'entreprise ou cessation), le CGI précise que l'impôt dû à raison des bénéfices qui n'ont pas été taxés, est immédiatement établi. De même, les contribuables doivent, dans un délai de trente (30) jours, faire parvenir à l'Administration la déclaration du résultat de l'exercice ainsi clos, accompagnée des ÉTAFI de clôture et les paiements y afférents (article 218).

Au surplus, l'entreprise liquidée est tenue, dans les dix (10) jours, d'aviser l'Administration de la cessation totale ou définitive et lui faire connaître la date à laquelle elle a été ou sera effective ainsi que s'il y a lieu (en cas de cession), le nom et l'adresse du cessionnaire. Et, lorsque l'Administration juge que la créance de l'État peut être en péril, elle se réserve le droit d'établir et de recouvrer immédiatement les impositions dues.

Toutefois, les plus-values provenant de la cession d'éléments d'actif immobilisé en fin d'exploitation sont comptées dans les bénéfices imposables pour le tiers de leur montant (article 259-1).

En matière de droits d'enregistrement (DE), il convient de distinguer deux (2) régimes sur la base du critère du cessionnaire effectif des biens mobiliers et immobiliers liquidés. Ainsi :

- sont enregistrés au droit fixe de 5.000 francs les actes de dissolution de sociétés ou groupements qui ne portent aucune transmission de biens meubles ou immeubles entre les associés ou autres personnes (article 471-I-12) ;
- sont enregistrées au taux de 5% les mutations de propriété portant sur des immeubles ou droits réels immobiliers opérées suite à la dissolution de sociétés ou groupements assimilés, lorsqu'elles sont faites au profit d'un associé autre que l'apporteur (article 472-II-4).

Application : Liquidation d'une entreprise

Le bilan de la société A, qui décide de cesser ses activités, se présente comme suit au 01/01/N :

Bilan de la société A					
Actif	**Brut**	**Amorts. / Dépréc.**	**Net**	**Passif**	**Net**
Matériel industriel	1 000	350	650	Capital	1 000
Marchandises	400	50	350	Fournisseurs	200
Clients	270	20	250	Autres dettes	100
Banques	50		50		
Total	**1 720**	**420**	**1 300**	**Total**	**1 300**

Informations relatives à la liquidation clôturée le 31/12/N
Les actifs sont réalisés aux conditions suivantes : - Matériel industriel vendu à 860 ; - Stock marchandises cédé à 300 ; - Créances clients, paiement de 220 sous déduction de 50 d'escomptes accordés. Les fournisseurs accordent une décote de 50. Les autres dettes sont réglées pour la totalité. Les frais de liquidation sont évalués à 15, compte non tenu des droits (fixes) d'enregistrement de 5.

1. <u>Écritures de liquidation comptabilisées dans les livres de l'entité</u>

<u>Hypothèse 1 : Inscription préalable en charges et produits HAO</u>

01/01 au 31/12/N

521		Banques	860	
	847	Produits liés aux opérations de liquidation		860
		Cession du matériel industriel		
2841		Amortissements des bâtiments industriels	350	
837		Charges liées aux opérations de liquidation	650	
	241	Matériel industriel		1 000
		Sortie du matériel industriel		
521		Banques	300	
	847	Produits liés aux opérations de liquidation		300
		Cession du stock de marchandises		
3911		Dépréciation des stocks de marchandises	50	
837		Charges liées aux opérations de liquidation	350	
	311	Marchandises		400
		Sortie du stock de marchandises		
521		Banques	220	
	847	Produits liés aux opérations de liquidation		220
		Encaissement des créances		
4911		Dépréciation des créances	20	
837		Charges liées aux opérations de liquidation	250	
	411	Clients		270
		Sortie des créances		
401		Fournisseurs	200	
471		Autres dettes	100	
	521	Banques		250
	847	Produits liés aux opérations de liquidation		50
		Règlement des dettes		
837		Charges liées aux opérations de liquidation	15	
	521	Banques		15
		Règlement des frais de liquidation		
847		Produits liés aux opérations de liquidation	1 430	
	1384	Résultat de liquidation		165
	837	Charges liées aux opérations de liquidation		1 265
		Pour solde & Détermination du résultat de liquidation		
1384		Résultat de liquidation < 5 + (165-5-140) x 30% >	11	
	521	Banques		11
		Règlement des DE et de l'IS *(Imposition des PL/Actif immobilisé pour le ⅓)*		

Hypothèse **2** : Utilisation directe du compte *1384 Résultat de liquidation*

01/01 au 31/12/N

521		Banques	860	
	1384	Résultat de liquidation		860
		Cession du matériel industriel		
1384		Résultat de liquidation	650	
2841		Amortissements des bâtiments industriels	350	
	241	Matériel industriel		1 000
		Sortie du matériel industriel		
521		Banques	300	
	1384	Résultat de liquidation		300
		Cession du stock de marchandises		
1384		Résultat de liquidation	350	
3911		Dépréciation des stocks de marchandises	50	
	311	Marchandises		400
		Sortie du stock de marchandises		
521		Banques	220	
	1384	Résultat de liquidation		220
		Encaissement des créances		
1384		Résultat de liquidation	250	
4911		Dépréciation des créances	20	
	411	Clients		270
		Sortie des créances		
401		Fournisseurs	200	
471		Autres dettes	100	
	521	Banques		250
	1384	Résultat de liquidation		50
		Règlement des dettes		
1384		Résultat de liquidation	15	
	521	Banques		15
		Règlement des frais de liquidation		
1384		Résultat de liquidation < 5 + (165-5-140) x 30% >	11	
	521	Banques		11
		Règlement des DE et de l'IS *(Imposition des PL/Actif immobilisé pour le ⅓)*		

2. Bilan de clôture

2.1. Détermination du résultat de liquidation

1384-Résultat de liquidation

650	860
350	300
250	220
15	50
11	
1 276	**1 430**
SC : 154	
1 430	**1 430**

2.2. Compte banques

521-Banques

RAN : 50	250
860	15
300	11
220	
1 430	**276**
	SD : 1 154
1 430	**1 430**

2.3. Bilan de clôture

Bilan de la société A au 31/12/N			
Actif	Montant	Passif	Montant
Banques	1 154	Capital Résultat de liquidation (boni)	1 000 154
Total	**1 154**	**Total**	**1 154**

3. Écritures de partage

31/12/N

101 1384	 4619	Capital social Résultat de liquidation Apporteurs, capital à rembourser *Restitution du capital aux associés et répartition du boni de liquidation*	1 000 154	 1 154
4619	 521	Apporteurs, capital à rembourser Banques *Remboursement des associés par le crédit des comptes de trésorerie*	1 154	 1 154

IV. L'AUDIT FISCAL DE LA LIQUIDATION

Du point de vue de l'Administration, l'accent devrait d'abord être mis sur la connaissance des entreprises en liquidation, à travers le greffe des tribunaux (liquidations judiciaires), les journaux d'annonces légales (liquidations amiables ou judiciaires) ou les informations générales (entreprises en difficulté) ; afin de permettre, le cas échéant, le recouvrement, dans les meilleurs délais, des créances fiscales réelles ou latentes, exigibles sur les entreprises en liquidation.

En effet, le CGI, à travers notamment les articles 218 et 260, insiste plus particulièrement sur :

- la disponibilité de l'information relative aux cessations d'entreprise ;
- la souscription des ÉTAFI de clôture ;
- le recouvrement **immédiat** des impositions restant dues.

Toutefois, au-delà du recouvrement immédiat des créances fiscales certaines et exigibles, il convient aussi de mettre l'accent sur les valeurs (actif et passif) liquidatives retenues, afin de pouvoir réévaluer au besoin le résultat de liquidation et majorer lesdites créances fiscales.

Le recouvrement adéquat des créances fiscales, en matière de droits d'enregistrement, devrait aussi mettre l'accent sur le cessionnaire effectif des biens liquidés à l'occasion de la réalisation des éléments d'actif (mobilier ou immobilier). L'identification du bénéficiaire effectif devrait permettre d'asseoir les droits fixes (cessionnaire confondu à l'apporteur initial, article 471-I-12 du CGI) ou les droits proportionnels de 5% (cessionnaires différents de l'apporteur initial, article 472-II-4 du CGI).

TROISIÈME PARTIE

LES OPÉRATIONS DE GROUPE

Un "Groupe" est une entité économique formée par un ensemble d'entreprises :

- juridiquement distinctes les unes des autres ;
- reliées par des liens financiers (prise de participation), commerciaux, techniques ou de personnes ;
- dépendant d'un centre de décision commun.

Conformément au droit comptable, chaque entité du groupe, disposant de sa personnalité juridique, est obligée de tenir une comptabilité et de présenter ses propres états financiers annuels (comptes personnels ou états financiers individuels). La juxtaposition desdits ÉTAFI ne permet pas, toutefois, d'apprécier de façon pertinente la performance économique et la situation financière du groupe d'entreprises. Dès lors, il convient de concevoir de véritables comptes du groupe en vue de fournir une vision économique globale de l'activité, de la situation financière et du résultat d'ensemble du groupe, considéré comme une seule entité économique. **C'est l'objectif des comptes consolidés**.

Par ailleurs, des entités économiques qui constituent un ensemble économique soumis à un même centre stratégique de décision (qui n'aurait pas l'obligation d'établir des comptes consolidés), sans qu'existent entre elles des liens juridiques de domination, ont l'obligation d'établir et de présenter des comptes dits combinés comme s'il s'agissait d'une seule entité économique. **C'est l'objectif des comptes combinés**.

La troisième (3ème) partie s'articulera autour des deux (2) chapitres ci-après :

Chapitre 1 : Les comptes consolidés

Chapitre 2 : Les comptes combinés

CHAPITRE I

LES COMPTES CONSOLIDÉS

Aux termes des dispositions de l'article 74 de l'AUDCIF, *toute entité, qui a son siège social ou son activité principale dans l'un des États parties et qui contrôle de manière exclusive ou conjointe une ou plusieurs entités, doit établir et publier chaque année les états financiers consolidés de l'ensemble constitué par toutes ces entités ainsi qu'un rapport sur la gestion de cet ensemble.*

Les entités qui n'exercent qu'une influence notable sur une ou plusieurs entités n'ont pas l'obligation d'établir et de publier des comptes consolidés. En revanche, dès lors qu'il y a obligation d'établir des comptes consolidés, les entités sous influence notable sont incluses dans le périmètre de consolidation.

L'établissement et la publication des états financiers consolidés sont à la charge des organes d'administration ou de direction de l'entité dominante de l'ensemble consolidé, dite entité consolidante (article 75 - AUDCIF).

I. POURCENTAGE DE CONTRÔLE – POURCENTAGE D'INTÉRÊT

1. Le pourcentage de contrôle

Le pourcentage de contrôle est la **fraction des droits de vote** (% de droits de vote) **détenue directement ou indirectement** par l'entité mère dans chaque entité du groupe. Le contrôle indirect n'existe que par l'intermédiaire d'entités sous contrôle.

Le pourcentage de contrôle sert à établir les chaînes de contrôle, et donc à déterminer le périmètre de consolidation (cf. § III).

Il participe à la détermination de la nature du contrôle exercé par l'entité mère (cf. § II) et permet de déterminer les méthodes de consolidation applicables (cf. § IV).

Dans la détermination du pourcentage de contrôle, il est nécessaire de tenir compte de la forme ou de la catégorie des actions détenues : actions sans droit de vote, actions à droit de vote double.

1.1. Actions sans droit de vote

Cette catégorie d'actions, qui ne confère pas de droit de vote lors des assemblées, est à exclure du calcul des pourcentages de contrôle.

1.2. Actions à droit de vote double

Lorsqu'il existe des actions permettant d'obtenir dans les assemblées un droit de vote double par rapport aux autres actions, il faut en tenir compte dans le calcul du pourcentage de contrôle.

2. Le pourcentage d'intérêt

Le pourcentage d'intérêt est la part de capital de l'entité dominée détenue par l'entité dominante. En d'autres termes, c'est la fraction de patrimoine détenue par l'entité dominante dans chaque entité du groupe, directement ou indirectement (produit des pourcentages de participations détenues dans les entités formant la chaine de contrôle).

Le pourcentage d'intérêt sert à répartir, entre la part du groupe et les « intérêts minoritaires », les capitaux propres et les résultats des filiales contrôlées exclusivement. Il sert également au calcul de quote-part dans l'intégration proportionnelle et la mise en équivalence (cf. § IV).

II. Les différents types de contrôle

Le *dispositif comptable relatif aux comptes consolidés et combinés* (D4C) distingue trois (3) types de contrôle basés sur le pourcentage de contrôle : le contrôle exclusif, le contrôle conjoint et l'influence notable.

1. Le contrôle exclusif

Le contrôle exclusif est le pouvoir de diriger les politiques financières et opérationnelles d'une entité afin de tirer les avantages économiques de ses activités (article 78 - AUDCIF).

Il résulte :

- soit d'un **contrôle de droit** : détention directe ou indirecte de la majorité des droits de vote dans une autre entité ;
- soit d'un **contrôle de fait** : désignation, pendant deux (2) exercices successifs de la majorité des membres des organes d'administration, de direction d'une autre entité. L'entité consolidante est présumée avoir effectué cette désignation lorsqu'elle a disposé, au cours de cette période, directement ou indirectement, d'une fraction supérieure à 40% des droits de vote et qu'aucun autre associé ou actionnaire ne détenait, directement ou indirectement, une fraction supérieure à la sienne ;
- soit d'un **contrôle contractuel** : droit d'exercer une influence dominante sur une entité en vertu d'un contrat ou de clauses statutaires, lorsque le droit applicable le permet. L'influence dominante existe dès lors que, dans les conditions décrites ci-dessus, l'entité consolidante a la possibilité d'utiliser ou d'orienter l'utilisation des actifs de la même façon qu'elle contrôle ses propres actifs.

2. Le contrôle conjoint

Le contrôle conjoint est le partage du contrôle d'une entité exploitée en commun par un nombre limité d'associés ou d'actionnaires, de sorte que les politiques financières et opérationnelles résultent de leur accord (article 78 - AUDCIF).

Le contrôle conjoint est caractérisé par l'existence :

- d'un **nombre limité d'associés ou d'actionnaires** partageant le contrôle. Le partage du contrôle suppose qu'aucun associé ou actionnaire n'est susceptible à lui seul de pouvoir exercer un contrôle exclusif en imposant ses décisions aux autres. L'existence d'un contrôle conjoint n'exclut pas la présence d'associés ou d'actionnaires minoritaires ne participant pas au contrôle conjoint ;
- d'un **accord contractuel** qui (i) prévoit l'exercice du contrôle conjoint sur l'activité économique de l'entité exploitée en commun, et (ii) établit les décisions qui sont essentielles à la réalisation des objectifs de l'entité exploitée en commun et qui nécessitent le consentement de tous les associés ou actionnaires participant au contrôle conjoint.

3. L'influence notable

L'influence notable est le pouvoir de participer aux politiques financières et opérationnelles d'une entité sans en détenir le contrôle (article 78 - AUDCIF).

L'influence notable est présumée lorsque l'entité dominante dispose directement ou indirectement d'une fraction au moins égale à 20% des droits de vote d'une entité.

III. Le périmètre de consolidation

1. Définition

Le périmètre de consolidation comprend l'ensemble des entités prises en considération pour l'établissement des comptes consolidés. Il est délimité en fonction de la nature et de l'importance des liens existant entre l'entité consolidante et les entités sur lesquelles elles peuvent exercer un contrôle exclusif, un contrôle conjoint ou une influence notable. Dès lors, les entités à retenir sont :

- l'entité consolidante ;
- les entités contrôlées de manière exclusive ;
- les entités contrôlées conjointement ; et
- les entités sur lesquelles est exercée une influence notable.

A contrario, une entité non contrôlée (détention directe ou indirecte de moins de 20% des droits de vote) est hors du périmètre de consolidation.

2. Exclusions du périmètre de consolidation

Des dérogations sont prévues par l'AUDCIF (art. 96) qui exclut du périmètre de consolidation des entités dont :

- la perte de contrôle ou d'influence notable exercée par l'entité mère peut être démontrée ;
- des restrictions sévères et durables remettent en cause substantiellement le contrôle ou le transfert de fonds à l'entité consolidante ;
- les participations ne sont détenues qu'en vue de leur cession ultérieure ;
- les informations nécessaires à l'établissement des comptes consolidés ne peuvent être obtenues sans frais excessifs ou dans des délais compatibles avec les délais légaux d'établissement et de contrôle de ces comptes ;
- l'importance est négligeable par rapport à l'ensemble consolidé.

IV. Les méthodes et étapes de la consolidation

Le choix de la méthode de consolidation et, subséquemment les étapes de la consolidation, dépendent du type de contrôle exercé par l'entité dominante sur les entités contrôlées (articles 80 et 81 - AUDCIF) :

Types de contrôle	**Méthode de consolidation**	**Étapes de la consolidation**
Contrôle exclusif	Intégration globale (IG)	- Intégrer à 100% dans les comptes de l'entité consolidante les éléments des comptes des entités consolidées, après retraitements éventuels ; - Répartir les capitaux propres et le résultat entre les intérêts de l'entité consolidante et les intérêts des autres actionnaires ou associés dits « intérêts minoritaires » ; - Éliminer les opérations et comptes (réciproques) entre l'entité intégrée globalement et les autres entités consolidées.
Contrôle conjoint	Intégration proportionnelle (IP)	- Intégrer dans les comptes de l'entité consolidante la fraction représentative de ses intérêts dans les comptes de l'entité consolidée, après retraitements éventuels ; aucun intérêt minoritaire n'est donc constaté ; - Éliminer les opérations et comptes (réciproques) entre l'entité intégrée proportionnellement et les autres entités consolidées.
Influence notable	Mise en équivalence (ME)	- Substituer à la valeur comptable des titres détenus, la quote-part des capitaux propres, y compris le résultat de l'exercice déterminé d'après les règles de consolidation ; - Éliminer les opérations et comptes (réciproques) entre l'entité intégrée mise en équivalence et les autres entités consolidées.

Application 1 : Pourcentage de contrôle, pourcentage d'intérêt et méthodes de consolidation

Soit un groupe constitué des sociétés suivantes :

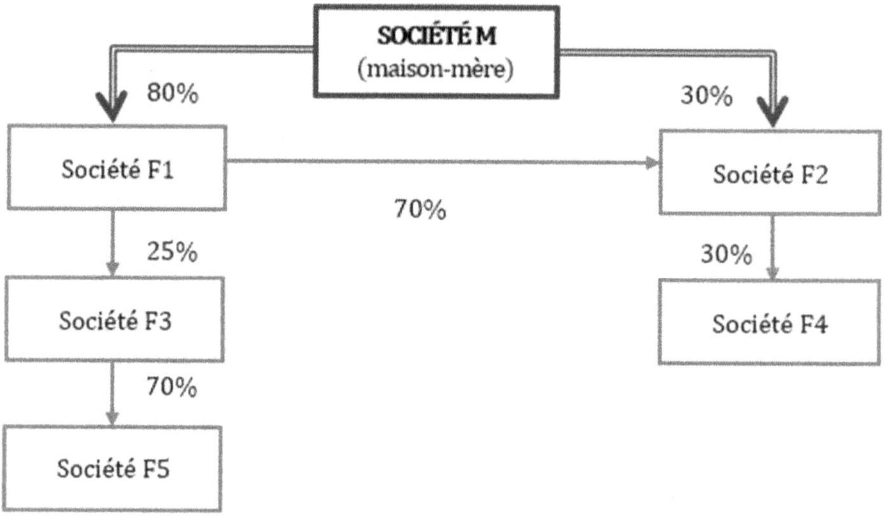

La société F_4 est une filiale dont le contrôle est partagé entre 3 groupes concurrents.

Détermination des pourcentages de contrôle, d'intérêts et des méthodes de consolidation

Entités	% de contrôle			Nature du contrôle	Méthode de consolidation	% d'intérêt
	Contrôle direct	Contrôle indirect	Total			
M	100%			Contrôle exclusif	Intégration globale	**100%**
F1	80%	0%	**80%**	Contrôle exclusif	Intégration globale	**80%**
F2	30%	70%	**100%**	Contrôle exclusif	Intégration globale	(80% x 70%) + 30% = **86%**
F3	0%	25%	**25%**	Influence notable	Mise en équivalence	(80% x 25%) = **20%**
F4	0%	30%	**30%**	Contrôle conjoint	Intégration proportionnelle	(80% x 70% x 30%) + (30% x 30%) = **25,8%**
F5	0%	0%	**0%**	Pas de contrôle	Hors du périmètre de consolidation	(80% x 25% x 70%) = **14%**

Application 2 :

Soit un groupe constitué des sociétés suivantes :

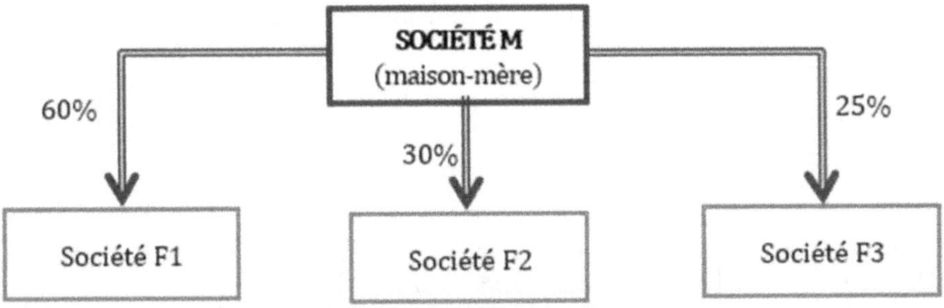

Application 2-1 : Intégration globale

Une société M (entité mère) détient **60%** du capital d'une filiale **F1** (cf. application 2).

Au 31 décembre N, les bilans et comptes de résultat simplifiés de ces 2 entités se présentent comme suit :

Bilans au 31/12/N					
Actif	**Société M**	**Société F1**	**Passif**	**Société M**	**Société F1**
Matériel industriel	98 000	60 000	Capital	90 000	40 000
Titres de participation	24 000	0	Réserves	20 000	11 000
Clients	48 000	40 000	Résultat	12 000	4 000
			Fournisseurs	48 000	45 000
Total	**170 000**	**100 000**	**Total**	**170 000**	**100 000**

Comptes de résultat N		
Rubriques	**Société M**	**Société F1**
Produits	92 000	56 000
Charges	– 80 000	– 52 000
Résultat	**12 000**	**4 000**

1. Rappel de l'approche méthodologique

1.1. L'intégration globale consiste à reprendre :

- au bilan de l'entité mère, l'intégralité (100%) de tous les postes de l'actif et du passif du bilan de la filiale ;
- au compte de résultat de l'entité mère, l'intégralité (100%) de tous les postes de charges et de produits qui participent à la formation du résultat net de la filiale.

1.2. Ensuite, on procède :

- à l'élimination de l'actif du bilan de l'entité mère, des titres de participation détenus dans la filiale par imputation sur les réserves ;
- au partage des capitaux propres (y compris le résultat) de la filiale qui seront répartis entre :
- la part du groupe correspondant aux intérêts de l'entité mère et ;
- la part correspondant aux intérêts minoritaires.

2. Reprise des comptes des deux entités

2.1. Écritures de consolidation du bilan

31/12/N

Matériel industriel	98 000	
Titres de participation	24 000	
Clients	48 000	
Capital		90 000
Réserves		20 000
Résultat		12 000
Fournisseurs		48 000
Reprise des comptes de bilan de l'entité mère M		
Matériel industriel	60 000	
Clients	40 000	
Capital		40 000
Réserves		11 000
Résultat		4 000
Fournisseurs		45 000
Reprise des comptes de bilan de la filiale F1		

2.2. Écritures de consolidation du compte de résultat

31/12/N

Charges	80 000	
Résultat	12 000	
Produits		92 000
Reprise des comptes de gestion de l'entité mère M		
Charges	52 000	
Résultat	4 000	
Produits		56 000
Reprise des comptes de gestion de la filiale F1		

3. Tableau et écritures de partage des capitaux propres

3.1. Tableau de partage des capitaux propres de la filiale F

Éléments	Total Filiale F1	Part du groupe (60%)	Part des minoritaires (40%)
Capital Réserves	40 000 11 000	24 000 6 600	16 000 4 400
Total	**51 000**	**30 600**	**20 400**
Titres de participation		– 24 000	
Réserves consolidées		**6 600**	
Résultat consolidé	4 000	2 400	1 600

3.2. Écritures de partage des capitaux propres

31/12/N

Capital M	90 000	
Réserves M	20 000	
Résultat M	12 000	
Capital		90 000
Réserves consolidées		20 000
Résultat consolidé		12 000
Partage des capitaux propres de l'entité mère M		
Capital F1	40 000	
Réserves F1	11 000	
Titres F1		24 000
Réserves consolidées		6 600
Intérêts minoritaires		20 400
Partage des capitaux propres hors résultat de la filiale F1		
Résultat F1	4 000	
Résultat consolidé		3 200
Intérêts minoritaires		800
Partage du résultat de la filiale F1		

4. <u>Présentation du bilan et du compte de résultat consolidés</u>

4.1. Bilan consolidé au 31 décembre N

Actif		**Passif**	
Matériel industriel (98.000 + 60.000)	158 000	Capital	90 000
Clients (48.000 + 40.000)	88 000	Réserves consolidées (20.000 + 6.600)	26 600
		Résultat consolidé (12.000 + 3.200)	15 200
		Part du groupe (capitaux propres consolidés)	131 800
		Intérêts minoritaires (20.400 + 800)	21 200
		Fournisseurs (48.000 + 45.000)	93 000
Total	**246 000**	**Total**	**246 000**

4.2. Compte de résultat consolidé

Produits (92.000 + 56.000)	148 000
Charges (80.000 + 52.000)	– 132 000
Résultat net de l'ensemble consolidé	16 000
Intérêts minoritaires	– 800
Résultat net (part du groupe)	**15 200**

Application 2-2 : Intégration proportionnelle

Une société M détient **30%** du capital d'une filiale **F2** sur laquelle elle exerce un contrôle conjoint avec 3 groupes concurrents (cf. application 2).

Au 31 décembre N, les bilans et comptes de résultats simplifiés de ces 2 entités se présentent comme suit :

Bilans au 31/12/N					
Actif	**Société M**	**Société F2**	**Passif**	**Société M**	**Société F2**
Matériel industriel	98 000	60 000	Capital	90 000	40 000
Titres de participation	12 000	0	Réserves	20 000	11 000
Clients	60 000	40 000	Résultat	12 000	4 000
			Fournisseurs	48 000	45 000
Total	**170 000**	**100 000**	**Total**	**170 000**	**100 000**

Comptes de résultat N		
	Société M	**Société F2**
Produits	92 000	56 000
Charges	– 80 000	– 52 000
Résultat	**12 000**	**4 000**

1. Rappel de l'approche méthodologique

L'intégration proportionnelle consiste à :

- intégrer dans les comptes de l'entité consolidante la fraction représentative de ses intérêts dans les comptes de l'entité consolidée, après retraitements éventuels ; aucun intérêt minoritaire n'est donc constaté ;
- éliminer les opérations et comptes entre l'entité intégrée proportionnellement et les autres entités consolidées.

2. Reprise des comptes des deux entités

2.1. Écritures de consolidation du bilan

31/12/N

Matériel industriel	98 000	
Titres de participation	12 000	
Clients	60 000	
Capital		90 000
Réserves		20 000
Résultat		12 000
Fournisseurs		48 000
Reprise des comptes de bilan de l'entité mère M		
Matériel industriel < 60.000 x 30% >	18 000	
Clients < 40.000 x 30% >	12 000	
Capital < 40.000 x 30% >		12 000
Réserves < 11.000 x 30% >		3 300
Résultat < 4.000 x 30% >		1 200
Fournisseurs < 45.000 x 30% >		13 500
Reprise des comptes de bilan de la fille F2		

2.2. Écritures de consolidation du compte de résultat

31/12/N

Charges	80 000	
Résultat	12 000	
Produits		92 000
Reprise des comptes de gestion de l'entité mère M		
Charges < 52.000 x 30% >	15 600	
Résultat < 4.000 x 30% >	1 200	
Produits < 56.000 x 30% >		16 800
Reprise des comptes de gestion de la fille F2		

3. <u>Détermination des capitaux propres consolidés et élimination des titres de participation</u>

Lorsqu'il s'agit d'une intégration proportionnelle, aucun partage n'est à effectuer étant donné que seule la fraction du patrimoine de la filiale appartenant à l'entité consolidante a fait l'objet d'une intégration.

31/12/N

Capital M	90 000	
Réserves M	20 000	
Résultat M	12 000	
Capital		90 000
Réserves consolidées		20 000
Résultat consolidé		12 000
Partage des capitaux propres de l'entité mère M		
Capital F2	12 000	
Réserves F2	3 300	
Titres F2		12 000
Réserves consolidées		3 300
Partage des capitaux propres hors résultat de la fille F2		
Résultat F2	1 200	
Résultat consolidé		1 200
Partage du résultat de la fille F2		

4. <u>Présentation du bilan et du compte de résultat consolidés</u>

4.1. Bilan consolidé au 31 décembre N

Actif		**Passif**	
Matériel industriel (98.000 + 18.000)	116 000	Capital	90 000
Clients (60.000 + 12.000)	72 000	Réserves consolidées (20.000 + 3.300)	23 300
		Résultat consolidé (12.000 + 1.200)	13 200
		Part du groupe (capitaux propres consolidés)	126 500
		Fournisseurs (48.000 + 13.500)	61 500
Total	**188 000**	**Total**	**188 000**

4.2. Compte de résultat consolidé

Produits (92.000 + 16.800) Charges (80.000 + 15.600)	108 800 – 95 600
Résultat net de l'ensemble consolidé Intérêts minoritaires	13 200 – 0
Résultat net (part du groupe)	**13 200**

Application 2-3 : Mise en équivalence

Une société M détient **25%** du capital d'une filiale **F3** sur laquelle elle exerce une influence notable (cf. application 2).

Au 31 décembre N, les bilans et comptes de résultats simplifiés de ces 2 entités se présentent comme suit :

Bilans au 31/12/N					
Actif	**Société M**	**Société F3**	**Passif**	**Société M**	**Société F3**
Matériel industriel	98 000	60 000	Capital	90 000	40 000
Titres de participation	10 000	0	Réserves	20 000	11 000
Clients	62 000	40 000	Résultat	12 000	4 000
			Fournisseurs	48 000	45 000
Total	**170 000**	**100 000**	**Total**	**170 000**	**100 000**

Comptes de résultat N		
Rubriques	**société M**	**société F3**
Produits	92 000	56 000
Charges	– 80 000	– 52 000
Résultat	**12 000**	**4 000**

1. Rappel de l'approche méthodologique

La mise en équivalence consiste à :

- substituer à la valeur comptable des titres détenus, la quote-part des capitaux propres y compris le résultat de l'exercice déterminé d'après les règles de consolidation ;
- éliminer les opérations et comptes entre l'entité mise en équivalence et les autres filiales consolidées.

Les titres mis en équivalence représentent la quote-part des capitaux propres qui revient à l'entité mère dans les filiales ainsi consolidées.

2. Reprise des seuls comptes de l'entité mère (ceux de F3 ne sont pas intégrés)

2.1. Écritures de consolidation du bilan

31/12/N

Matériel industriel	98 000	
Titres de participation	10 000	
Clients	62 000	
Capital		90 000
Réserves		20 000
Résultat		12 000
Fournisseurs		48 000
Reprise des comptes de bilan de l'entité mère M		

2.2. Écritures de consolidation du compte de résultat

31/12/N

Charges	80 000	
Résultat	12 000	
Produits		92 000
Reprise des comptes de gestion de l'entité mère M		

3. Détermination des capitaux propres consolidés et mise en équivalence des titres de la filiale

31/12/N

Capital M	90 000	
Réserves M	20 000	
Résultat M	12 000	
Capital		90 000
Réserves consolidées		20 000
Résultat consolidé		12 000
Détermination des capitaux propres de l'entité mère M		
Titres mis en équivalence < 25% x (40.000 + 11.000 + 4.000) >	13 750	
Titres F3 < 25% x 40.000 >		10 000
Réserves consolidées < 25% x (40.000 + 11.000) - 10.000 >		2 750
Résultat consolidé < 25% x 4.000 >		1 000
ME des titres de la fille F3		

4. Écritures de consolidation du compte de résultat

31/12/N

Résultat global	1 000	
Quote-part dans les résultats des entités mises en équivalence		1 000
Consolidation du résultat		

5. Présentation du bilan et du compte de résultat consolidés

5.1. Bilan consolidé au 31 décembre N

Actif		Passif	
Matériel industriel	98 000	Capital	90 000
Titres F3 mis en équivalence	13 750	Réserves consolidées (20.000 + 2.750)	22 750
Clients	62 000	Résultat consolidé (12.000 + 1.000)	13 000
		Part du groupe (capitaux propres consolidés)	125 750
		Fournisseurs	48 000
Total	**173 750**	**Total**	**173 750**

5.2. Compte de résultat consolidé

Produits	92 000
Charges	– 80 000
Résultat net des entités intégrées	12 000
Quote-part dans les résultats des entités mises en équivalence	+ 1 000
Résultat net de l'ensemble consolidé	13 000
Intérêts minoritaires	– 0
Résultat net (part du groupe)	**13 000**

V. L'AUDIT FISCAL DES COMPTES CONSOLIDÉS

cf. infra *Audit fiscal des comptes consolidés et des comptes combinés*, page 219-225.

CHAPITRE II

LES COMPTES COMBINÉS

Aux termes des dispositions de l'article 103 de l'AUDCIF, *les entités qui constituent dans une région de l'espace OHADA*[49]*, un ensemble économique soumis à un même centre stratégique de décision situé hors de cette région, sans qu'existent entre elles des liens juridiques de domination, établissent et présentent des états financiers, dénommés " états financiers combinés ", comme s'il s'agissait d'une seule entité.*

[Par ailleurs,] *Les autorités compétentes des États-parties peuvent imposer l'établissement et la présentation des comptes combinés à des groupes d'entités qui sont implantés sur leur territoire, dont la cohésion repose sur certains éléments objectifs permettant de justifier l'établissement et la présentation de tels comptes.*

I. LE PÉRIMÈTRE DE COMBINAISON

Le périmètre de combinaison englobe toutes les entreprises d'une même région de l'espace OHADA satisfaisant à des critères d'unicité et de cohésion caractérisant l'ensemble économique formé, quels que soient leur activité, leur forme juridique ou leur objet, lucratif ou non (article 105 - AUDCIF).

---

[49] Les trois (3) « régions de l'espace OHADA » s'entendent des ensembles économiques institutionnalisés formés par plusieurs États-parties que sont :

- la CEMAC (Cameroun, Centrafrique, Congo, Gabon, Guinée Équatoriale, Tchad) ;
- l'UEMOA (Bénin, Burkina Faso, Côte d'Ivoire, Guinée-Bissau, Mali, Niger, Sénégal, Togo) ;
- la RD Congo, les Comores et la Guinée.

En d'autres termes, le périmètre de combinaison est constitué par l'ensemble des entités qui sont (i) soit combinées entre elles, (ii) soit consolidées par l'une ou plusieurs des entités combinées.

1. Les entités combinées entre elles

Les entités constitutives d'un ensemble de tête, liées entre elles par un lien de combinaison sont :

- les entités, quelle que soit leur activité, ayant entre elles des liens de combinaison et qui ont décidé d'établir des comptes combinés ;
- les entités, quelle que soit leur activité, ayant entre elles des liens (direction commune, services communs assez étendus pour engendrer un comportement social, commercial, technique ou financier commun) et faisant l'objet d'un contrôle de droit ou de fait, direct ou indirect, par une entité ou conjointement par plusieurs entités incluses dans le périmètre de combinaison.

Un périmètre de combinaison ne peut reconnaître simultanément plusieurs centres de décision. En conséquence, une même entité ne peut appartenir à deux combinaisons différentes et ne doit donc signer plus d'une convention.

2. Les entités consolidées par l'une ou plusieurs des entités combinées

Les entités consolidées par une ou plusieurs entités comprises dans le périmètre de combinaison sont celles sous contrôle exclusif ou conjoint ou sous influence notable par une ou plusieurs entités comprises dans le périmètre de combinaison.

3. L'entité combinante

L'entité combinante est l'entité chargée d'établir les comptes combinés. Sa désignation parmi les entités de l'ensemble de tête de combinaison, fait l'objet d'une convention écrite par les entités constitutives de cet ensemble de tête.

À défaut d'accord conventionnel et sauf application d'une disposition légale, aucune combinaison n'est établie.

La faculté d'établir des comptes combinés est indépendante de l'obligation d'établir des comptes consolidés en cas d'existence d'un groupe consolidé au sein du périmètre de combinaison, sauf obligations ou dérogations législatives ou réglementaires spécifiques.

II. LES RÈGLES ET MÉTHODES DE COMBINAISON

La combinaison est un cumul des comptes, préalablement retraités aux normes du groupe, effectuée selon les règles identiques à celles relatives à l'intégration globale ou proportionnelle, sous réserve de certaines modifications et méthodes spécifiques.

Les comptes combinés sont obtenus en procédant aux opérations suivantes :

- cumul des comptes des entités faisant partie du périmètre des comptes combinés, éventuellement après retraitements et reclassement (élimination des incidences sur les comptes des écritures passées pour la seule application des législations fiscales, impositions différées comptabilisées, etc.) ;
- élimination des comptes réciproques : actifs et passifs, charges et produits ;
- neutralisation des résultats provenant d'opérations effectuées entre les entités comprises dans le périmètre de combinaison.

Au total, ces opérations sont identiques à celles prévues pour les comptes consolidés. Toutefois, une différence notable existe : en l'absence de liens de participation, il n'est pas question d'élimination de titres de participation.

Application :

Soit le groupe suivant, où l'entité M a son siège social et ses activités dans un État situé hors de l'espace OHADA, alors que les entités F1, F2 et F3 sont localisées dans l'espace UEMOA de l'OHADA.

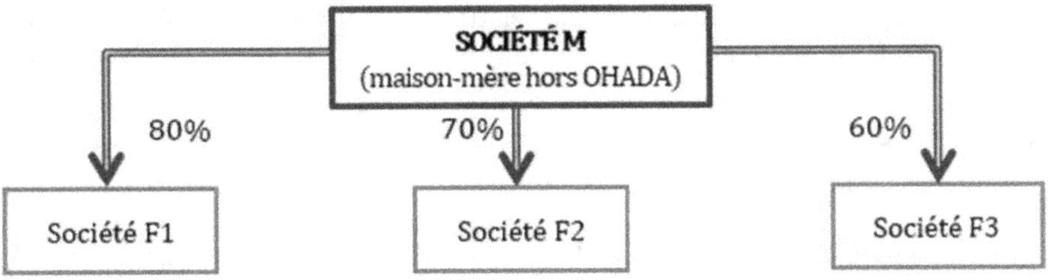

Au 31 décembre N, les bilans et comptes de résultat simplifiés des 4 entités, après d'éventuels retraitements destinés à assurer leur homogénéité, se présentent comme suit :

Bilans au 31/12/N									
Actif	**M**	**F1**	**F2**	**F3**	**Passif**	**M**	**F1**	**F2**	**F3**
Matériel industriel	5 000	2 000	3 000	1 500	Capital	10 000	4 000	5 000	3 000
Titres	8 500				Réserves	5 000	1 000	1 500	500
Clients	8 620	4 590	5 080	3 620	Résultat	1 120	490	280	420
					Fournisseurs	6 000	1 100	1 300	1 200
Total	**22 120**	**6 590**	**8 080**	**5 120**	**Total**	**22 120**	**6 590**	**8 080**	**5 120**

Comptes de résultat N				
Rubriques	**M**	**F1**	**F2**	**F3**
Produits	26 500	10 500	16 000	7 800
Charges	– 24 900	– 9 800	– 15 600	– 7 200
Impôt sur le résultat	– 480	– 210	– 120	– 180
Résultat net	**1 120**	**490**	**280**	**420**

Informations relatives à la combinaison
- Il n'existe pas d'opérations réciproques entre les entités F1, F2 et F3 ;
- L'entité F1 a constitué une provision pour dépréciation d'actifs de 600, justifiée sur un plan économique, mais non déductible fiscalement (cette provision ne sera déductible qu'au moment de son utilisation : réalisation du risque ou de la charge provisionnée) ;
- Taux de l'impôt sur les sociétés : 30%.

1. Détermination du périmètre de combinaison

En application des normes comptables internationales, l'entité M devrait établir des états financiers consolidés incluant les entités F1, F2 et F3. Au sein d'une région OHADA, il en serait ainsi si l'entité M était domiciliée dans la même région OHADA que les filiales.

Cependant, que ces états financiers consolidés soient établis ou non, les entités F1, F2 et F3 – situées dans un même espace de l'OHADA (UEMOA) et constituant un ensemble économique soumis à un même centre stratégique de décision (société-mère M) situé hors de cette région de l'espace OHADA – doivent obligatoirement établir des comptes combinés regroupant les 3 filiales, conformément aux règles préconisées par le dispositif comptable relatif aux comptes consolidés et combinés (D4C) comme s'il s'agissait d'une seule entité.

Chacune de ces entités est tenue de préciser, dans ses Notes annexes, l'entité chargée de l'établissement des comptes combinés (article 103 de l'AUDCIF).

Dans le cas d'espèce, les comptes combinés sont établis par l'entité F1.

2. Présentation schématique du bilan et du compte de résultat combinés

2.1. Bilan combiné au 31/12/N

Éléments	**Détail des calculs**	**Montant**
Matériel industriel	2.000 + 3.000 + 1.500	6 500
Clients	4.590 + 5.080 + 3.620	13 290
Impôts différés	600 x 30%	180
Total ACTIF		**19 970**
Capital et réserves combinés	(4.000 + 1.000) x80% + (5.000 + 1.500) x70% + (3.000 + 500) x60%	10 650
Résultat net combiné	[(490 + 180) x80%] + (280 x70%) + (420 x60%)	984
Part des ayants droits aux capitaux propres	10.650 + 984	11 634
Part des minoritaires	(4.000 + 1.000 + 490 + 180) x20% + (5.000 + 1.500 + 280) x30% + (3.000 + 500 + 420) x40%	4 736
Total des capitaux propres combinés	11.826 + 4.784	16 370
Fournisseurs	1 100 + 1 300 + 1 200	3 600
Total PASSIF		**19 970**

Bilan combiné au 31/12/N			
Actif		Passif	
Matériel industriel	6 500	Capital et réserves combinés	10 650
Clients	13 290	Résultat net combiné	984
Impôts différés	180	Part des ayants droits aux capitaux propres	11 634
		Part des minoritaires	4 736
		Total des capitaux propres combinés	16 370
		Fournisseurs	3 600
Total	**19 970**	**Total**	**19 970**

2.2. Compte de résultat combiné N

Compte de résultat combiné N	
Produits (10.500 + 16.000 + 7.800)	34 300
Charges (9.800 + 15.600 + 7.200)	– 32 600
Résultat avant impôts	**1 700**
Impôts exigibles sur résultats	– 510
Impôts différés (variations)	+ 180
Résultat net de l'ensemble combiné dont :	**1 370**
Part des ayants droits	984
Part des minoritaires	386

III. L'AUDIT FISCAL DES COMPTES CONSOLIDÉS ET DES COMPTES COMBINÉS[50]

1. Personnalité fiscale réelle des entités du groupe *versus* celle inexistante du groupe

L'audit fiscal des comptes consolidés ou combinés répond plus à un souci de contrôle des entités comprises dans le périmètre de consolidation ou de combinaison qu'à un impératif lié à la détermination de l'impôt exigible sur la base de comptes consolidés ou combinés.

[50] À ce propos, cf. Ch. SIBY, Les incidences fiscales de l'application des normes comptables IAS/IFRS dans l'espace UEMOA : la lecture fiscale des normes IAS/IFRS au regard du dispositif fiscal des États membres de l'UEMOA, Mémoire présenté en vue de l'obtention du Diplôme d'expertise comptable et financière (DÉCOFI) de l'UEMOA, Cotonou, décembre 2014, page 58 et suivantes.

En effet, comme en matière comptable, le groupe, contrairement aux entités qui le composent, ne dispose pas d'une personnalité fiscale. La fiscalisation desdites entités s'opère naturellement à partir des états financiers individuels de chacune des entités, même si les comptes consolidés ou combinés pourraient être d'un apport certain. En d'autres termes, chaque société constitue un contribuable distinct et plus ou moins indépendant au sein du groupe[51].

L'une des références du CGI (article 31-5) relative aux comptes de groupe renvoie au bilan général – du reste différent du bilan consolidé ou combiné – des entreprises dont le siège social est situé hors du Sénégal et qui doivent remettre, en plus de leurs états financiers individuels, un exemplaire dudit bilan général.

Le CGI ajoute qu'à la demande du service chargé de l'assiette, les sociétés et les personnes morales exerçant leurs activités à la fois au Sénégal et à l'étranger seront tenues, en plus de leurs états financiers individuels, de fournir les copies des déclarations souscrites dans le ou les État(s) nommément désignés, ainsi que les copies des pièces annexées à ces déclarations[52].

2. Contrôle des prix de transfert et obligations déclaratives

La nouveauté introduite par la législation fiscale en 2018 (Loi n° 2018-10 du 30 mars 2018 modifiant certaines dispositions du Code général des Impôts) est relative à la déclaration des prix de transfert. En effet, au regard des dispositions des articles 31 bis et 31 ter du CGI, la personne morale imposable à l'impôt sur les sociétés, est tenue de souscrire, en même temps que la déclaration de résultat, une déclaration comportant les informations suivantes :

- des informations générales sur le groupe d'entreprises liées :
  - une description générale de l'activité déployée, incluant les changements intervenus au cours de l'exercice ;
  - une liste des principaux actifs incorporels détenus par une ou plusieurs entreprises liées et utilisés par l'entreprise déclarante ainsi que l'État ou la juridiction d'implantation de l'entreprise propriétaire de ces actifs ;
  - une description générale de la politique de transfert du groupe et les changements intervenus au cours de l'exercice.

---

[51] Conformément au principe de territorialité de l'IS dû à raison des bénéfices réalisés par les entreprises exploitées au Sénégal.

[52] Toutefois, lorsque les entreprises visées [...] ne tiennent pas une comptabilité permettant de distinguer exactement le bénéfice ou le déficit réalisé au Sénégal et à l'étranger, elles pourront procéder, pour la détermination du bénéfice à imposer au Sénégal, à la répartition de leur résultat global au prorata des chiffres d'affaires réalisés dans chaque État. En ce cas, une déclaration globale accompagnée des ÉTAFI sera adressée au service chargé de l'assiette, avec indication du chiffre d'affaires réalisé dans chaque État et du résultat net à imposer au Sénégal (article 31-5).

- des informations spécifiques concernant l'entreprise déclarante :
  - une description de l'activité déployée, incluant les changements intervenus au cours de l'exercice ;
  - un état récapitulatif des opérations réalisées avec des entreprises liées ;
  - des informations sur les prêts et emprunts avec des entreprises liées ;
  - des informations sur les transactions réalisées avec des entreprises liées qui font l'objet d'accords préalables de prix ou de rescrits fiscaux conclus avec un autre État ou juridiction.

De même, il est exigé (article 31 ter) une déclaration comportant la répartition pays par pays des bénéfices du groupe et des agrégats économiques, comptables et fiscaux, ainsi que des informations sur la localisation et l'activité des entités le constituant. Ladite déclaration est souscrite sous forme dématérialisée, dans les douze (12) mois suivant la clôture de l'exercice, par les personnes morales établies au Sénégal qui répondent aux critères suivants :

- établir des comptes consolidés ;
- détenir ou contrôler, directement ou indirectement, une ou plusieurs entités juridiques établies hors du Sénégal ou y disposer de succursales ;
- réaliser un chiffre d'affaires annuel, hors taxes, consolidé supérieur ou égal à quatre cent quatre-vingt-onze milliards (491.000.000.000) de francs, au cours de l'exercice précédant celui auquel la déclaration se rapporte ;
- ne pas être détenue par une ou des entités juridiques situées au Sénégal et tenues au dépôt de cette déclaration, ou établies hors du Sénégal et tenues au dépôt d'une déclaration similaire en application d'une réglementation étrangère.

Une personne morale établie au Sénégal, qui est détenue ou contrôlée, directement ou indirectement, par une personne morale établie dans un État ou territoire ne figurant pas sur la liste des États coopératifs[53] et qui serait tenue au dépôt de la déclaration sur les prix de transfert si elle était établie au Sénégal, dépose la déclaration :

- si elle a été désignée par le groupe à cette fin et en a informé l'administration fiscale ; ou
- si elle ne peut démontrer qu'une autre entité du groupe, située au Sénégal ou dans un pays ou territoire inscrit sur la liste des États coopératifs, a été désignée à cette fin ; ou encore

---

[53] Il s'agit de la liste des États ou territoires qui ont adopté une réglementation rendant obligatoire la souscription d'une déclaration pays par pays similaire à celle figurant au 1 du I [*article 31 ter. I-1*], qui ont conclu avec le Sénégal un accord permettant d'échanger de façon automatique les déclarations pays par pays et qui respectent les obligations résultant de cet accord. Cette liste est fixée par un arrêté du Ministre chargé des Finances (article 31 ter. II).

- si la déclaration sur les prix de transfert peut faire l'objet, sous condition de réciprocité, d'un échange automatique avec les États ou les territoires ayant conclu avec le Sénégal un accord à cet effet.

3. Contrôle du prix de transfert et vérification de comptabilité

La personne morale établie au Sénégal doit tenir à la disposition de l'Administration des impôts, à la date d'engagement d'une vérification de comptabilité, une documentation permettant de justifier la politique de prix pratiquée dans le cadre des transactions de toutes natures réalisées avec des entreprises liées[54] (au sens de l'article 17) établies à l'étranger (article 638 du CGI). Cette obligation s'applique à la personne morale si :

a- elle a un chiffre d'affaires annuel hors taxes ou un actif brut d'au moins cinq milliards (5.000.000.000) de francs ; ou

b- elle détient à la clôture de l'exercice, directement ou indirectement, plus de la moitié du capital ou des droits de vote d'une société établie ou constituée au Sénégal ou hors du Sénégal, remplissant la condition mentionnée au point a) ; ou

c- plus de la moitié de son capital ou des droits de vote est détenue, à la clôture de l'exercice, directement ou indirectement, par une société remplissant la condition mentionnée au point a).

La documentation prévue comprend des informations générales sur le groupe d'entreprises liées et des informations spécifiques concernant l'entreprise vérifiée.

Cette documentation ne se substitue pas aux justificatifs afférents à chaque transaction. Si la documentation requise n'est pas mise à la disposition de l'Administration des impôts à la date d'engagement de la vérification de comptabilité, ou ne l'est que partiellement, le service des impôts adresse à la personne morale visée une mise en demeure de la produire ou de la compléter dans un délai de vingt (20) jours, en précisant la nature des documents ou compléments attendus.

---

[54] Des liens de dépendance ou de contrôle sont réputés exister entre deux entreprises (article 17-4) :

a. lorsque l'une détient directement ou par personne interposée la majorité du capital social de l'autre ou y exerce en fait le pouvoir de décision ;

b. lorsqu'elles sont placées l'une et l'autre, dans les conditions définies au ***a.***, sous le contrôle d'une même entreprise ou d'une même personne.

La condition de dépendance ou de contrôle n'est pas exigée lorsque le transfert s'effectue avec des entreprises établies dans un État étranger ou dans un territoire situé hors du Sénégal dont le régime fiscal est privilégié, ou dans un pays non coopératif (article 17-3).

Plus spécifiquement, lorsque des transactions de toutes natures sont réalisées avec une ou plusieurs entreprises liées (au sens de l'article 17), établies dans un État ou territoire non coopératif[55] (au sens de l'article 18), la documentation prévue à l'article 638 comporte également, pour chacune de ces entreprises liées, une documentation complémentaire comprenant l'ensemble des documents qui sont exigés des sociétés passibles de l'impôt sur les sociétés, y compris le bilan et le compte de résultat établis dans les conditions prévues à l'article 31 (article 639 du CGI).

L'obligation documentaire sur les prix de transfert édictée par le CGI est d'autant plus pertinente que les informations requises n'apparaissent pas forcément dans les états financiers consolidés ou combinés (à moins de s'en référer aux documents des travaux préparatoires).

En effet, les règles et méthodes de combinaison et de consolidation préconisent :

- l'élimination des opérations et comptes réciproques entre l'entité intégrée (globalement ou proportionnellement ou encore mise en équivalence) et les autres entités consolidées ;
- l'élimination des comptes réciproques et la neutralisation des résultats provenant d'opérations effectuées entre les entités comprises dans le périmètre de combinaison.

Au total, à travers les comptes combinés ou consolidés, il ne s'agit point d'imposer le groupe, dépourvu de personnalité fiscale, mais de renforcer les moyens de contrôle ou d'audit fiscal des entités du périmètre de consolidation ou de combinaison, en s'appuyant notamment sur un nouvel outil fiscal : l'obligation documentaire sur les prix de transfert.

L'objectif final de la législation fiscale est de faire en sorte – pour l'établissement de l'impôt sur les sociétés dû par les entreprises qui sont sous la dépendance ou qui possèdent le contrôle d'entreprises situées hors du Sénégal – **que les bénéfices indirectement transférés à ces dernières (**soit par majoration ou diminution des prix d'achat ou de vente, soit par sous-capitalisation, soit par tout autre moyen**) soient incorporés aux résultats accusés par les comptabilités** (article 17-1).

Au-delà de l'obligation documentaire sur les prix de transfert, les comptes combinés ou consolidés devraient permettre, entre autres, de disposer d'informations pertinentes en vue de pouvoir apprécier et contrôler :

- les entités du périmètre de consolidation ou de combinaison et la domiciliation fiscale desdites entités, en ce qui concerne notamment les entités situées dans des États non coopératifs (paradis fiscaux) ;

---

[55] Sont considérés comme non coopératifs, les États et territoires qui ne se conforment pas aux standards internationaux en matière de transparence et d'échange d'informations dans le domaine fiscal, de manière à favoriser l'assistance administrative nécessaire à l'application de la législation fiscale sénégalaise. La liste desdits États est fixée par décision du Ministre chargé des Finances (article 18-4).

- l'application de la limitation des intérêts (charges financières) servis aux actionnaires, aux associés ou aux autres personnes avec lesquelles l'entreprise a un lien de dépendance ou de contrôle. À ce titre, *le montant total des intérêts nets déductibles dus annuellement à raison de l'ensemble des dettes contractées par une entreprise membre d'un groupe de sociétés n'excède pas 15% du résultat des activités ordinaires majoré desdits intérêts, des amortissements et des provisions pris en compte pour la détermination de ce même résultat* (article 9-2-e)[56] ;
- l'application du régime de faveur des sociétés-mères et filiales. En effet, l'article 21, pose le principe de l'exonération des produits bruts versés par la filiale à la société mère, en considérant que *les produits bruts des participations d'une société-mère dans le capital d'une société filiale sont retranchés du bénéfice net total, déduction faite d'une quote-part représentative des frais et charges. Cette quote-part est fixée uniformément à 5 % du produit brut des participations sans pouvoir excéder, pour chaque période d'imposition, le montant total des frais et charges de toute nature exposés par la société participante au cours de ladite période*[57].

---

[56] Au sens de ce paragraphe (article 9-2-e), un groupe de sociétés signifie :

- la société ultime actionnaire du contribuable, et toutes les sociétés qui font l'objet d'une consolidation selon la méthode de l'intégration globale dans les comptes consolidés de la première ; ou
- lorsque l'entreprise est l'ultime société actionnaire, toutes les sociétés qui font l'objet d'une consolidation selon la méthode de l'intégration globale dans ses comptes consolidés ; ou
- lorsqu'aucune comptabilité consolidée n'a été établie, tout ensemble de deux sociétés dont l'une contrôle en droit ou en fait la seconde ; ou
- lorsqu'aucune comptabilité consolidée n'a été établie, tout groupe de sociétés qui sont sous le contrôle commun, de droit ou de fait, d'une autre société ou personne physique, ou d'un groupe de personnes physiques, y compris les membres de la famille de ces personnes ou d'une société de personnes.

[57] Le bénéfice des dispositions de l'article 21 est appliqué à condition que :

1. la société mère et la société filiale soient, quelle que soit leur forme, imposables à l'impôt sur les sociétés ;
2. la société mère ait son siège social au Sénégal ;
3. les actions ou parts d'intérêts possédées par la première société représentent au moins 10 % du capital de la seconde société ;
4. les actions, parts d'intérêts visées au 3 soient souscrites ou attribuées à l'émission et soient inscrites au nom de la société ou que celle-ci s'engage à les conserver pendant deux années consécutives au moins sous la forme nominative. La lettre portant cet engagement doit être annexée à la déclaration des résultats (article 22).

Par ailleurs, il conviendrait aussi de rapprocher avec les Notes annexes, à travers notamment les Notes :

- *7-Clients* avec les rubriques "**Groupe**" ;
- *16A-Dettes financières et ressources assimilées* avec la rubrique "**dettes liées à des participations**" ;
- *17-Fournisseurs d'exploitation* avec les rubriques "**Groupe**" ;
- *19-Autres dettes et provisions pour risque à court terme* avec la rubrique "**Groupe, comptes courants**" ;
- *21-Chiffres d'affaires et autres produits* avec les rubriques "**Ventes Groupe**" ;
- *22-Achats* avec les rubriques "**Achats Groupe**" ;
- etc.

QUATRIÈME PARTIE

LES OPÉRATIONS ET PROBLÈMES SPÉCIFIQUES

La quatrième (4ème) partie regroupe les autres opérations et problèmes spécifiques à la comptabilité financière approfondie, qui n'ont pas été abordés dans les trois premières parties. Il s'agit notamment d'opérations relatives :

- ✓ à l'actif immobilisé (chapitres 1er, 2, 3, 4 et 5) ;
- ✓ aux engagements de retraite (chapitre 6) ;
- ✓ à des activités impliquant des tiers et leur comptabilité (chapitres 7, 8, 9) ;
- ✓ à des évènements ou situations spécifiques (chapitres 10, 11, 12, 13).

Au total, cette 4ème partie de ce manuel s'articulera autour des chapitres ci-dessous :

Chapitre 1 : Les immobilisations décomposées
Chapitre 2 : Les frais de recherche et de développement
Chapitre 3 : Les frais de prospection et d'évaluation des ressources minérales
Chapitre 4 : Les immeubles de placement
Chapitre 5 : La réévaluation des immobilisations
Chapitre 6 : Les engagements de retraite et autres avantages assimilés
Chapitre 7 : Les opérations faites en commun dans le cadre d'un GIE
Chapitre 8 : Les opérations faites en commun dans le cadre d'une Société en participation
Chapitre 9 : Les opérations faites pour le compte de tiers
Chapitre 10 : Les contrats pluri-exercices
Chapitre 11 : Les opérations en monnaies étrangères
Chapitre 12 : La comptabilité pluri-monétaire
Chapitre 13 : Les évènements postérieurs à la clôture de l'exercice

CHAPITRE I

LES IMMOBILISATIONS DÉCOMPOSÉES[58]

I. PRINCIPES GÉNÉRAUX

Lorsque des éléments constitutifs d'un actif immobilisé sont exploités de façon indissociable, un plan d'amortissement unique est retenu pour l'ensemble de ces éléments.

Cependant, si dès l'origine, un ou plusieurs de ces éléments constitutifs ont chacun des durées d'utilisation différentes ou procurent à l'entité des avantages économiques selon un rythme différent, chaque élément est comptabilisé séparément dans un sous-compte de l'immobilisation principale et un plan d'amortissement propre à chacun de ces éléments est retenu (art. 38-1 de l'AUDCIF).

La partie principale de l'immobilisation décomposée, appelée « **structure** », ne fait pas l'objet d'un remplacement pendant sa durée d'utilisation. De même, le reliquat qui se compose des parties de l'immobilisation qui n'ont pas été comptabilisées distinctement, est intégré dans la « structure ».

En règle générale, plus la durée d'utilisation d'une immobilisation est longue au sein de l'entité, plus il sera nécessaire de faire apparaître des composants.

Tout composant identifié doit :

- être **significatif** et doit conserver ce caractère au moment de son remplacement ;
- être **comptabilisé séparément** dès l'origine et lors de son renouvellement ;
- faire l'objet d'un **plan d'amortissement séparé**.

---

[58] Les dispositions du présent chapitre s'inspirent des traitements comptables préconisés par ***IAS 16-Immobilisations corporelles***.

Toutefois, pour les ensembles immobiliers dont le prix d'acquisition est global, la ventilation entre le terrain et la construction est une ventilation entre deux (2) actifs distincts, et non la détermination d'un composant.

II. TYPOLOGIE DES IMMOBILISATIONS DÉCOMPOSABLES

Les immobilisations susceptibles d'être décomposées sont les immobilisations dont la valeur est significative et qui contiennent des éléments ayant une durée d'utilité propre, c'est-à-dire des éléments qui feront l'objet d'un ou plusieurs remplacements d'un montant significatif, en cours d'utilisation. Il s'agit, par exemple :

- des bâtiments et autres ouvrages similaires, des avions, des bateaux, des camions, des autocars, des bus, des véhicules blindés de transport de fonds ;
- certains matériels et outillages des entités industrielles, minières, pétrolières, agricoles, et hospitalières, dès lors que l'entité dispose de statistiques et autres informations lui permettant de bien appréhender la durée d'utilité de chaque élément.

Ainsi, peuvent avoir des durées d'utilisation différentes et faire l'objet d'une décomposition :

- un immeuble et ses ascenseurs ;
- un avion et ses moteurs ou ses sièges ;
- un four et son revêtement intérieur ;
- un bateau de transport de passagers et son moteur ou ses hélices.

En revanche, ne peuvent faire l'objet d'une décomposition, certaines immobilisations de faible valeur et/ou de durée d'utilisation courte, telles que :

- les matériels informatiques ;
- les véhicules de tourisme ;
- les matériels et mobiliers de bureau.

L'aspect significatif des immobilisations s'apprécie notamment en fonction du total du bilan ou du montant du poste des immobilisations. Le coût du remplacement pourra, quant à lui, être comparé aux charges d'exploitation courantes ou à la dotation totale aux amortissements.

Au total, les éléments ayant une fréquence de remplacement inférieure à 12 mois seront systématiquement éliminés au titre des composants ; le coût de leurs remplacements constituant une charge de l'exercice.

III. Les modalités de la décomposition dès l'origine

Appliquer l'approche par composant à un actif, oblige de décomposer le bien dès l'origine entre l'actif principal (structure) et ses différents composants lorsqu'ils sont significatifs, et d'affecter le coût d'entrée global de ce bien entre ces différents éléments.

1. Affectation du coût d'entrée global initial

Lorsque les composants sont identifiés préalablement au sein de l'actif principal (et non au-delà), la décomposition requiert l'affectation du coût d'entrée entre les différents composants et la structure. Le coût d'entrée global n'est donc pas modifié par cette décomposition, il doit être réparti.

Trois (3) situations peuvent se présenter :

1.1. Décomposition validée par des pièces justificatives

Dans cette situation, l'actif principal et chacun des composants sont enregistrés pour le coût figurant sur les pièces justificatives. C'est le cas notamment :

- pour les immobilisations acquises neuves à titre onéreux, si les factures liées à l'achat des immobilisations font figurer de manière suffisamment détaillée le coût des différents éléments composant l'actif ;
- pour les immobilisations produites par l'entité, si le décompte de production isole précisément les coûts engagés pour produire chaque élément de l'actif (actif principal et composants significatifs).

1.2. Décomposition non validée par des pièces justificatives

Cette situation, généralement rencontrée dans la pratique, se présente par exemple :

- pour les immobilisations acquises neuves à titre onéreux, lorsque les factures liées à l'achat des immobilisations, ne font pas figurer le coût des différents composants de l'actif ;
- lors de l'acquisition d'un bien d'occasion ;
- en cas d'apport de biens.

Lorsque la décomposition ne peut être validée par des pièces justificatives, il est possible :

- de décomposer les valeurs brutes de l'immobilisation acquise, selon la répartition du coût actuel à neuf, en fonction des données techniques ;

- d'appliquer au coût d'acquisition, le pourcentage de ventilation des catégories de composants constaté sur des immobilisations récentes ou rénovées, pondéré, le cas échéant, par des variations des conditions économiques et des évolutions techniques ;
- de chercher à obtenir les informations nécessaires auprès des fournisseurs ;
- d'utiliser les pièces justificatives des dépenses effectives de renouvellement.

1.3. Impossibilité d'une décomposition à l'origine

La décomposition peut se révéler impossible, généralement, dans les cas suivants :

- l'entité a identifié des éléments susceptibles d'être remplacés mais ne connaît pas l'échéance à laquelle ce remplacement devrait avoir lieu ;
- l'entité ne dispose d'aucune information lui permettant de conclure à l'obligation d'effectuer des remplacements d'éléments au sein de l'immobilisation.

Si les composants ne sont pas identifiables à l'origine, ils le deviendront en principe lors de la survenance de la dépense de remplacement. En d'autres termes, à défaut d'identification à l'origine, les différents composants significatifs de l'actif doivent être identifiés et comptabilisés de manière séparée lorsque la dépense de renouvellement ou de remplacement survient.

2. Affectation des différents coûts d'acquisition à la structure et aux composants

Les éléments du coût d'acquisition (taxes non récupérables, coûts directement attribuables, frais d'acquisition, coûts d'emprunt, etc.) devraient, en principe, être affectés distinctement aux composants et à la structure.

À titre de simplification, ils peuvent être affectés proportionnellement à la valeur de chaque élément.

3. Base amortissable d'un composant et valeur résiduelle

S'agissant d'un composant identifié à l'origine, sa base amortissable ne peut être diminuée d'une valeur résiduelle puisque, par définition, il est prévu qu'il soit remplacé avant la fin de l'utilisation de la structure.

Les seuls composants pour lesquels il pourrait être recherché une valeur résiduelle, sont ceux qui correspondent au dernier renouvellement avant la fin de l'utilisation de l'immobilisation dans son ensemble. Ils sont alors amortis sur la durée d'utilisation résiduelle de la structure plus courte que leur durée de vie économique.

IV. Renouvellement des composants

Les coûts de remplacement d'un composant doivent être comptabilisés à l'actif et la valeur nette comptable du composant remplacé doit être sortie de l'actif.

1. Composant identifié à l'origine

Lorsqu'un composant, identifié à l'origine, est renouvelé, le coût de ce renouvellement, dès lors qu'il est significatif, est enregistré à l'actif dans un sous-compte de l'immobilisation principale, et la valeur nette du composant remplacé est comptabilisé au compte *812-Valeurs comptables des cessions d'immobilisations corporelles* ou *654-Valeurs comptables des cessions courantes d'immobilisations*, selon le cas.

2. Composant non identifié à l'origine

Il peut arriver pendant l'utilisation de l'immobilisation, qu'un remplacement imprévu soit nécessaire. Si aucun composant n'avait été identifié, il faut revoir la décomposition, en mettant en œuvre la démarche suivante :

- immobiliser l'élément remplacé, comme un nouvel actif sur une ligne distincte (un sous-compte de l'immobilisation principale) ;
- établir un plan d'amortissement de l'élément remplacé. Le plus souvent, deux (2) cas se présentent :
  - si le composant doit être à nouveau remplacé, avant la fin de l'immobilisation, la durée d'amortissement sera celle restant à courir jusqu'à son prochain remplacement ;
  - si, au contraire, le composant ne doit pas être renouvelé avant la fin de l'immobilisation, il devra être amorti sur la durée d'utilisation résiduelle de la structure.

<u>Application 1 :</u>

Le 02/01/N, une société a acquis un nouveau bâtiment industriel pour une valeur globale de 210.000.000. À la suite d'études réalisées, plusieurs composants sont identifiés :

Composants	Valeurs	Durée probable d'utilité	Valeurs estimées en % du total	Observations
Structure (murs...)	150 000 000	50 ans	71,43%	Compte 23111
Menuiseries extérieures	30 000 000	25 ans	14,29%	Compte 23112
Électricité	10 000 000	20 ans	04,76%	Compte 23113
Ascenseur	18 000 000	15 ans	08,57%	Compte 23114
Plomberie / sanitaire	2 000 000	25 ans	0,95%	< 1 % élément non significatif, donc non retenu comme composant **À inclure dans "Structure"**
Total	**210 000 000**		**100,00%**	

1. Comptabilisation de l'acquisition du bâtiment industriel

02/01/N

23111		Bâtiments industriels - Structure	152 000 000	
23112		Bâtiments industriels - composant Menuiserie	30 000 000	
23113		Bâtiments industriels - composant Électricité	10 000 000	
23114		Bâtiments industriels - composant Ascenseur	18 000 000	
4451		État, TVA récupérable sur immobilisations	37 800 000	
	4812	Fournisseurs d'investissements		247 800 000

2. Comptabilisation à la clôture de l'exercice

31/12/N

6813		Dotations aux amort. des immo. corporelles	5 940 000	
	283111	Amort. des bât. ind. - composant Structure		3 040 000
	283112	Amort. des bât. ind. - composant Menuiserie		1 200 000
	283113	Amort. des bât. ind. - composant Électricité		500 000
	283114	Amort. des bât. ind. - composant Ascenseur		1 200 000

Application 2 :

Une société vient de faire l'acquisition, le 02/01/N, d'un immeuble d'une valeur de 100.000.000 HTVA (dont 25.000.000 pour le terrain).

Cet immeuble est amortissable sur 40 ans, mais on considère que la toiture, dont la valeur est de 10.000.000, devra être remplacée dans 20 ans.

La toiture a été finalement remplacée au bout de 15 ans pour une valeur de 12.000.000 HTVA.

1. Comptabilisation de l'acquisition de l'immeuble

02/01/N

2232		Terrains bâtis pour bâtiments adm. et com.	25 000 000	
23131		Bâtiments adm. et com. - Structure	65 000 000	
23132		Bâtiments adm. et com. - composant Toiture	10 000 000	
4451		État, TVA récupérable sur immobilisations	18 000 000	
	4812	Fournisseurs d'investissements		118 000 000

2. Comptabilisation à la clôture de l'exercice

31/12/N

6813		Dotations aux amort. des immo. corporelles	2 125 000	
	283131	Amort. des bâtiments adm. et com. - Structure		1 625 000
	283132	Amort. des bâtiments adm. et com. - composant Toiture		500 000

3. Lors du renouvellement de la toiture

31/12/N+14

6813		Dotations aux amort. des immo. corporelles	2 125 000	
	283131	Amort. des bâtiments adm. et com. - Structure		1 625 000
	283132	Amort. des bâtiments adm. et com. - composant Toiture		500 000
		Dotation de l'exercice		
283132		Amort. des bâtiments adm. et com. - composant Toiture	7 500 000	
812		Valeurs comptables des cessions d'immobilisations corporelles	2 500 000	
	23132	Bâtiments adm. et com. - composant Toiture		10 000 000
		Sortie de la toiture remplacée		

02/01/N+15

23132		Bâtiments adm. et com. - composant Toiture	12 000 000	
4451		État, TVA récupérable sur immobilisations	2 160 000	
	4812	Fournisseurs d'investissements		14 160 000
		Immobilisation d'une nouvelle toiture		

V. Le composant « frais d'inspections ou de révisions majeures »

Lorsqu'un actif fait l'objet d'inspections ou de révisions significatives, effectuées à intervalles réguliers, le coût de ces révisions est comptabilisé comme un remplacement dans un sous-compte de l'immobilisation principale appelé « **révisions majeures** ».

En d'autres termes, il conviendra de comprendre dans la valeur comptable d'une immobilisation corporelle (à travers un sous-compte spécifique), le coût des inspections majeures réalisées[59].

Ces dernières sont alors considérées comme un composant à titre de remplacement, si les critères de comptabilisation sont réunis. Ainsi :

- dès la date de comptabilisation initiale de l'actif, un composant *révisions majeures* est comptabilisé séparément des composants physiques et de la structure ; il est amorti sur la durée restant à courir jusqu'à la prochaine révision ;
- lorsque la révision est réalisée, le coût correspondant est inscrit en tant qu'actif distinct dès lors que les critères d'immobilisation sont remplis et il est amorti sur la durée entre deux (2) révisions ; la VNC résiduelle du coût de la précédente révision est alors sortie de l'actif.

Par conséquent, aucune provision pour grosses réparations ou gros entretiens à engager dans le cadre d'un programme annuel de révision ne peut être comptabilisée.

Lorsque le composant *révisions majeures* n'a pas été comptabilisé séparément ou spécifiquement identifié lors de la comptabilisation initiale (par exemple, en l'absence d'obligation de procéder à des révisions périodiques), sa VNC peut être estimée en référence au « coût de révision actuel amorti » comme si cette révision avait été réalisée à la date d'acquisition de l'immobilisation ou à la date d'achèvement de sa production.

Application 3 :

Une société a acquis, le 02/01/N, un matériel industriel pour 30.000.000 HTVA, amortissable sur 6 ans et devant faire l'objet, tous les 3 ans, d'une révision estimée à 3.000.000 HTVA.

1. Comptabilisation de l'acquisition du matériel industriel

02/01/N

24111		Matériel industriel - Structure	27 000 000	
24112		Matériel industriel - composant Révisions	3 000 000	
4451		État, TVA récupérable sur immobilisations	5 400 000	
	4812	Fournisseurs d'investissements		35 400 000

[59] Par exemple, après un certain nombre d'heures d'utilisation, il peut être nécessaire de renouveler plusieurs fois le revêtement intérieur d'un four, ou bien de renouveler plusieurs fois les intérieurs d'avions tels que les sièges et les cuisines au cours de la vie de l'appareil (***IAS 16.13***).

De même, la poursuite de l'exploitation d'une immobilisation corporelle (un avion, par exemple) peut être soumise à la condition de la réalisation régulière d'inspections majeures destinées à identifier d'éventuelles défaillances, avec ou sans remplacement de pièces. Lorsqu'une inspection majeure est réalisée, son coût est comptabilisé dans la valeur comptable de l'immobilisation corporelle à titre de remplacement, si les critères de comptabilisation sont satisfaits (***IAS 16.14***).

2. Comptabilisation à la clôture de l'exercice

31/12/N

6813		Dotations aux amort. des immo. corporelles	2 125 000	
	284111	Amort. du matériel industriel - Structure		4 500 000
	284112	Amort. du matériel industriel - composant Révisions		1 000 000

Application 4 :

Le 02/01/N, une entreprise s'est dotée d'un serveur informatique ultra performant nécessitant une grande révision au milieu de la durée d'utilisation estimée à 6 ans. Le serveur a une valeur de 24.000.000 HTVA. Les frais de grande révision à la date de l'acquisition sont évalués à 6.000.000 HT.

Le 01/01/N+3, la grande révision est réalisée et arrêtée à 6.500.000 HT.

1. Comptabilisation de l'acquisition du matériel industriel

02/01/N

24421		Matériel informatique - Structure	18 000 000	
24422		Matériel informatique - composant Révisions	6 000 000	
4451		État, TVA récupérable sur immobilisations	4 320 000	
	4812	Fournisseurs d'investissements		28 320 000

2. Comptabilisation à la clôture de l'exercice

31/12/N

6813		Dotations aux amort. des immo. corporelles	5 000 000	
	284421	Amort. du matériel informatique - Structure		3 000 000
	284422	Amort. du mat. inf. - composant Révisions		2 000 000

31/12/N+1

6813		Dotations aux amort. des immo. corporelles	5 000 000	
	284421	Amort. du matériel informatique - Structure		3 000 000
	284422	Amort. du mat. inf. - composant Révisions		2 000 000

31/12/N+2

6813		Dotations aux amort. des immo. corporelles	5 000 000	
	284421	Amort. du matériel informatique - Structure		3 000 000
	284422	Amort. du mat. inf. - composant Révisions		2 000 000

3. <u>Lors de la réalisation de la nouvelle révision</u>

01/01/N+3

284422		Amort. du mat. inf. - composant Révisions	6 000 000	
	24422	Matériel informatique - composant Révisions		6 000 000
		Sortie de l'ancien composant Révision		

01/01/N+3

24422		Matériel informatique - composant Révisions	6 500 000	
4451		État, TVA récupérable sur immobilisations	1 170 000	
	4812	Fournisseurs d'investissements		7 670 000
		Réalisation d'une nouvelle Révision		

VI. Le composant « coût de démantèlement, d'enlèvement et de remise en état d'un site »

Les dépenses de remise en état des sites et de démantèlement en fin d'exploitation doivent généralement faire l'objet de provision dès lors (i) que l'entité a une obligation actuelle à laquelle elle ne peut se soustraire, indépendamment de ses actions futures, (ii) que la sortie de ressources est probable et (iii) que son coût peut être mesuré de manière fiable.

Dans ce cas, **une provision (passif externe) doit être constatée** :

1) en cas de **dégradation progressive**, au fur et à mesure de la dégradation, à hauteur du montant prévisionnel (actualisé) des travaux correspondant à la dégradation effective du site à la clôture **avec pour contrepartie la constatation d'une charge, en compte de résultat**.

Dans cette situation, c'est l'exploitation même du site qui occasionne la dégradation qui apparaît progressivement au fur et à mesure de l'exploitation. Il en est ainsi, par exemple, des sites d'extraction de ressources naturelles (mines, carrières, gravières, etc.) ou encore des sites de stockage de produits toxiques issus de l'exploitation d'industries chimiques.

Afin de couvrir les coûts futurs de remise en état, une provision doit être constatée à hauteur du montant des travaux correspondant à la dégradation effective du site à la date de clôture de l'exercice. Aucune provision n'est à constater pour la partie du site qui n'est pas encore dégradée.

Au total, en contrepartie de cette provision, **il n'y a pas lieu** de comptabiliser un composant de l'immobilisation à l'actif.

2) en cas de **dégradation immédiate**, pour le montant total actualisé de la dépense, dès la date d'installation de l'immobilisation, **avec pour contrepartie, la constatation à l'actif d'une immobilisation corporelle**.

L'acquisition d'une immobilisation corporelle ou la mise en place de certaines installations industrielles nécessite parfois, à l'issue de leur période d'utilisation, l'engagement de coûts de démantèlement et d'enlèvement. Il en est ainsi, par exemple, des plateformes pétrolières, gazières ou encore de certaines installations dans l'industrie chimique.

Les dépenses de remise en état des sites et de démantèlement en fin d'exploitation (dégradation immédiate) sont celles pour lesquelles dès la réalisation de l'installation, du fait même de sa construction, l'obligation de démantèlement existe. Ainsi, par exemple, l'obligation de démantèlement d'une plateforme pétrolière ou gazière existe du fait même de sa construction, même si elle n'a jamais été mise en service.

Le montant des coûts de démantèlement, d'enlèvement ou de remise en état doit alors être comptabilisé comme un composant de l'immobilisation, pour son évaluation initiale.

Ce composant sera amorti d'une façon linéaire sur la durée d'exploitation du site. La provision sera reprise lorsque les dépenses seront engagées pour démanteler, enlever ou restaurer le site.

Lorsque l'effet de la valeur temps est significatif, le montant de la provision doit être la valeur actualisée des dépenses attendues pour éteindre l'obligation.

<u>Application 5 (dégradation immédiate) :</u>

Une entité a fait construire une usine et en dispose depuis le 01/01/N (date d'achèvement de l'usine) pour un coût global de 100.000.000 HTVA. Lors de l'acquisition, il apparaît nécessaire de prendre en compte la dégradation immédiate des lieux. En effet, la situation de l'usine nécessitera une restauration du site à la fin de l'exploitation fixée à 10 ans.

Les frais à exposer dans ce cadre sont estimés à 10.000.000. Le taux d'inflation est de 2% et le taux d'actualisation de 8%.

Les travaux de démantèlement ont été effectués au cours du mois de février N+10. Le coût effectif de ces travaux s'élève à 15.000.000 HTVA.

1. <u>Coût d'acquisition de l'usine</u>

Le coût d'acquisition de l'usine est composé du prix d'acquisition majoré de la valeur actualisée des frais de démantèlement au taux de 8%.

2. <u>Frais de démantèlement ajusté de l'effet de l'inflation</u>

$10.000.000 \times (1{,}02)^{10} = 12.189.944$

3. <u>Valeur actualisée des frais de démantèlement</u>

$12.189.944 \times (1{,}08)^{-10} = 5.646.302$

4. <u>Tableau de calcul des provisions pour démantèlement</u>

Période	**Coût ajusté actualisé**		**Provision pour démantèlement**		**Charges de désactualisation** (iii)
01/01/N	$12\,189\,944\ (1{,}08)^{-10}$	5 646 303	5 646 303 (**i**)	5 646 303	
31/12/N	$12\,189\,944\ (1{,}08)^{-9}$	6 098 007	= 6 098 007 - 5 646 303	451 704 (**ii**)	451 704
31/12/N+1	$12\,189\,944\ (1{,}08)^{-8}$	6 585 847	= 6 585 847 - 6 098 007	487 841 (**iv**)	487 841
31/12/N+2	$12\,189\,944\ (1{,}08)^{-7}$	7 112 715	= 7 112 715 - 6 585 847	526 868	526 868
31/12/N+3	$12\,189\,944\ (1{,}08)^{-6}$	7 681 732	= 7 681 732 - 7 112 715	569 017	569 017
31/12/N+4	$12\,189\,944\ (1{,}08)^{-5}$	8 296 271	= 8 296 271 - 7 681 732	614 539	614 539
31/12/N+5	$12\,189\,944\ (1{,}08)^{-4}$	8 959 973	= 8 959 973 - 8 296 271	663 702	663 702
31/12/N+6	$12\,189\,944\ (1{,}08)^{-3}$	9 676 771	= 9 676 771 - 8 959 973	716 798	716 798
31/12/N+7	$12\,189\,944\ (1{,}08)^{-2}$	10 450 912	= 10 450 912 - 9 676 771	774 142	774 142
31/12/N+8	$12\,189\,944\ (1{,}08)^{-1}$	11 286 985	= 11 286 985 - 10 450 912	836 073	836 073
31/12/N+9	$12\,189\,944\ (1{,}08)^{-0}$	12 189 944	= 12 189 944 - 11 286 985	902 959	902 959
TOTAL				**12 189 944**	**6 543 641**

(i) Le montant initial de la provision pour démantèlement au 1er janvier N (5.646.303) est incorporé dans le coût de l'immobilisation.

(ii) 5.646.303 x 8% = 451.704

(iii) À la clôture de l'exercice N et les exercices suivants, la provision sera désactualisée pour tenir compte de l'écoulement du temps. L'impact de la désactualisation (charges de désactualisation) est inscrit dans le compte *6971-Dotations aux provisions financières pour risques et charges.*

(iv) 6.098.007 x 8% = 487.841

Coût d'acquisition du matériel industriel : 100.000.000 + 5.646.303 = 105.646.303

La nécessité de suivre l'estimation des coûts de démantèlement sur l'ensemble de la durée d'utilité de l'immobilisation nécessite un suivi spécifique de l'actif de démantèlement à inscrire dans un sous compte (approche par composant).

5. <u>Lors de l'acquisition de l'immobilisation</u>

02/01/N

23111		Bâtiment industriel - Actif support	100 000 000	
4451		État, TVA récupérable sur immobilisations	18 000 000	
	4812	Fournisseurs d'investissements		118 000 000

6. <u>Ensuite pour l'actif de démantèlement, l'une des 2 écritures suivantes peut être comptabilisée</u>

Méthode 1 :

02/01/N

6911		Dot. aux provisions d'X pour risques et charges	5 646 303	
	1984	Provisions/démantèlement et remise en état		5 646 303
23112		Bâtiment industriel - Actif de démantèlement	5 646 303	
	7911	Reprises de provisions d'exploitation		5 646 303

NB : Étant donné que cette écriture (méthode **1**) est passée le même jour, le SYSCOHADA autorise que le composant (*démantèlement, enlèvement et restauration du site*) soit débité directement par le crédit du compte *1984-Provisions/démantèlement et remise en état* (méthode **2**).

Méthode 2 :

02/01/N

23112		Bâtiment industriel - Actif de démantèlement	5 646 303	
	1984	Provisions/démantèlement et remise en état		5 646 303

7. <u>À la clôture de l'exercice N</u>

31/12/N

6813		Dotations aux amort. des immo. corporelles	10 564 630	
	283111	Amort. du bât. ind. - Actif support		10 000 000
	283112	Amort. du bât. ind. - Actif de démantèlement		564 630
		Dotation de l'exercice		
6971		Dot. aux provisions fin. pour risques et charges	451 704	
	1984	Provisions/démantèlement et remise en état		451 704
		Charges de désactualisation		

8. À la clôture de l'exercice N+9

31/12/N+9

6813		Dotations aux amort. des immo. corporelles	10 564 630	
	283111	Amort. du bât. ind. - Actif support		10 000 000
	283112	Amort. du bât. ind. - Actif de démantèlement		564 630
		Dotation de l'exercice		
6971		Dot. aux provisions fin. pour risques et charges	902 959	
	1984	Provisions/démantèlement et remise en état		902 959
		Charges de désactualisation		

9. Au cours du mois de février N+10

01/02/N+10

6244		Charges de démantèlement et remise en état	15 000 000	
4454		État, TVA récupérable sur services extérieurs	2 700 000	
	401	Fournisseurs		17 700 000
		Travaux de démantèlement		

10. À la clôture de l'exercice N+10

31/12/N+10

1984		Provisions/démantèlement et remise en état	12 189 944	
	7911	Reprises de provisions d'exploitation		5 646 303
	7971	Reprises de provisions financières		6 543 641

VII. L'AUDIT FISCAL DES IMMOBILISATIONS DÉCOMPOSÉES

Le contrôle fiscal des immobilisations décomposées entre, d'abord, dans le cadre général de l'audit fiscal des immobilisations. À ce titre, comme toutes immobilisations, celles décomposées peuvent être contrôlées à partir :

- du fichier des immobilisations ;
- des factures des fournisseurs d'investissements ;
- des actes d'acquisition (voir la liquidation des droits d'enregistrement, le cas échéant) ;
- des titres de propriété (titres fonciers des terrains) ;
- des procès-verbaux d'inventaire ;

- des documents nécessaires à la circulation du matériel de transport ;
- des recoupements avec les assurances souscrites (matériels de transport, ...) ;
- etc.

Il conviendrait aussi de :

- rapprocher les comptes d'immobilisation concernés avec les Notes annexes :
  - *3A-Immobilisation brute ;*
  - *3B-Biens pris en location-acquisition ;*
  - *etc. ;*
- vérifier l'affectation (privée ou à une autre entité) des immobilisations ;
- vérifier si l'entreprise est propriétaire de l'immobilisation amortie (sauf acquisition-location ou crédit-bail) ;

Le contrôle des amortissements peut s'opérer au moyen :

- des données provenant du fichier des immobilisations ;
- des tableaux d'amortissement ;
- du relevé des amortissements (art. 31-4 du CGI) ;
- etc.

En outre, les diligences suivantes pourraient être mises en œuvre relativement aux amortissements:

- rapprocher les comptes d'amortissement avec les Notes annexes :
  - *3C-Immobilisations : amortissements ;*
  - *3D-Immobilisations : plus-values et moins-values de cession ;*
  - *3A-Immobilisation brute ;*
  - *3B-Biens pris en location-acquisition ;*
  - *etc. ;*
- rapprocher les tableaux d'amortissement et les montants déduits par exercice ;
- s'assurer que le bien est effectivement amortissable ;
- vérifier les taux d'amortissement appliqués ;
- vérifier la base de calcul de l'amortissement ;
- s'assurer que les terrains (non amortissables) ne sont pas inclus dans la base de calcul des constructions (amortissables) ;
- vérifier la date de départ des amortissements ;
- s'assurer que les immobilisations en cours n'ont pas fait l'objet d'amortissement, avant leur réception définitive ;

- vérifier le respect des conditions d'applicabilité des amortissements fiscaux (accéléré et dégressif) ;
- vérifier l'exactitude des plus ou moins-values de cession comptabilisées ;
- vérifier le respect des conditions d'exonération des plus-values de cession ;
- etc.

Plus particulièrement, dans le cadre de l'audit fiscal de la décomposition (ainsi que des révisions majeures et des dépenses de remise en état des sites ou de démantèlement), il importe de :

- s'assurer que la décomposition est suffisamment pertinente et n'obéit pas à des soucis d'optimisation fiscale ;
- vérifier que les durées d'utilité de certains composants ne sont pas écourtées dans le but d'augmenter les charges (d'amortissement) des 1ers exercices et réduire ainsi le bénéfice imposable ;
- s'assurer que le coût prévisionnel des inspections ou révisions majeures n'est pas surestimé ;
- s'assurer que les provisions pour frais de démantèlement ne sont pas exagérées ;
- contrôler la conformité (avec les données officielles) des taux d'actualisation et d'inflation retenus par l'entité ;
- s'assurer que la base de calcul de la CEL et des contributions foncières correspond à la valeur de la structure principale majorée des autres éléments décomposés ;
- s'assurer de la reprise des provisions devenues sans objet ;
- etc.

CHAPITRE II

LES FRAIS DE RECHERCHE ET DE DÉVELOPPEMENT[60]

I. DÉFINITIONS

Les frais de recherche et de développement (RD) correspondent, en principe, à des immobilisations incorporelles.

Toutefois, pour déterminer si une immobilisation incorporelle générée en interne est susceptible d'être inscrite à l'actif, il convient de :

- vérifier qu'elle répond à la définition d'un actif et notamment, que cette immobilisation est identifiable ;
- distinguer la phase de recherche de la phase de développement.

Si cette distinction est impossible, l'intégralité des coûts est comptabilisée en charges.

1. Frais de recherche

La recherche est définie comme une investigation originale et programmée, réalisée par une entité en vue d'acquérir une compréhension et des compétences scientifiques ou techniques nouvelles.

Entrent dans la phase de recherche, les activités suivantes :

---

[60] Les dispositions du présent chapitre s'inspirent des traitements comptables préconisés par ***IAS 38- Immobilisations incorporelles***.

- la recherche de nouvelles connaissances ;
- la recherche de l'application de résultats de recherche ou d'autres connaissances ainsi que leur évaluation et le choix retenu *in fine* ;
- la recherche d'autres matériaux, dispositifs, produits, procédés, systèmes ou services ;
- la formulation, la conception, l'évaluation et le choix final d'autres possibilités de matériaux, dispositifs, produits, procédés, systèmes ou services nouveaux ou améliorés.

Les dépenses encourues pour la recherche ou lors de la phase de recherche d'un projet interne, ne peuvent être immobilisées, mais doivent être systématiquement comptabilisées en charges de l'exercice au cours duquel elles sont encourues et ne peuvent être activées à une date ultérieure.

Toutefois, lorsqu'elles sont encourues dans le cadre d'un regroupement d'entités, les dépenses au titre de projets de recherche en cours à la date d'acquisition sont comptabilisées en immobilisations incorporelles, si ces projets répondent à la définition d'un actif et sont identifiables (c'est-à-dire qu'elles sont soit séparables, soit résultant de droits légaux ou contractuels).

2. Frais de développement

Le développement est l'application des résultats de la recherche ou d'autres connaissances à un plan ou à un modèle en vue de la production de matériaux, dispositifs, produits, procédés, systèmes ou services nouveaux ou substantiellement améliorés, avant le début de leur production commerciale ou de leur utilisation.

Entrent dans la phase de développement, les activités suivantes de :

- conception, construction et tests de pré-production ou de pré-utilisation de modèles et de prototypes ;
- conception d'outils, de gabarits, moules et matrices impliquant une technologie nouvelle ;
- conception, construction et exploitation d'une unité pilote qui n'est pas à une échelle permettant une production commerciale dans des conditions économiques ;
- conception, construction et tests pour la solution choisie pour d'autres matériaux, dispositifs, produits, procédés, systèmes ou services nouveaux ou améliorés.

II. COMPTABILISATION DES DÉPENSES DE DÉVELOPPEMENT

1. Règles de comptabilisation initiale

Les dépenses encourues au titre du développement, ou lors de la phase de développement d'un projet en interne, sont à comptabiliser en immobilisation incorporelle si l'entité peut démontrer que les six (6) conditions suivantes sont simultanément réunies :

1. la faisabilité technique nécessaire à l'achèvement de l'immobilisation incorporelle en vue de sa mise en service ou de sa vente ;
2. son intention d'achever l'immobilisation incorporelle et de l'utiliser ou de la vendre ;
3. sa capacité à utiliser ou à vendre l'immobilisation incorporelle ;
4. la façon dont l'immobilisation incorporelle va générer des avantages économiques futurs probables ;
5. la disponibilité de ressources techniques, financières et autres, appropriées pour achever le développement et utiliser ou vendre l'immobilisation incorporelle ; et
6. sa capacité à évaluer de manière fiable les dépenses attribuables à l'immobilisation incorporelle au cours de son développement.

Le cas échéant, les frais de développement engagés par l'entité sont d'abord enregistrés en compte de charges par nature. Ensuite, ces frais sont portés à l'actif du bilan, dans les conditions exposées ci-dessus, au débit du compte ***211-Frais de développement***, par le crédit du compte *721-Production immobilisée, Immobilisations incorporelles*, pour leur montant calculé, soit par l'intermédiaire de la comptabilité analytique de gestion, soit statistiquement.

À défaut des six (6) conditions ci-dessus, les dépenses de développement sont maintenues dans les charges.

2. Dépenses ultérieures

Les dépenses ultérieures concernant un projet de recherche et de développement en cours acquis séparément ou lors d'un regroupement d'entreprises doivent être :

- comptabilisées selon les mêmes principes que celles relatives aux projets de recherche et de développement générés en interne ; et
- ajoutées à la valeur comptable du projet de recherche et de développement acquis en cours, s'il s'agit de dépenses de développement qui satisfont aux critères de comptabilisation à l'actif.

3. Amortissement des frais de développement

L'amortissement des frais de développement immobilisés est étalé sur la durée d'utilisation de l'actif considéré. La date de départ de l'amortissement est la date de début de consommation des avantages économiques, c'est-à-dire le début d'utilisation ou de vente du produit, procédé ou processus.

L'amortissement de ces frais sera comptabilisé en exploitation, au débit du compte *6812-Dotations aux amortissements d'exploitation des immobilisations incorporelles*, par le crédit du compte d'amortissement concerné (*2811-Amortissements des frais de développement*).

En cas d'échec des projets, les frais de développement correspondants font immédiatement l'objet d'un amortissement exceptionnel.

4. Sortie (décomptabilisation) des frais de développement

Une immobilisation incorporelle doit être décomptabilisée lors de sa sortie (vente, don, etc.) ou lorsque l'entité n'attend plus d'avantages économiques futurs de son utilisation ou de sa sortie.

Les profits ou les pertes, provenant de la mise hors service ou de la sortie d'une immobilisation incorporelle, doivent être déterminés par différence entre les produits de sortie nets (*821-Produits des cessions d'immobilisations incorporelles*) et la valeur comptable de l'actif (*811-Valeurs comptables des cessions d'immobilisations incorporelles*).

4.1. Cas d'échec du projet de recherche et développement

En cas d'échec du projet de recherche et développement ou lorsque les conditions d'activation des dépenses ne sont plus réunies, les frais de développement antérieurement immobilisés sont immédiatement sortis de l'actif.

Ainsi, le compte *211-Frais de développement* est crédité par le débit du compte *2811-Amortissements des frais de développement* et *811-Valeurs comptables des cessions d'immobilisations incorporelles* pour la fraction des frais de développement non amortie.

4.2. Dépenses de recherche et développement concourant à la création d'un bien corporel

Lorsque les dépenses de recherche et développement concourent à la création d'un bien corporel tel qu'un prototype, par exemple, elles sont enregistrées au compte d'immobilisation ou de stock approprié et non au compte *211-Frais de développement.*

III. ÉVALUATION DES DÉPENSES DE DÉVELOPPEMENT

Le coût de développement est égal à la somme des dépenses encourues, à partir de la date à laquelle l'immobilisation incorporelle concernée satisfait pour la première fois aux critères de comptabilisation.

1. Période d'activation des coûts

Les frais de développement sont immobilisés à partir de la date à laquelle les six (6) conditions de leur activation sont remplies.

Les dépenses comptabilisées en charges, antérieurement à la date d'activation, ne peuvent plus être activées. Il en est ainsi non seulement des dépenses des exercices précédents, mais également celles encourues pendant l'exercice au cours duquel survient la date de début d'incorporation.

2. Dépenses attribuables aux frais de développement

Le coût de développement comprend tous les coûts directement attribuables nécessaires à la création, à la production et à la préparation de l'immobilisation, pour qu'elle puisse être exploitée de la manière prévue par la direction.

Sont considérés comme des coûts directement attribuables :

- les coûts des matériaux et services utilisés ou consommés pour générer l'immobilisation incorporelle ;
- les coûts des avantages du personnel résultant de la création de l'immobilisation incorporelle ;
- les honoraires d'enregistrement d'un droit légal, tel un brevet ;
- les tests de fonctionnement de l'actif ;
- l'amortissement des brevets et licences utilisés pour générer l'immobilisation incorporelle ; ou encore
- les coûts des emprunts, dès lors qu'ils satisfont aux critères d'activation des coûts d'emprunt, pour être inclus dans le coût d'une immobilisation incorporelle générée en interne.

En revanche, ne constituent pas des coûts directement attribuables :

- les coûts de lancement, dont les frais de publicité ;
- les coûts administratifs et autres frais généraux, sauf si ces dépenses sont directement attribuables à la préparation de l'actif en vue de son utilisation ;
- les inefficacités clairement identifiées et pertes opérationnelles initiales (avant que l'actif n'atteigne le niveau de performance prévu) ;
- les dépenses au titre de la formation du personnel pour utiliser l'actif.

Application (cf. Guide d'application du SYSCOHADA, pages 98-99)

Un laboratoire pharmaceutique a engagé au cours de l'année N des dépenses de recherche et développement pour un montant de 330.000.000 F, se décomposant ainsi :

Frais de recherche fondamentale	30 000 000	
Frais de recherche appliquée au médicament P1	90 000 000	
Frais de développement du médicament P1	210 000 000	dont 100.000.000 F de janvier à fin avril et 110.000.000 F du début mai à fin décembre
Total	**330 000 000**	

Les conditions d'activation sont réunies au début du mois de mai. Un brevet pour le médicament P1 a été déposé fin N moyennant 750.000 F de frais de dépôt payés par chèque.

La date de début de consommation des avantages économiques est le 01/01/N+1 avec une durée estimée à 5 ans.

1. Au titre de l'exercice N

Au cours de l'exercice N, les frais seront enregistrés dans les comptes de charges par nature :

... / ... / N

6...		Comptes de charges par nature	330 000 000	
	401/521	Fournisseurs/Banques		330 000 000

À la clôture de l'exercice N, les frais de développement du médicament P1 qui doivent être inscrits à l'actif s'élèvent à 110.000.000 F.

31/12/ N

211		Frais de développement	110 000 000	
	721	Production immobilisée-Immobilisations incorporelles		110 000 000
2121		Brevets	110 750 000	
	211	Frais de développement		110 000 000
	5211	Banques		750 000

2. Au titre de l'exercice N+1

À la clôture de l'exercice N+1, la dotation aux amortissements est de 22.150.000 $(=\frac{110.750.000}{5})$

31/12/ N+1

6812		Dotations aux amortissements des immobilisations incorporelles	22 150 000	
	2812	Amortissement des brevets		22 150 000

IV. L'AUDIT FISCAL DES FRAIS DE RECHERCHE ET DE DÉVELOPPEMENT

Les frais de recherche et de développement peuvent être contrôlés à partir :

- de la documentation des projets de recherche et de développement ;
- des brevets, licences générés par l'entreprise ;
- des frais engagés notamment, à travers la comptabilité analytique (le cas échéant) ;

Il importe aussi de :

- s'assurer que seuls les frais de développement ont été immobilisés, à l'exclusion des frais de recherche, notamment les frais de recherche fondamentale ;
- s'assurer que les six (6) conditions de comptabilisation en immobilisations des frais de développement sont effectivement remplies :
    1. la faisabilité technique nécessaire à l'achèvement de l'immobilisation incorporelle en vue de sa mise en service ou de sa vente ;
    2. l'intention d'achever l'immobilisation incorporelle et de l'utiliser ou de la vendre ;
    3. la capacité à utiliser ou à vendre l'immobilisation incorporelle ;
    4. la façon dont l'immobilisation incorporelle va générer des avantages économiques futurs probables ;
    5. la disponibilité de ressources techniques, financières et autres, appropriées pour achever le développement et utiliser ou vendre l'immobilisation incorporelle ; et
    6. la capacité à évaluer de manière fiable les dépenses attribuables à l'immobilisation incorporelle au cours de son développement.

À défaut des six (6) conditions ci-dessus, les dépenses de développement doivent être maintenues dans les charges.

- s'assurer, pour les dépenses de développement maintenues dans les charges, que les conditions de déductibilité des charges sont effectivement réunies (article 8-II du CGI) ;

- vérifier, le cas échéant, que la holding se livre, entre autres conditions, à des activités de recherche et de développement au seul profit du groupe afin de pouvoir bénéficier du régime de faveur des sociétés mères et filiales (exonération des produits bruts versés par la filiale à la société mère) prévu par les dispositions des articles 21 et 22 du CGI[61] ;
- vérifier que les conditions d'un enregistrement au droit fixe de 5.000 F sont remplies à l'occasion de la constitution d'associations en participation ayant uniquement en vue des études ou des recherches, à l'exclusion de toute opération d'exploitation (art.471-I-8) ;
- s'assurer de la déductibilité de la TVA sur les frais de RD engagés notamment pour la création d'un bien ou service affecté à une destination non taxable ou exonéré sans conservation du droit à déduction ;
- rapprocher les frais de développement engagés avec les Notes annexes et leurs commentaires :
    - *12-Transfert de charges ;*
    - *3A-Immobilisation brute* ;
    - *3C-Immobilisation : amortissement* ;
- etc.

---

[61] Article 23- Exonération des produits de la holding

Le régime fiscal défini aux articles 21 et 22 [exonération des produits bruts versés par la filiale à la société mère] s'applique de plein droit aux sociétés holdings de droit sénégalais constituées sous la forme d'une société anonyme ou d'une société à responsabilité limitée dont les deux tiers (2/3) au moins de l'actif immobilisé sont composés de participations qui répondent aux conditions fixées par l'article 22.

Pour le bénéfice des dispositions prévues à l'alinéa précédent, ces sociétés ne peuvent, en dehors de la gestion de participations, exercer que les activités suivantes :

- effectuer des prestations correspondant à des fonctions de direction, de gestion, de coordination et de contrôle de sociétés du groupe :
- **se livrer à des activités de recherche et de développement au seul profit du groupe :**
- assurer la gestion de la trésorerie du groupe.

CHAPITRE III

LES FRAIS DE PROSPECTION ET D'ÉVALUATION DES RESSOURCES MINÉRALES[62]

Les frais de prospection et d'évaluation de ressources minérales sont définies comme les dépenses engagées par une entité en rapport avec la prospection et l'évaluation de ressources minérales avant que la faisabilité technique et la viabilité commerciale de l'extraction d'une ressource minérale ne soient démontrées.

Ne sont pas concernées par lesdits frais de prospection et d'évaluation, les dépenses encourues avant que l'entité n'ait obtenu les droits légaux de prospecter une zone spécifique ; de même que celles supportées après que la faisabilité technique et la viabilité commerciale de l'extraction aient été déjà démontrées.

I. LA DÉTERMINATION DES ACTIFS AU TITRE DE LA PROSPECTION ET DE L'ÉVALUATION

1. Règles de comptabilisation initiale

Les actifs au titre de la prospection et de l'évaluation doivent être évalués au coût historique dans les comptes d'immobilisations incorporelles et corporelles appropriés. Si l'actif de prospection correspond à une immobilisation

---

[62] Les dispositions du présent chapitre s'inspirent des traitements comptables préconisés par ***FRS 6- Prospection et évaluation de ressources minérales*** et par ***IFRIC 20- Frais de découverture engagés pendant la phase d'exploitation d'une mine à ciel ouvert.***

incorporelle, les frais de prospection seront inscrits dans le compte *2181-Frais de prospection et d'évaluation des ressources minérales.*

L'entité doit choisir l'une des deux méthodes comptables d'enregistrement des dépenses d'exploration et d'évaluation des ressources minérales après obtention des droits d'exploitation[63] :

- soit enregistrer immédiatement la dépense en charges ;
- soit la comptabiliser en immobilisations incorporelles.

2. Composantes du coût des actifs au titre de la prospection et de l'évaluation

Il s'agit des dépenses susceptibles d'être incluses dans l'évaluation initiale des actifs de prospection et d'évaluation comme par exemple :

- l'acquisition de droits de prospecter ;
- les études topographiques, géologiques, géochimiques et géophysiques ;
- le forage d'exploration ;
- le creusement de tranchées ;
- l'échantillonnage ;
- les activités en liaison avec l'évaluation de la faisabilité technique et de la viabilité commerciale de l'extraction d'une ressource minérale.

3. Amortissement des actifs au titre de la prospection et de l'évaluation

Après comptabilisation, une entité doit appliquer aux actifs de prospection et d'évaluation le modèle du coût historique. Ainsi, à la clôture de l'exercice, lesdits actifs doivent faire l'objet d'un amortissement.

L'amortissement des actifs au titre de la prospection et de l'évaluation est étalé sur la durée d'utilisation de l'actif considéré. La date de départ de l'amortissement est la date de début de consommation des avantages économiques.

---

[63] La méthode retenue doit être permanente pour tous les exercices et les activités similaires sauf si le changement de méthodes fournit une meilleure information financière compte tenu des évolutions intervenues (ou rend les ÉTAFI plus pertinents pour les besoins de prise de décisions économiques des utilisateurs).

Application (cf. Guide d'application du SYSCOHADA, pages 111-112)

Une entité minière engage au cours de l'exercice N, des dépenses relatives à la prospection et l'évaluation de ressources minérales suivantes :

- le 05 janvier N, l'entité a engagé des dépenses encourues liées à des études de recherche géographiques et géologiques ayant pour but de déterminer les sites susceptibles de renfermer des gisements importants. Ces études ont été effectuées avant l'obtention des droits légaux de prospecter. Elles ont été confiées à un cabinet spécialisé et la facture s'élève à 75.000.000 F (règlement par chèque bancaire le 25 mai N) ;
- en juin N, il est apparu que la région X constituait un site potentiellement intéressant. Des démarches ont été entreprises avec les autorités du pays en question pour l'obtention d'un permis de prospection ;
- le 20 octobre N, l'entité a obtenu pour 150.000.000 F le droit de prospecter une zone délimitée. Ce droit a été réglé le même jour par chèque bancaire. Le 15 Mars N+1, la faisabilité technique et la viabilité commerciale de l'extraction d'une ressource minérale ont été établies.

1- L'entité décide d'enregistrer les dépenses d'exploration et d'évaluation des ressources minérales après obtention des droits d'exploitation, **en immobilisations incorporelles** (cf. §.1-Règles de comptabilisation initiale) :

05/01/N

6261		Études et recherches	75 000 000	
445		État, TVA récupérable	13 500 000	
	401	Fournisseurs		88 500 000

25/05/N

401		Fournisseurs	88 500 000	
	521	Banques		88 500 000

20/10/N

2181		**Frais de prospection et d'évaluation des ressources minérales**	**150 000 000**	
	521	**Banques**		**150 000 000**

Ne font pas l'objet d'une activation, les frais encourus avant la prospection et l'évaluation de ressources minérales, telles que les dépenses encourues avant que l'entité n'ait obtenu les droits légaux de prospecter une zone spécifique (avant le 20 octobre N : 75 000 000 F) , ni à celles encourues après que la faisabilité technique et la viabilité commerciale de l'extraction d'une ressource minérale aient été démontrées (après le 15 mars N+1).

2- L'entité décide de comptabiliser les dépenses **en charges** (cf. §.1-Règles de comptabilisation initiale) :

05/01/N

6261		Études et recherches	75 000 000	
445		État, TVA récupérable	13 500 000	
	401	Fournisseurs		88 500 000

25/05/N

401		Fournisseurs	88 500 000	
	521	Banques		88 500 000

20/10/N

6346		**Redevances pour concessions**	**150 000 000**	
	521	**Banques**		**150 000 000**

DROIT FISCAL

Le régime fiscal des titulaires de permis de recherche est prévu notamment par les dispositions des articles 8, 39, 264, 286, 299, 306-4, 323 et 361 du CGI.

Il consiste :

En matière d'impôts directs, en :

- la possibilité – pour les titulaires de titres miniers d'hydrocarbures (entreprises pétrolières) pour leurs opérations pétrolières sur le territoire de la République du Sénégal – de calculer leur résultat fiscal de manière séparée pour chaque zone de prospection, d'exploration ou d'exploitation dans leurs activités en amont (art. 8.I.1), au lieu d'une détermination du bénéfice imposable sur la base du résultat d'ensemble des opérations de toute nature effectuées ;
- l'exonération de l'IMF (impôt minimum forfaitaire) pour les titulaires de permis de recherche minière ou pétrolière pendant la validité du titre de recherche, y compris ses renouvellements et pendant la phase de développement ou d'investissement, sans que celle-ci ne puisse dépasser les durées prévues par les textes régissant les secteurs concernés. Cette exonération est en outre valable pour une durée de trois années à compter de celle de la première production (article 39-4°) ;
- l'exonération temporaire, pendant les phases de prospection et de recherche, de la CFCE (contribution forfaitaire à la charge de l'employeur) pour les entreprises titulaires d'une autorisation de prospection ou d'exploration d'hydrocarbures ou d'un permis de recherche de substances minérales[64] (art. 264-1) ;

[64] Cette exonération s'étend à la phase de réalisation des investissements ou de développement sans pouvoir dépasser les durées prévues par les textes régissant les secteurs concernés. Les entreprises titulaires de concessions minières sont, pendant la phase d'exploitation, exonérées de la CFCE pendant une période de trois (3) ans à compter de la date de première production (art. 264-2, 264-3).

- l'exonération temporaire de la CFPB (contribution foncière des propriétés bâties) pour les entreprises titulaires de permis de recherche de substances minérales, d'une autorisation de prospection ou d'exploration d'hydrocarbures, pendant toute la durée de validité desdits permis de recherche ou autorisations et de leurs renouvellements, dans le cadre strict de ses opérations de recherche[65] (art. 286-1) ;
- l'exonération temporaire de la CFPNB (contribution foncière des propriétés non bâties) et de la *surtaxe des terrains non bâtis ou insuffisamment bâtis* dans les mêmes conditions que celles prévues par les dispositions de l'article 286 ci-dessus (art. 299 et 306-4) ;
- l'exemption temporaire, pendant toute la durée de validité du permis et de ses renouvellements, de la CEL (contribution économique locale) pour les entreprises titulaires de permis de recherche de substances minérales ou pétrolières[66] (art. 323-1) ;

En matière d'impôts indirects, en :

- l'exonération – pour les titulaires d'une autorisation de prospection ou d'exploration d'hydrocarbures ou d'un permis de recherche de substances minérales ou pétrolières ainsi que leurs sous-traitants reconnus comme tels, pendant toute la durée de validité du permis ou de l'autorisation et de leurs renouvellements et pendant la phase de développement – de la TVA sur les importations, livraisons et prestations réalisées à leurs profits[67] (art. 361.25).

De façon plus générale, **à l'effet de stabiliser les charges ou obligations fiscales**, les personnes admises, soit au bénéfice du code des investissements, soit au bénéfice des lois relatives aux entreprises franches d'exportation ou aux entreprises agréées à la zone franche industrielle de Dakar ou des lois portant **codes minier et pétrolier**, restent soumises, pour la durée et la validité de leur agrément, au **régime fiscal de faveur** qui leur a été consenti selon les textes en vigueur, à la date dudit agrément (article 722).

---

[65] L'exonération ne s'applique pas aux immeubles d'habitation.

[66] Cette exonération s'étend à la phase de réalisation des investissements ou de développement, sans pouvoir dépasser les durées prévues par les textes régissant les secteurs concernés ou l'année qui suit celle de la première production. Les entreprises titulaires de concessions minières bénéficient également de l'exonération durant une période de trois (3) ans, à compter de l'année de la première production (art. 323-2, 323-3).

[67] Cette exonération ne porte que sur les activités directement liées aux opérations pétrolières telles que définies dans le Code pétrolier.

II. L'AUDIT FISCAL DES FRAIS DE PROSPECTION ET D'ÉVALUATION DES RESSOURCES MINÉRALES

Les frais de recherche et d'évaluation des ressources minérales peuvent être contrôlés à partir :

- des permis de recherche, des titres miniers délivrés par l'État ;
- des frais engagés notamment, à travers la comptabilité analytique (le cas échéant) ;

Il importe aussi de :

- vérifier la validité des permis de recherche ;
- s'assurer du respect des conditions édictées pour bénéficier des avantages découlant de la détention des permis de recherche ;
- s'assurer que la cession des titres, le cas échéant, emporte cession desdits avantages ;
- contrôler les prix de transfert avec les entités du groupe ;
- rapprocher les frais de recherche et d'évaluation des ressources minérales avec les Notes annexes et leurs commentaires :
  - *2-Informations obligatoires ;*
  - *3A-Immobilisation brute, 3C-Immobilisation : amortissement ;*
  - *24-Services extérieurs ;*
  - *32-Production de l'exercice ;*
  - *33-Achats destinés à la production ;*
  - *35-Liste des informations sociales, environnementales et sociétales à fournir ;*
- etc.

CHAPITRE IV

LES IMMEUBLES DE PLACEMENT[68]

I. DÉFINITION

Un **immeuble de placement** est un bien immobilier, c'est-à-dire un terrain, un bâtiment ou les deux (terrain et bâtiment) :

- détenu par le propriétaire ou par le preneur (dans le cadre d'un contrat de bail ou location-vente) ;
- inscrit à l'actif immobilisé mais non affecté par l'entité à sa propre exploitation ;
- destiné à générer des loyers et/ou de valoriser le capital.

À l'opposé, un bien immobilier occupé par son propriétaire (pour être utilisé dans la production ou la fourniture de biens et services ou à des fins administratives), ou un immeuble destiné à la vente qui génère des flux de trésorerie attribuables au bien immobilier, ne doit donc pas être comptabilisé comme un immeuble de placement, mais en **immobilisations corporelles**.

Lorsque les biens immobiliers sont **à usage mixte**, il convient de distinguer deux (2) situations :

- si les deux (2) parties de l'immeuble peuvent être vendues ou louées (dans le cadre d'un contrat de location-financement) séparément, l'entité comptabilise alors les deux (2) parties séparément ; la partie qu'elle occupe en immobilisations corporelles et le reste en immeuble de placement ;
- si les deux (2) parties de l'immeuble ne peuvent pas être vendues ou louées (dans le cadre d'un contrat de location-financement) séparément, alors le bien immobilier n'est comptabilisé en tant qu'immeuble de placement qu'à la condition que son utilisation pour des activités ordinaires soit minoritaire par rapport à son caractère locatif ou de valorisation du capital.

---

[68] Les dispositions du présent chapitre s'inspirent des traitements comptables préconisés par ***IAS 40- Immeubles de placement***.

II. ÉVALUATION ET COMPTABILISATION

Le coût d'un immeuble de placement comprend les coûts encourus initialement pour l'acquérir ainsi que ceux encourus ultérieurement pour accroître sa capacité ou remplacer certains éléments.

Doivent être intégrées dans la valeur comptable des immeubles de placement, les dépenses ultérieures :

- qui accroissent la capacité d'un immeuble de placement ;
- qui sont destinées à remplacer les parties importantes d'un immeuble de placement.

Dans ce cas, la valeur comptable des éléments remplacés doit être décomptabilisée.

Les différents coûts encourus sont comptabilisés au débit des comptes suivants :

2281-Terrains - immeubles de placement

2315-Bâtiments - immeubles de placement sur sol propre

2325- Bâtiments - immeubles de placement sur sol d'autrui

À la clôture de l'exercice, les immeubles de placement font l'objet d'un amortissement sur leur durée d'utilité.

Application :

Une entité acquiert le 01/01/N un immeuble pour 500.000.000 HTVA, dont 100.000.000 pour le terrain, amortissable sur 40 ans.

L'occupation de l'immeuble est répartie de la façon suivante : location à 80% à des entités tierces, le reste occupé par l'acquéreur.

1. Comptabilisation de l'acquisition de l'immeuble

02/01/N

2232		Terrains bâtis pour bâtiments adm. et com.	100 000 000	
2313		Bâtiments adm. et com. sur sol propre	80 000 000	
2315		Bâtiments - immeubles de placement sur sol propre	320 000 000	
4451		État, TVA récupérable sur immobilisations[69]	90 000 000	
	4812	Fournisseurs d'investissements		590 000 000

[69] Toutefois, les mutations d'immeuble sont exonérées de TVA lorsqu'elles sont soumises au droit d'enregistrement (art. 361-7 du CGI).

2. À la clôture de l'exercice

31/12/N

6813		Dotations aux amort. des immo. corporelles	10 000 000	
	28313	Amort. du bât. adm. et com. sur sol propre		2 000 000
	28315	Amort. du bât. - imm. de placement sur sol propre		8 000 000

III. L'AUDIT FISCAL DES IMMEUBLES DE PLACEMENT

Les immeubles de placement peuvent être contrôlés à partir :

- des actes d'acquisition ;
- des titres de propriété (titres fonciers) ;
- des frais engagés, à travers la comptabilité analytique (le cas échéant), notamment pour les bâtiments réalisés par l'entité pour elle-même ;
- des contrats passés avec les entreprises de construction (BTP) ;
- des contrats de location-acquisition (crédit-bail) ;
- du fichier des immobilisations ;
- etc.

Il importe aussi de :

- s'assurer de la correcte liquidation des droits d'enregistrement exigibles à l'acquisition de l'immeuble de placement (472-II-1 du CGI) ;
- vérifier la liquidation des droits d'enregistrement dus sur les contrats de location des immeubles de placement (472-II-8, 472-IV-6 du CGI) ;
- vérifier la liquidation des contributions foncières (CFPB, CFPNB) ;
- contrôler l'imposition de l'immeuble à la CEL/VL (valeur locative) ;
- s'assurer que les terrains (non amortissables) ne sont pas inclus dans la base de calcul des constructions (amortissables) ;
- vérifier la date de départ des amortissements et ainsi s'assurer que les bâtiments en cours (de construction) n'ont pas fait l'objet d'amortissement, avant leur réception définitive ;
- rapprocher les tableaux d'amortissement et les montants déduits par exercice ;
- vérifier les taux d'amortissement appliqués ;
- vérifier le respect des conditions d'applicabilité des amortissements accéléré et dégressif ;

- rapprocher les comptes d'immeubles de placement avec les Notes annexes :
  - *3A-Immobilisation brute ;*
  - *3B-Biens pris en location-acquisition ;*
  - *3C-Immobilisations : amortissements ;*
  - *3D-Immobilisations : plus-values et moins-values de cession ;*
- etc.

CHAPITRE V

LA RÉÉVALUATION DES IMMOBILISATIONS[70]

I. PRINCIPE ET CHAMP D'APPLICATION

Aux termes de l'article 35 de l'AUDCIF, *la méthode d'évaluation des éléments inscrits en comptabilité est fondée sur les conventions du coût historique, de prudence et l'hypothèse de base de continuité de l'exploitation. Cependant, l'entité peut procéder à la réévaluation des immobilisations corporelles et financières dans le respect des dispositions des articles 62 à 65* de l'AUDCIF.

Le coût historique est fixé en francs CFA[71] au jour de l'acquisition. Or, du fait des dépréciations monétaires (inflation), ces francs perdent régulièrement de leur valeur. Pour cette raison, la valeur comptable des éléments d'actif s'éloigne, d'exercice en exercice, de la valeur réelle notamment pour les éléments à faible taux de rotation telles que les immobilisations.

Afin de respecter la notion d'image fidèle, il conviendrait de procéder à leur réévaluation dans le respect des dispositions de l'AUDCIF, qui précise, en son article 62 que ***toute réévaluation partielle est interdite***. La réévaluation doit, en effet, porter sur l'ensemble des immobilisations corporelles et financières.

La réévaluation peut être libre ou légale.

---

[70] Les dispositions du présent chapitre (Réévaluation des immobilisations ou **Réévaluation du Bilan**) s'inspirent des traitements comptables préconisés par ***IAS 16-Immobilisations corporelles*** et ***IAS 29-Information financière dans les économies hyper-inflationnistes***.

[71] Fcfa pour (i) **franc de la Communauté financière en Afrique** (XOF) émis par la BCEAO pour les huit (8) États membres de l'UEMOA et (ii) **franc de la Coopération financière en Afrique centrale** (XAF) émis par la BEAC pour les six (6) États membres de la CEMAC

II. RÈGLES GÉNÉRALES DE RÉÉVALUATION

Toute réévaluation d'un bien ou d'un élément non monétaire, a pour conséquence la substitution d'une valeur dite réévaluée, à la valeur nette précédemment comptabilisée.

1. Valeur réévaluée

La valeur réévaluée de chaque élément est obtenue par application d'une méthode indiciaire fondée sur le pouvoir d'achat de la monnaie. Toutefois, l'application de l'indice à la valeur comptable nette ne doit pas conduire à une valeur réévaluée supérieure à la valeur actuelle du bien. Ainsi, la valeur réévaluée est la plus faible des deux (2) valeurs : la valeur indiciaire ou la valeur actuelle.

2. Date de réévaluation et date d'effet de la réévaluation

La date de réévaluation est la date à laquelle la réévaluation est opérée. Elle doit coïncider avec la date de clôture de l'exercice, à laquelle sont calculées les valeurs indiciaires réévaluées et à partir de laquelle courent les amortissements sur les montants réévalués.

III. RÈGLES DE COMPTABILISATION

L'augmentation de la valeur des actifs résultant de la réévaluation constitue l'écart de réévaluation. Cette "ressource", à inscrire au passif et au crédit d'un compte *ad hoc*, ne représente pas un enrichissement (profit) de l'entité. Il s'agit plutôt d'une augmentation purement nominale de l'expression monétaire des capitaux propres.

1. La réévaluation légale

Le qualificatif "légale" signifie que la réévaluation est effectuée :

- suivant des modalités techniques précisées par les autorités publiques compétentes avec, le plus souvent, le recours à un ou des indices de réévaluation indiqués par lesdites autorités ;
- à une date déterminée (à la clôture d'un ou de plusieurs exercices fixés préalablement) ;
- sous le bénéfice d'avantages fiscaux plus ou moins étendus, pouvant aller jusqu'à la non-imposition de l'écart de réévaluation (*provision spéciale de réévaluation*).

1.1. Principes généraux

✓ ***Détermination de la valeur indiciaire***

La valeur indiciaire correspond au produit de la valeur comptable (nette des amortissements) par le coefficient ou l'indice de l'année *k* (correspondant à la catégorie de biens, en cas de pluralité d'indices).

Dans les comptes, la valeur d'entrée sera elle-même multipliée par le coefficient *k*. Il en sera de même du cumul des amortissements, avec :

$$k = \frac{\text{Valeur indiciaire}}{\text{Valeur comptable}}$$

Dans le cas où la valeur actuelle du bien est retenue (lorsqu'elle est inférieure à la valeur indiciaire), la valeur d'entrée et le cumul des amortissements doivent être multipliés par le coefficient *k'* avec :

$$k' = \frac{\text{Valeur actuelle}}{\text{Valeur comptable}}$$

Lors d'une réévaluation légale, les autorités compétentes publient :

- soit une seule série d'indices annuels, qui représentent donc l'évolution générale des prix résultant de l'inflation. Elles peuvent aussi publier un seul indice en cas de réévaluation liée aux conséquences d'une inflation "ponctuelle", comme celle résultant de la dévaluation du franc CFA, le 12 janvier 1994 ;
- soit plusieurs indices annuels, pour tenir compte des différences de variations de prix de grandes catégories de biens, comme celle de 2012 (faisant suite à l'adoption d'un nouveau CGI - Loi 2012-31 du 31/12/2012). Dans le cas d'espèce, les autorités compétentes ont publié deux (2) séries d'indices pour les *constructions immobilières* et les *autres immobilisations amortissables*.

✓ ***Comptabilisation***

L'écart de réévaluation entre les valeurs comptables nettes avant et après réévaluation est porté au crédit du compte de passif *1061-Écart de réévaluation légale*.

Toutefois, lorsque la législation fiscale impose dans un État-partie de l'OHADA, la neutralité fiscale de l'opération de réévaluation (cf. supra *§ 1.2.- La réévaluation légale : cas du Sénégal*), le compte *154- Provisions spéciales de réévaluation* doit être crédité à la place du compte *1061-Écart de réévaluation légale*.

Afin d'assurer cette neutralité fiscale, le compte *154-Provisions spéciales de réévaluation* est repris annuellement à concurrence du supplément de la dotation aux amortissements des éléments d'actif réévalués, à travers le compte *861-Reprises de provisions réglementées*.

1.2. La réévaluation légale : cas du Sénégal[72]

Au Sénégal, afin d'aider au respect de l'objectif d'image fidèle, le législateur (fiscal) avait institué, à intervalles réguliers, des régimes ponctuels de réévaluation légale (1994, 2012)[73].

✓ *Réévaluation des immobilisations amortissables (art. 226 et 227 du CGI)*

Les réévaluations légales (1994 et 2012) ont eu pour objet les biens immobilisés amortissables à l'exclusion des immobilisations non amortissables, de l'actif circulant et de la trésorerie-actif. Les valeurs réévaluées des immobilisations amortissables ne devaient pas dépasser les montants obtenus en appliquant au coût d'achat ou de revient du bien les indices fixés par arrêté du Ministre chargé des finances, déduction faite des amortissements déjà effectués, réévalués pour chaque exercice en fonction des mêmes indices[74].

Les indices susvisés étaient censés traduire l'évolution du pouvoir d'achat général de la monnaie ; ils étaient représentatifs :

- du prix des constructions en ce qui concerne les biens de cette nature ;
- du prix des matériels et outillages en ce qui concerne les autres éléments amortissables.

Afin d'assurer la neutralité fiscale de l'opération de réévaluation, la plus-value dégagée par la réévaluation, soit la différence entre la valeur réévaluée et la valeur nette comptable avant réévaluation, est inscrite au passif du bilan dans le compte ***154-Provisions spéciales de réévaluation***.

✓ *Neutralité fiscale de la réévaluation légale (art. 228 du CGI)*

La provision spéciale de réévaluation légale des éléments d'actif immobilisé est directement comptabilisée en franchise d'impôt. Elle sera, par la suite, rapportée chaque année aux résultats en fonction de l'amortissement des biens réévalués. La réévaluation ne peut être ni étalée, ni partielle.

---

[72] Cf. § 3. -*Les provisions spéciales de réévaluation légale* du chapitre III de la 1re partie (page 91).

[73] La réévaluation dans les écritures de l'exercice clos en 1994 (qui faisait suite à la dévaluation de 50% de la parité du franc CFA par rapport au franc français, le 11 janvier 1994 à Dakar) pouvait être aussi pratiquée dans les exercices clos en 1995 ou 1996. De même, la réévaluation de 2012 (faisant suite à l'adoption d'un nouveau CGI - Loi 2012-31 du 31/12/2012) pouvait également être pratiquée dans les écritures des exercices clos en 2013 ou 2014.

[74] (Pour 2012) cf. Arrêté ministériel n° 13083 MEF/DGID en date du 6 août 2013 fixant les modalités d'application de la réévaluation de Bilan et de l'Aide fiscale à l'Investissement prévues par les articles 226 à 231 du Code général des Impôts (Loi 2012-31 du 31/12/2012).

En cas de cession d'une immobilisation réévaluée, la fraction résiduelle de la provision spéciale est rapportée aux résultats de l'exercice de cession.

De même, la réévaluation légale n'a pas d'effet sur l'assiette des impôts locaux (CEL[75] et taxes foncières) destinés aux budgets des collectivités territoriales.

✓ ***Aide fiscale à l'investissement (art. 229, 230 et 231 du CGI)***

Les personnes physiques ou morales qui ont procédé à la réévaluation de leur bilan, conformément aux dispositions du CGI bénéficient d'une aide fiscale déductible de leur résultat imposable, égale à 15 % des investissements nets réalisés dans les cinq (5) années, à compter du 1er janvier de l'année suivant celle de la réévaluation.

Ouvrent droit à la déduction prévue ci-dessus les immobilisations corporelles créées ou acquises à l'état neuf, amortissables, à l'exception des véhicules de tourisme et des constructions à usage d'habitation. Toutefois, ces exclusions ne s'appliquent pas :

- aux véhicules destinés à l'exploitation des entreprises de transport et de location de voitures ;
- aux constructions d'immeubles à usage touristique.

La déduction est égale à 15 % de l'excédent de l'investissement sans pouvoir dépasser le montant de la provision spéciale de réévaluation. Elle s'opère sur les résultats de l'exercice au cours duquel les investissements ont été réalisés. L'investissement net est constitué par la différence entre la valeur des immobilisations amortissables figurant au bilan d'ouverture et la valeur des immobilisations de même nature figurant au bilan de clôture de chaque exercice.

<u>**Application 1** (cf. *§ 3. -Les provisions spéciales de réévaluation légale* – chapitre III - 1re partie - page 91) :</u>

Une société décide de pratiquer une réévaluation légale sur l'ensemble de ses immobilisations corporelles de l'exercice clos au 31/12/2013 (date d'effet : 1/1/2014, comme suite à la réévaluation autorisée par le CGI (loi 2012-31 du 31/12/2012).

Un matériel industriel acquis le 1er janvier 2010 pour la somme de 20.000.000, amortissable sur 10 ans, a été réévalué avec un indice de 1,03.

---

[75] *Contribution économique locale* (en remplacement de la contribution des patentes) introduite à la faveur de la Loi n° 2018-10 du 30 mars 2018 modifiant certaines dispositions du CGI.

Extrait de l'arrêté ministériel № 13083 MEF/DGID en date du 6 août 2013 fixant les modalités d'application de la réévaluation de bilan et de l'Aide fiscale à l'Investissement prévues par les articles 226 à 231 du Code général des Impôts

Art. 7. – Les coefficients de réévaluation dont l'application est prévue aux articles 5 et 6 sont établis comme indiqué dans le tableau ci-dessous :

Ann*ées*	Constructions immobilières	Autres immobilisations amortissables
1995 et antérieures	1,12	1,01
1996	1,12	1,02
1997	1,18	1,03
1998	1,07	1,05
1999	1,19	1,06
2000	1,01	1,09
2001	1,06	1,08
2002	1,06	1,08
2003	1,01	1,09
2004	1,00	1,09
2005	1,04	1,08
2006	0,98	1,07
2007	0,96	1,05
2008	0,95	1,03
2009	0,98	1,03
2010	1,02	1,03
2011	1,01	1,01
2012	1,00	1,00

1. Tableau de détermination de la provision spéciale de réévaluation

Libellé	**Calcul**	**Montant**
Coût d'acquisition réévalué	20 000 000 x 1,03	20 600 000
Amortissements réévalués	(20 000 000 x 10% x 4) x 1,03	8 240 000
Valeur nette comptable réévaluée	20 600 000 – 8 240 000	12 360 000
Valeur nette comptable avant réévaluation	20 000 000 – (20 000 000 x 10% x 4)	12 000 000
Provision spéciale de réévaluation	12 360 000 – 12 000 000	360 000

2. Tableau d'amortissement et de reprise de la provision spéciale de réévaluation

Exercices	Plan d'amortissement initial	Plan d'amortissement modifié	Amortissements complémentaires (28411)	Reprise de la provision spéciale de réévaluation
2010	20 000 000 x 10% = 2 000 000	20 600 000 x 10 = 2 060 000		
2011	2 000 000	2 060 000		
2012	2 000 000	2 060 000		
2013	2 000 000	2 060 000	(2 060 000 - 2 000 000) x 4 = 240 000	
2014	2 000 000	2 060 000		2 060 000 – 2 000 000 = 360 000 x 1/6 = 60 000
2015	2 000 000	2 060 000		60 000
2016	2 000 000	2 060 000		60 000
2017	2 000 000	2 060 000		60 000
2018	2 000 000	2 060 000		60 000
2019	2 000 000	2 060 000		60 000
TOTAL	**20 000 000**	**20 600 000**		**360 000**

3. Écritures comptables

31/12/2013

681		Dotations aux amortissements d'exploitation	2 000 000	
	28411	Amortissements du matériel industriel		2 000 000
		Dotation aux amortissements de l'exercice		
2411		**Matériel industriel**	**600 000**	
	28411	**Amortissements du matériel industriel**		**240 000**
	154	**Provisions spéciales de réévaluation**		**360 000**
		Réévaluation du matériel industriel		

31/12/2014

681		Dotations aux amortissements d'exploitation	2 060 000	
	28411	Amortissements du matériel industriel		2 060 000
		Dotation aux amortissements de l'exercice		
154		**Provision spéciale de réévaluation**	**60 000**	
	861	**Reprises HAO de provisions réglementées**		**60 000**
		Reprise de la provision réglementée proportionnellement à la dotation aux amortissements de l'exercice		

✓ **Le 1er juillet 2015, la société cède à 11.000.000 F le matériel industriel.**

4. <u>Écritures comptables de cession (et de reprise de la provision spéciale de réévaluation)</u>

1/7/2015

681		Dotations aux amortissements d'exploitation	1 030 000	
	28411	Amortissements du matériel industriel		1 030 000
2411		Matériel industriel	1 620 000	
	4441	État, TVA due		1 620 000
81		Valeurs comptables des cessions d'immobilisations	22 220 000	
	2411	Matériel industriel		22 220 000
28411		Amortissements du matériel industriel	11 330 000	
	81	Valeurs comptables des cessions d'immobilisations		11 330 000
485		Créances sur cessions d'immobilisations	11 000 000	
	82	Produits des cessions d'immobilisations		11 000 000
154		**Provision spéciale de réévaluation**	**270 000**	
	861	**Reprises HAO de provisions réglementées**		**270 000**

La plus-value de cession est de **380.000** = 11.000.000 - (22.220.000 - 11.330.000) + 270.000.

2. La réévaluation libre

Le qualificatif "libre" de la réévaluation ne signifie pas que l'entité puisse procéder à la réévaluation en utilisant toute méthode de son choix, mais qu'elle a la possibilité de réévaluer son bilan dans le respect des dispositions générales des articles 62 à 65 de l'AUDCIF.

La réévaluation libre signifie donc pour l'entité :

- qu'elle a la liberté de réévaluer ou de conserver les valeurs historiques ;
- qu'elle utilise un référentiel de valeurs actuelles à déterminer sous sa responsabilité ;
- qu'elle se conforme aux conditions définies par les articles 62 à 65 de l'AUDCIF ;
- qu'elle peut, en général, effectuer la réévaluation à la clôture de l'exercice de son choix.

Dans le cadre d'une réévaluation libre (sans avantage fiscal), la plus-value dégagée par l'opération de réévaluation est enregistrée au crédit du compte de passif ***1062-Écarts de réévaluation libre***. Elle augmente l'actif net de l'exercice de réévaluation et constitue ainsi un élément du bénéfice imposable de l'exercice considéré contrairement à la *provision spéciale de réévaluation*. À ce titre, dans le cadre de la détermination du résultat fiscal, elle doit faire l'objet d'une réintégration extracomptable.

Ainsi, l'écart de réévaluation figure explicitement dans un compte *ad hoc*, après les primes (compte *105*) et avant les réserves (compte *11*) et peut être incorporé en tout ou partie au capital. Toutefois, il ne peut être distribué aux associés.

Par ailleurs, le solde de l'écart de réévaluation d'un bien cédé ou mis hors service, doit faire l'objet d'un transfert à un poste de réserve non distribuable.

L'incidence de la réévaluation sur les immobilisations amortissables peut être comptabilisée suivant deux (2) méthodes :

- soit par retraitement des amortissements et de la valeur brute comptable de l'actif, de telle sorte que cela corresponde avec la réévaluation de la valeur comptable de l'actif ;

2XX		Actif (pour le montant réévalué)	X	
	28XX	Amortissements (réévalués)		X
	1062	Écart de réévaluation		X

- soit par élimination du cumul des amortissements (1re étape) et enregistrement de la valeur réévaluée (2ème étape)[76] ;

28XX		Amortissements	X	
	2XX	Actif		X
		Annulation des amortissements comptabilisés antérieurement		
2XX		Actif	X	
	1062	Écart de réévaluation		X
		Écart de réévaluation		

__Application 2__ __(cf. application 1 sous l'hypothèse d'une réévaluation libre) :__

Une société décide de pratiquer une réévaluation libre sur l'ensemble de ses immobilisations corporelles de l'exercice clos au 31/12/2013 (date d'effet : 1/1/2014).

Parmi ses immobilisations figure un matériel industriel acquis le 1er janvier 2010 pour la somme de 20.000.000, amortissable sur 10 ans, et réévalué avec un indice de 1,03.

---

76 Cette méthode est souvent utilisée pour les constructions.

Tableau de détermination de l'écart de réévaluation

Libellé	Calcul	Montant
Coût d'acquisition réévalué	20 000 000 x 1,03	20 600 000
Amortissements réévalués	(20 000 000 x 10% x 4) x 1,03	8 240 000
Valeur nette comptable réévaluée	20 600 000 – 8 240 000	12 360 000
Valeur nette comptable avant réévaluation	20 000 000 – (20 000 000 x 10% x 4)	12 000 000
Écart de réévaluation	12 360 000 – 12 000 000	**360 000**

Méthode 1 : Réévaluation par ajustement des amortissements proportionnellement à la modification de la valeur brute comptable

1. Tableau d'amortissement

Exercices	Plan d'amortissement initial	Plan d'amortissement modifié	Amortissements complémentaires (28411)
2010	20 000 000 x 10 = 2 000 000	20 600 000 x 10% = 2 060 000	
2011	2 000 000	2 060 000	
2012	2 000 000	2 060 000	
2013	2 000 000	2 060 000	(2 060 000 - 2 000 000) x 4 = 240 000
2014	2 000 000	2 060 000	
2015	2 000 000	2 060 000	
2016	2 000 000	2 060 000	
2017	2 000 000	2 060 000	
2018	2 000 000	2 060 000	
2019	2 000 000	2 060 000	
Total	**20 000 000**	**20 600 000**	

2. Écritures comptables

31/12/2013

681		Dotations aux amortissements d'exploitation	2 000 000	
	28411	Amortissements du matériel industriel		2 000 000
		Dotation aux amortissements de l'exercice		
2411		**Matériel industriel**	**600 000**	
	28411	**Amortissements du matériel industriel**		**240 000**
	1062	**Écart de réévaluation**		**360 000**
		Réévaluation par ajustement des amortissements		

31/12/2014

681		Dotations aux amortissements d'exploitation	2 060 000	
	28411	Amortissements du matériel industriel		2 060 000
		Dotation aux amortissements de l'exercice		

Méthode 2 : Réévaluation par élimination du cumul des amortissements et enregistrement de la valeur réévaluée

1. Tableau d'amortissement

Exercices	Plan d'amortissement initial	Plan d'amortissement modifié
2010	20 000 000 x 10% = 2 000 000	
2011	2 000 000	
2012	2 000 000	
2013	2 000 000	
2014	2 000 000	$^{12\,360\,000}/_{6}$ = 2 060 000
2015	2 000 000	2 060 000
2016	2 000 000	2 060 000
2017	2 000 000	2 060 000
2018	2 000 000	2 060 000
2019	2 000 000	2 060 000
Total	**20 000 000**	**12 360 000**

2. Écritures comptables

2.1. Étape 1 : Annulation des amortissements comptabilisés antérieurement

31/12/2013

681		Dotations aux amortissements d'exploitation	2 000 000	
	28411	Amortissements du matériel industriel		2 000 000
		Dotation aux amortissements de l'exercice		
28411		**Amortissements du matériel industriel**	**8 000 000**	
	2411	**Matériel industriel**		**8 000 000**
		Annulation des amortissements déjà comptabilisés		

2.2. Étape 2 : Comptabilisation de l'écart de réévaluation

31/12/2013

2411		**Matériel industriel**	**360 000**	
	1062	**Écart de réévaluation**		**360 000**
		Écart de réévaluation		

Cette deuxième écriture a pour conséquence de ramener la valeur d'origine du matériel industriel à hauteur de la valeur réévaluée car elle a été précédemment minorée à l'étape 1 de 8.000.000 (représentant le cumul des amortissements antérieurs) : solde du compte *2411-Matériel industriel* (20.000.000 – 8.000.000 + 360.000) = 12.360.000.

31/12/2014

681		Dotations aux amortissements d'exploitation	2 060 000	
	28411	Amortissements du matériel industriel		2 060 000
		Dotation aux amortissements de l'exercice		

✓ **Le 1er juillet 2015, la société cède à 11.000.000 F le matériel industriel.**

3. Écritures comptables de cession (et de transfert du solde de l'écart de réévaluation aux réserves non distribuables)

1/7/2015

681		Dotations aux amortissements d'exploitation	1 030 000	
	28411	Amortissements du matériel industriel		1 030 000
2411		Matériel industriel	1 620 000	
	4441	État, TVA due		1 620 000
81		Valeurs comptables des cessions d'immobilisations	22 220 000	
	2411	Matériel industriel		22 220 000
28411		Amortissements du matériel industriel	11 330 000	
	81	Valeurs comptables des cessions d'immobilisations		11 330 000
485		Créances sur cessions d'immobilisations	11 000 000	
	82	Produits des cessions d'immobilisations		11 000 000
1062		**Écart de réévaluation**	**270 000**	
	1138	**Réserves non distribuables**		**270 000**

La plus-value de cession est de **110.000** = 11.000.000 – (22.220.000 – 11.330.000).

IV. L'AUDIT FISCAL DE LA RÉÉVALUATION DES IMMOBILISATIONS

L'écart de réévaluation peut être contrôlé à partir des recoupements issus :

- de la comparaison des bilans avant et après réévaluation ;
- des décisions de l'Assemblée générale des actionnaires portant augmentation de capital par incorporation de tout ou partie de l'écart de réévaluation ;
- des décisions des autorités compétentes ;
- etc.

Il importe aussi de :

- rapprocher l'écart de réévaluation (légale ou libre) avec les Notes annexes :
  - ***3E-Informations sur les réévaluations effectuées par l'entité*** ;
  - *3A-Immobilisation brute ;*
  - *3C-Immobilisations : Amortissements* ;
  - *28-Provisions et dépréciations inscrites au Bilan* ;
  - *etc.* ;
- vérifier la nature de la réévaluation (légale ou libre) ;
- s'assurer du respect des conditions fixées par le législateur (fiscal) dans le cadre d'une réévaluation légale (correcte application des indices de réévaluation légale, date d'effet de la réévaluation, biens concernés par la réévaluation, etc.) ;
- s'assurer de la neutralité fiscale de la réévaluation légale par la vérification de la reprise (échelonnée) de la provision spéciale de réévaluation légale, en fonction de l'amortissement des biens réévalués (art. 228 du CGI) ;
- s'assurer du respect des prescriptions de l'AUDCIF dans le cadre d'une réévaluation libre (application globale et non partielle de la réévaluation, mode de détermination et montant des valeurs réévaluées, caractère non distribuable de l'écart de réévaluation, date d'effet de la réévaluation devant coïncider avec la date de clôture, etc. - art. 62 à 65) ;
- vérifier si l'écart de réévaluation libre est réintégré (de façon extra-comptable) dans le résultat imposable de l'exercice ;
- s'assurer, dans le cadre d'une réévaluation libre, que les nouvelles valeurs réévaluées des immobilisations ont été retenues pour le calcul des impôts locaux (CFPB, CFPNB, CEL/VL, etc.) ;
- etc.

CHAPITRES VI

LES ENGAGEMENTS DE RETRAITE ET AUTRES AVANTAGES ASSIMILÉS[77]

I. DÉFINITION

L'engagement de retraite est le montant des droits accumulés par le salarié qu'une entité devra verser sous la forme d'indemnités de départ (versement d'un **capital**) ou de pension (versement de **rente** tout au long de la retraite[78]) lorsque le salarié fera valoir ses droits à la retraite.

Cette obligation peut résulter de l'application des dispositions législatives, d'une convention collective, d'un accord d'entité ou d'une clause du contrat de travail.

Au-delà de ces indemnités légales ou conventionnelles de départ à la retraite, qui concernent quasiment tous les employés, certains employeurs mettent en place, à l'intention de leurs cadres et cadres-dirigeants, des régimes de retraite complémentaires.

Les engagements de retraite peuvent donc prendre la forme de pensions, de compléments de retraite, d'indemnités, d'allocations ou d'avantages similaires des membres du personnel et des mandataires sociaux d'une entité.

---

[77] Les dispositions du présent chapitre s'inspirent des traitements comptables préconisés par ***IAS 19-Avantages du personnel.***

[78] Et même au-delà, s'il existe une clause de réversion en faveur du conjoint ou des enfants à charge.

II. ÉVALUATION ET COMPTABILISATION

1. Règles d'évaluation

La particularité des indemnités de départ à la retraite est que leur coût futur, pour l'entité, est incertain à la clôture de l'exercice. Dès lors, elles ne peuvent faire l'objet que d'une évaluation ou d'une estimation.

Cette évaluation se fait suivant la méthode des unités de crédits projetés selon laquelle chaque période d'activité engendre un droit complémentaire aux avantages prévus par le régime. Il s'agit d'une prestation définie[79].

L'évaluation des engagements d'indemnités de départ à la retraite nécessite de tenir compte de plusieurs hypothèses qui peuvent être classées en deux (2) catégories :

- les **hypothèses démographiques** :
  - la probabilité d'être en vie à l'âge de la retraite (selon une table de mortalité) ;
  - la probabilité d'être présent dans l'entité à l'âge de la retraite (taux de départ, *turn-over*) ;
- les **hypothèses financières** :
  - le taux d'actualisation (à la date d'arrêté des comptes) de l'indemnité à verser ;
  - le taux de croissance des rémunérations (l'indemnité étant fonction des salaires perçus en fin de carrière) ;
  - le rendement des actifs finançant le régime, le cas échéant.

Le montant de l'engagement de retraite – devant être calculé salarié par salarié et devant représenter la valeur actuelle de l'obligation à la clôture de l'exercice – est obtenu à partir de la formule suivante :

$$\text{Engagement de retraite} = \mathbf{S \times N \times \frac{An}{At}} \times Pp \times Ps \times (1+t)^{-n} \times (1+T)$$

[79] Par opposition au régime des cotisations définies dans lequel l'employeur s'engage à verser des cotisations régulières à un organisme gestionnaire (compagnie d'assurance, etc.) qui seront reversées sous forme de rentes aux salariés retraités.

Avec :

S Salaire au moment du départ à la retraite

N Nombre de droits à indemnités au moment du départ à la retraite[80]

$\frac{An}{At}$ Ancienneté actuelle /Ancienneté totale

Pp Probabilité de présence

Ps Probabilité de survie

n Nombre d'années d'activité avant l'âge de départ à la retraite

$(1 + t)^{-n}$ Actualisation

$(1 + T)$ Taux de charges fiscales et sociales

$\mathbf{S \times N \times \frac{An}{At}}$ = Montant des droits acquis = Montant brut de l'indemnité future

NB : Les entités ne faisant pas appel public à l'épargne[81] peuvent opter pour l'application, soit de la méthode actuarielle, soit des méthodes simplifiées, qui font abstraction des hypothèses démographiques et/ou financières *supra.*

A contrario, les **entités faisant appel public à l'épargne ont l'obligation d'évaluer les engagements de retraite selon la méthode actuarielle**.

2. Comptabilisation

✓ *Au bilan*

Le montant comptabilisé au passif à la clôture de l'exercice s'établit comme suit :

- la valeur actuelle de l'obligation à la date de clôture ; diminuée de
- la valeur à la date de clôture des actifs du régime (le cas échéant) utilisés directement pour éteindre les obligations.

Le passif d'indemnités de fin de carrière constitue une provision pour risques et charges, à porter au crédit du compte *196-Provisions pour pensions et obligations similaires.*

---

[80] Il existe 2 formules de calcul du nombre de droits à indemnités : **la variante générale** [qui consiste à procéder à une répartition selon la formule de constitution des droits (méthode rétrospective) exprimés en nombre de mois (ou en pourcentage) calculés d'après l'ancienneté actuelle] et **la deuxième variante** [qui consiste à considérer l'intégralité des droits qui seront acquis par le salarié puis à répartir de façon linéaire sur l'ensemble de sa carrière. Dans ce cas, le nombre de droits est exprimé en nombre de mois (ou en %) calculés d'après l'ancienneté future]. **Le SYSCOHADA recommande d'utiliser la variante la plus favorable au salarié.**

[81] Toutefois, le SYSCOHADA recommande à ces entités (ne faisant pas appel public à l'épargne) appartenant à un groupe dont les comptes consolidés sont établis suivant les normes IFRS, d'opter pour la méthode actuarielle dans leurs comptes individuels afin de minorer les retraitements de consolidation.

✓ *Au compte de résultat*

L'accroissement d'un engagement de retraite d'une année sur l'autre peut s'expliquer momentanément par le coût des services rendus (accroissement du nombre de droits d'un salarié au cours d'un exercice) et par le coût financier (réduction du nombre d'années avant le paiement de l'indemnité).

Le coût des services rendus peut être enregistré au débit du compte *6911-Dotations aux provisions d'exploitation pour risques et charges*, et le coût financier au débit du compte *6971-Dotations aux provisions financières pour risques et charges* par le crédit du compte *196-Provisions pour pensions et obligations similaires*, pour le montant global des engagements.

<u>Application 1 :</u>

Au 31/12/N, une entité décide de comptabiliser une provision pour engagement de retraite de l'exercice N pour la 1ère fois, sur la base des données ci-après :

Salariés	A	B	C
Date de départ à la retraite	60 ans		
Date d'embauche	01/01/N		
Âge à la date d'embauche	40	30	25
Salaire moyen / 12 derniers mois	10 000 000	12 000 000	15 000 000
Taux de progression des salaires	5%		
Taux d'actualisation	7%		
Probabilité de présence	95%		
Probabilité de survie (table de mortalité)	90%		
Taux de charges fiscales et sociales	20%		
La convention collective stipule qu'à la date de départ à la retraite, le salarié bénéficiera de 40 % du salaire moyen calculé sur les 12 derniers mois			

1. <u>Calcul de la valeur actuelle de l'obligation au 31/12/N</u>

$$\text{Engagement} = \mathbf{S\ x\ N\ x}\frac{\mathbf{An}}{\mathbf{At}}\text{ x Pp x Ps x }(1+\text{t})^{-\text{n}}\text{ x }(1+\text{T})$$

Salariés	A	B	C
Ancienneté totale	20	30	35
Nombre d'années restant au 31/12/N	19	29	34
Ancienneté actuelle / Ancienneté totale	1/20	1/30	1/35
Indemnité future $\mathbf{S\ x\ N\ x}\frac{An}{At}$ (1)	10 000 000 x $(1{,}05)^{19}$ x 40% x 1/20	12 000 000 x $(1{,}05)^{29}$ x 40% x 1/30	15 000 000 x $(1{,}05)^{34}$ x 40% x 1/35
	505 390	658 582	900 574
Probabilité d'atteinte d'âge de la retraite (2)	95% x 90% = 0,855		
Facteur d'actualisation (3)	$(1{,}07)^{-19}$	$(1{,}07)^{-29}$	$(1{,}07)^{-34}$
Charges fiscales et sociales (4)	1,2		
Valeur actuelle de l'obligation (5) = (1) x (2) x (3) x (4)	505 390 x 0,855 x $(1{,}07)^{-19}$ x 1,2	658 582 x 0,855 x $(1{,}07)^{-29}$ x 1,2	900 574 x 0,855 x $(1{,}07)^{-34}$ x 1,2
	143 377	94 979	92 602
	330 958		

2. Comptabilisation de la valeur actuelle de l'obligation au 31/12/N

31/12/N

6911		Dotations aux provisions d'exploitation pour risques et charges	330 958	
	1961	Provisions pour pensions et obligations similaires - engagement de retraite		330 958

3. Calcul de la valeur actuelle de l'obligation au 31/12/ N+1

Salariés	A	B	C
Ancienneté totale	20	30	35
Nombre d'années restant au 31/12/N+1	18	28	33
Ancienneté actuelle / Ancienneté totale	2/20	2/30	2/35
Valeur actuelle de l'obligation (4) = (1) x (2) x (3)	10 000 000 x (1,05) x $(1,05)^{18}$ x 40% x 2/20 x 0,855 x $(1,07)^{-18}$ x 1,2	12 000 000 x (1,05) x $(1,05)^{28}$ x 40% x 2/30 x 0,855 x $(1,07)^{-28}$ x 1,2	15 000 000 x (1,05) x $(1,05)^{33}$ x 40% x 2/35 x 0,855 x $(1,07)^{-33}$ x 1,2
	306 829	203 255	198 167
	708 251		

4. Calcul de la variation de l'obligation et de ses composantes au 31/12/N+1 (en l'absence de changement d'hypothèse actuarielle)

Salariés	A	B	C
Valeur de l'obligation au 31/12/N+1 (1)	306 829	203 255	198 167
	708 251		
Valeur de l'obligation au 31/12/N (2)	143 377	94 979	92 602
	330 958		
Variation de l'obligation (3) = (1) - (2)	163 452	108 276	105 565
	377 293		
Coût des services rendus au cours de l'exercice (4)	10 000 000 x (1,05) x $(1,05)^{18}$ x 40% x 1/20 x 0,855 x $(1,07)^{-18}$ x 1,2	12 000 000 x (1,05) x $(1,05)^{28}$ x 40% x 1/30 x 0,855 x $(1,07)^{-28}$ x 1,2	15 000 000 x (1,05) x $(1,05)^{33}$ x 40% x 1/35 x 0,855 x $(1,07)^{-33}$ x 1,2
	153 414	101 628	99 084
	354 126		
Coût financier (5)	143 377 x 7%	94 979 x 7%	92 602 x 7%
	10 036	6 649	6 482
	23 167		
Vérification (3) = (4) + (5) = (1) - (2)	**377 293**		

5. Comptabilisation de la variation de la valeur actuelle de l'obligation au 31/12/N+1

31/12/N+1

6911		Dotations aux provisions d'exploitation pour risques et charges	354 126	
6971		Dotations aux provisions financières pour risques et charges	23 617	
	1961	Provisions pour pensions et obligations similaires - engagement de retraite		377 293

3. Les écarts actuariels

3.1. Origine des écarts actuariels

Au-delà des variations de l'engagement de retraite liées au coût des services et au coût financier, l'engagement de retraite peut augmenter (ou diminuer) du fait :

- soit des différences constatées entre les données réelles et les estimations effectuées (entre le nombre de personnes ayant effectivement quitté l'entité et le nombre estimé de départs ; entre le nombre de décès constatés et ceux résultant de la table de mortalité utilisée ; entre la valeur des avantages effectivement versés et la valeur estimée ; etc.) ;
- soit des effets, sur la dette actuarielle ou sur les actifs dédiés à sa couverture, des changements d'hypothèses actuarielles (taux d'actualisation, table de mortalité, taux de rotation du personnel, etc.).

L'écart actuariel lié à la variation des hypothèses actuarielles (H_0 à H_1) peut être déterminé de la façon suivante :

Écart actuariel
= Valeur actuelle de l'obligation à la clôture de l'exercice N + 1 (suivant H_1)
− Valeur actuelle de l'obligation à la clôture de l'exercice N (suivant H_0)
− Coût des services rendus au cours de l'exercice
− Coût financier

Ou

Écart actuariel = Valeur actuelle de l'obligation à la clôture de l'exercice N + 1 (suivant H_1)
− Valeur actuelle de l'obligation à la clôture de l'exercice N + 1 (suivant H_0)

3.2. Comptabilisation des écarts actuariels

Les écarts actuariels constituent des changements d'estimation comptable. En conséquence, ils doivent être comptabilisés dans le résultat d'exploitation ou financier (variation du taux d'actualisation) de l'exercice.

Lorsque l'écart correspond à une perte actuarielle, il est enregistré au débit du compte *6911-Dotations aux provisions d'exploitation pour risques et charges* et/ou du compte *6971-Dotations aux provisions financières pour risques et charges* par le crédit du compte *196-Provisions pour pensions et obligations similaires*.

Par contre, lorsque l'écart traduit un gain actuariel, le compte *196-Provisions pour pensions et obligations similaires* est débité par le crédit du compte *7911-Reprises de provisions d'exploitation pour risques et charges* et/ou du compte *7971- Reprises de provisions financières pour risques et charges*.

Application 2 :

cf. Application 1 avec un taux d'actualisation qui passe de 7% à 9%.

1. Valeur actuelle de l'obligation au 31/12/ N+1 avec un taux d'actualisation de 9% et Écart actuariel

Salariés	A	B	C
Ancienneté totale	20	30	35
Nombre d'années restant au 31/12/N+1	18	28	33
Ancienneté actuelle / Ancienneté totale	2/20	2/30	2/35
Valeur actuelle de l'obligation avec un taux d'actualisation de 9% (i)	10 000 000 x (1,05) x $(1,05)^{18}$ x 40% x 2/20 x 0,855 x $(1,09)^{-18}$ x 1,2	12 000 000 x (1,05) x $(1,05)^{28}$ x 40% x 2/30 x 0,855 x $(1,09)^{-28}$ x 1,2	15 000 000 x (1,05) x $(1,05)^{33}$ x 40% x 2/35 x 0,855 x $(1,09)^{-33}$ x 1,2
	219 850	121 017	107 553
	448 420		
Valeur de l'obligation au 31/12/N (ii)	330 958		
Coût des services rendus au cours de l'exercice N+1 (iii)	354 126		
Coût financier (iv)	23 167		
Écart actuariel (v) = (i) - (ii) - (iii) - (iv) =	– **259 831** (gain actuariel)		
Valeur de l'obligation au 31/12/N+1 (7%) – Valeur de l'obligation au 31/12/N+1 (9%)	708 251 - 448 420 = **259 831** (gain actuariel)		

2. Comptabilisation de l'écart actuariel

31/12/N+1

1961		Provisions pour pensions et obligations similaires – engagement de retraite	259 831	
	7971	Reprises de provisions financières pour risques et charges		259 831
		Pour gain actuariel		

4. Mode de gestion des indemnités de départ à la retraite

Il existe deux (2) méthodes de gestion (interne ou externe) des engagements de retraite.

Avec la gestion interne, l'entité gère elle-même des fonds qui lui permettent de payer ses engagements futurs. Toutefois, ladite gestion interne fait courir à l'entité deux (2) types de risque : le risque actuariel (coût des prestations plus élevé que prévu) et le risque de placement (insuffisance des actifs investis pour faire face aux prestations prévues).

Afin de se couvrir de tels risques inhérents, à la gestion interne, l'entité peut verser des fonds à un tiers (compagnie d'assurance ou fonds de pension) qui les gère et qui paiera les engagements futurs (gestion externe)[82].

[82] Dans les 2 cas (gestion interne ou externe), le SYSCOHADA encourage les entités à faire appel à un actuaire qualifié pour évaluer toute obligation significative au titre des engagements de retraite.

5. Régimes couverts par des actifs (régimes à cotisations définies[83])

Lorsqu'une entité fait le choix de couvrir son engagement de retraite par une police d'assurance ou des actifs, l'obligation juridique ou implicite de combler ou pas le paiement des indemnités de fin de carrière au personnel détermine le mode de comptabilisation :

5.1. Gestion externe totale

Lorsqu'un contrat d'assurance est souscrit au nom d'un participant ou d'un groupe de participants au régime et que l'entité n'a pas d'obligation juridique ou implicite de combler les pertes sur le contrat, le paiement des prestations aux membres du personnel relève de la seule responsabilité de l'assureur.

Le paiement de primes fixes en application d'un tel contrat correspond en substance au règlement de l'obligation au titre des avantages du personnel et non à un placement pour satisfaire à cette obligation.

En conséquence, l'entité n'a ni actif, ni passif. Il convient d'enregistrer les cotisations au débit du compte *668-Autres charges sociales* par le crédit du compte *433-Autres organismes sociaux* :

6686		Assurances retraite et fonds de pension	X	
	4332	Assurances retraite et fonds de pension		X
4332		Assurances retraite et fonds de pension	X	
	521	Banques		X

5.2. Gestion externe partielle

Lorsque l'entité finance ses obligations d'indemnités de fin de carrière par la souscription d'un contrat d'assurance ou d'un fonds de pension selon lequel elle conserve une obligation juridique ou implicite (directement ou indirectement du fait du régime, à cause du mécanisme d'établissement des primes futures ou du fait que l'assureur est une partie liée), l'une des deux (2) méthodes suivantes de comptabilisation peut être retenue :

[83] Par opposition au régime des prestations définies dans lequel l'employeur s'engage sur le montant ou garantit le niveau des prestations à verser aux salariés retraités.

✓ **Méthode 1 :** L'entité peut comptabiliser les cotisations et les primes versées au fonds de retraite au débit du compte *6686-Assurances de retraite et fonds de pension.* En contrepartie, la provision pour retraite (compte principal *196-Provisions pour pensions et obligations similaires*) est reprise pour ne faire apparaître au bilan que le montant de l'engagement non couvert. De façon pratique, **la provision pour retraite est comptabilisée à concurrence du montant de l'engagement non couvert**. Soit :

6686		Assurances de retraite et fonds de pension	X	
	521	Banques		X
6911		Dotations aux provisions d'exploitation pour risques et charges	X	
	1961	Provisions pour pensions et obligations similaires – engagement de retraite		X

Par ailleurs, à la date de départ à la retraite, les versements des retraites aux salariés effectués directement par l'entité sont comptabilisés au débit du compte *6618-Autres rémunérations directes* (ou *6628*) par le crédit d'un compte de dettes envers les salariés ou d'un compte de trésorerie, en contrepartie d'une reprise de la provision pour retraite :

6618		Autres rémunérations directes	X	
	422	Personnel, rémunérations dues		X
422		Personnel, rémunérations dues	X	
	521	Banques		X
1961		Provisions pour pensions et obligations similaires – engagement de retraite	X	
	7911	Reprises de provisions d'exploitation pour risques et charges		X

✓ **Méthode 2** : Les primes versées au fonds ou à l'assurance sont assimilées à un actif. Dans ce cas, il convient :

- d'enregistrer son droit à remboursement en tant qu'actif distinct : les versements au débit du compte *1962-Actif régime de retraite* par le crédit du compte de *Trésorerie* :

1962		Provisions pour pensions et obligations similaires – Actif de régime de retraite	X	
	521	Banques		X

- à la clôture de l'exercice, il faut procéder à une dotation aux provisions au débit des comptes *6911* et *6971* par le crédit du compte *1961-Provisions pour pensions et obligations similaires-engagement de retraite*, pour le montant global des engagements :

6911		Dotations aux provisions d'exploitation pour risques et charges	X	
	1961	Provisions pour pensions et obligations similaires – engagement de retraite		X

- lors du paiement des prestations aux bénéficiaires directement par le fonds ou l'assurance, la provision devient sans objet et le compte *1961-Provisions pour pensions et obligations similaires-engagement de retraite* est repris par le compte *7911-Reprises de provisions*. Auparavant, le compte *6618-Autres rémunérations directes* (ou *6628*) est débité par le crédit du compte *1962-Actif régime de retraite* du montant des versements effectués et, le cas échéant, pour le complément des versements, par le crédit du compte de *Trésorerie* :

6618		Autres rémunérations directes	X	
	1962	Provisions pour pensions et obligations similaires – Actif de régime de retraite		X
	521	Banques		X
1961		Provisions pour pensions et obligations similaires – engagement de retraite	X	
	7911	Reprises de provisions d'exploitation pour risques et charges		X

- Mais lorsque le fonds de pension ou l'assurance verse le montant des prestations plutôt à l'entité, il convient de passer les écritures suivantes :
  - lors du versement des prestations à l'entité, le compte de *Trésorerie* est débité par le crédit du compte *1962-Actif régime de retraite*. Le compte *1961-Provisions pour pensions et obligations similaires-engagement de retraite*, devenu sans objet, est repris par le compte *7911-Reprises de provisions* ;

521		Banques	X	
	1962	Provisions pour pensions et obligations similaires – Actif de régime de retraite		X
1961		Provisions pour pensions et obligations similaires – engagement de retraite	X	
	7911	Reprises de provisions d'exploitation pour risques et charges		X

  - ensuite, lorsque l'entité reverse au personnel les prestations reçues du fonds de pension ou de l'assurance, le compte *6618-Autres rémunérations directes* (ou *6628*) est débité par le crédit d'un compte de *Trésorerie* ou du compte personnel :

6618		Autres rémunérations directes	X	
	521	Banques		X

__Application 3 (cf. Application 1) :__

Pour assurer la couverture de son engagement de retraite, l'entité souscrit une police d'assurance le 31 décembre N. La prime annuelle d'assurance versée par chèque bancaire au 31/12/N est de 100.000 pour le salarié A dont la valeur actuelle de l'obligation relative aux indemnités de départ à la retraite s'élève à 143.377 à la clôture de l'exercice N (cf. application 1).

Au 31/12/N+19, à la date de départ à la retraite, on a :

- valeur actuelle de l'obligation = 4.309.200 ;
- valeur actuelle des primes d'assurances versées = 3.500.000.

Le 01/01/N+20, la compagnie d'assurance effectue directement sur le compte du salarié (personnel local) un virement bancaire d'une valeur de 3.500.000 au titre des indemnités de départ à la retraite et l'entité lui verse le complément par chèque bancaire.

__Méthode 1__ - <u>Les primes versées sont comptabilisées en charges</u>

31/12/N

6686		Assurances de retraite et fonds de pension	100 000	
	521	Banques		100 000
		Versement des primes d'assurance		
6911		Dotations aux provisions d'exploitation pour risques et charges	43 377	
	1961	Provisions pour pensions et obligations similaires – engagement de retraite		43 377
		Complément d'engagement de retraite à la clôture pour A < 143.333 - 100.000 >		

01/01/N+20

6618		Autres rémunérations directes	809 200	
	422	Personnel, rémunérations dues		809 200
		Complément d'indemnités de départ à la retraite pour A < 4.309.200 - 3.500.000 >		
422		Personnel, rémunérations dues	809 200	
	521	Banques		809 200
		Versement du complément d'indemnités au salarié A		

31/12/N+20

1961		Provisions pour pensions et obligations similaires – engagement de retraite	809 200	
	7911	Reprises de provisions d'exploitation pour risques et charges		809 200
		Reprises de provisions		

Méthode 2 - Les primes d'assurance versées sont assimilées à un actif

31/12/N

1962		Provisions pour pensions et obligations similaires – Actif de régime de retraite	100 000	
	521	Banques		100 000
		Versement des primes d'assurance		
6911		Dotations aux provisions d'exploitation pour risques et charges	143 377	
	1961	Provisions pour pensions et obligations similaires – engagement de retraite		143 377
		Engagement de retraite à la clôture pour le salarié A		

1. Prestations versées par l'assurance directement au bénéficiaire salarié A

01/01/N+20

6618		Autres rémunérations directes	4 309 200	
	1962	Provisions pour pensions et obligations similaires – Actif de régime de retraite		3 500 000
	521	Banques		809 200
		Versement des fonds par l'assurance et du complément d'indemnités au salarié A		

31/12/N+20

1961		Provisions pour pensions et obligations similaires – engagement de retraite	4 309 200	
	7911	Reprises de provisions d'exploitation pour risques et charges		4 309 200
		Reprises de provisions		

2. Prestations versées par l'assurance à l'entité

01/01/N+20

521		Banques	3 500 000	
	1962	Provisions pour pensions et obligations similaires – Actif de régime de retraite		3 500 000
		Versement des fonds par l'assurance		
6618		Autres rémunérations directes	4 309 200	
	521	Banques		4 309 200
		Indemnités de départ à la retraite au salarié A		

31/12/N+20

1961		Provisions pour pensions et obligations similaires – engagement de retraite	4 309 200	
	7911	Reprises de provisions d'exploitation pour risques et charges		4 309 200
		Reprises de provisions		

DROIT FISCAL

Les avantages au personnel, postérieurs à l'emploi, supportés par une entité ne sont déductibles que sur l'exercice au cours duquel ils ont été effectivement payés, ce qui exclut la déductibilité de toutes provisions constituées en vue de faire face au versement d'allocations en raison de départ à la retraite des membres du personnel (article 11 du CGI).

Toutefois, sont déductibles les versements ou cotisations effectuées par une entreprise à une compagnie d'assurance agréée et établie au Sénégal en vue de la constitution de la retraite d'un employé (article 9-6).

De même et aux termes dudit article 9-6 « *les primes d'assurance dues pour couvrir les droits acquis antérieurement sont déductibles par fraction de 20%, à compter du 1er janvier 2013* ». Autrement dit, les droits acquis antérieurement au 1er janvier 2013, et non encore comptabilisés à cette date, devraient être entièrement déduits à la clôture de l'exercice 2017.

Sont également déductibles les primes d'assurance relatives aux pensions de retraite **complémentaire** supportées au cours de l'exercice sous forme de rente ou de capital, dans la mesure où elles n'excèdent pas 10 % du salaire brut imposable du bénéficiaire.

Au total, à défaut de pouvoir déduire les dotations aux provisions constituées en vue de faire face au versement d'avantages postérieurs à l'emploi, l'employeur sera autorisé à déduire les primes d'assurance censées couvrir les indemnités de départ à la retraite.

Ainsi, la gestion externe ou l'externalisation des indemnités de retraite semble être fiscalement privilégiée comparativement à la constitution en interne de provisions pour retraite (provision pour propre assureur)[84].

III. L'AUDIT FISCAL DES ENGAGEMENTS DE RETRAITE

Les engagements de retraite peuvent être contrôlés à partir :

- des dispositions légales et réglementaires (droit social) ;
- des conventions collectives ;
- des décisions des organes compétents ;
- des contrats de travail ;
- du fichier du personnel ;
- des données réelles actuarielles utilisées par l'entité (taux d'actualisation, taux de progression des salaires, taux de placement sans risque des emprunts d'État, table de mortalité, taux de rotation du personnel, etc.) ;

---

[84] Toutefois, en cas de versement sous forme de capital de l'indemnité à l'assuré bénéficiant de dix ans de cotisations au moins, l'assureur doit prélever un impôt libératoire de 7,5 % sur les sommes versées (article 9-6-b). De même, le montant des primes relatives aux pensions de retraite complémentaire ou l'assurance-décès ne peut excéder, en cas de cumul pour un même employé, 10 % du salaire brut imposable du bénéficiaire (article 9-6-c).

- des contrats d'assurance ;
- etc.

En tout état de cause, il importe de ne pas perdre de vue la non-déductibilité des dotations aux provisions constituées en vue de faire face au versement d'avantages postérieurs à l'emploi, à l'exclusion des primes d'assurance censées couvrir les indemnités de départ à la retraite, versées à une compagnie d'assurance agréée et établie au Sénégal.

Ainsi, il importe de :

- s'assurer que les provisions pour retraite non déductibles ont été réintégrées dans le résultat fiscal ;
- vérifier l'agrément et l'établissement au Sénégal de la compagnie ou société d'assurance à laquelle l'entité verse les cotisations ou primes ;
- rapprocher les engagements de retraite comptabilisés avec les Notes annexes :
  - ***16B*** et ***16B bis-Engagements de retraite et avantages assimilés - méthode actuarielle*** ;
  - *28-Provisions et dépréciations inscrites au Bilan* ;
  - *16C-Actifs et passifs éventuels* ;
  - *etc.* ;
- s'assurer que les indemnités pour retraite ne font pas double-emploi avec des primes d'assurance versées pour les couvrir ;
- etc.

CHAPITRES VII

LES OPÉRATIONS FAITES EN COMMUN DANS LE CADRE D'UN GIE

I. ASPECTS JURIDIQUES ET FISCAUX DU GIE

Les modalités de constitution des groupements d'intérêt économique (GIE) et leurs règles de fonctionnement sont fixées par l'AUDSCGIE.

Le groupement d'intérêt économique est celui qui a pour but exclusif de mettre en œuvre pour une durée déterminée, tous les moyens propres à faciliter ou à développer l'activité économique de ses membres [deux ou plusieurs personnes physiques ou morales], *à améliorer ou à accroître les résultats de cette activité.*

Son activité doit se rattacher à l'activité économique de ses membres et ne peut avoir qu'un caractère auxiliaire par rapport à celle-ci.

Il peut être constitué sans capital (article 869).

Cette coopération entre deux ou plusieurs personnes physiques ou morales, permet de réaliser certaines fonctions comme, par exemple, la fonction commerciale (création d'un GIE pour un centre commercial, ou par un commercial pour des actions de publicité, etc.)

Le GIE ne donne pas lieu, par lui-même, à réalisation et à partage des bénéfices. À cet effet, trois (3) situations peuvent se présenter :

- l'absence de réalisation de bénéfices (tel peut être le cas de la gestion en commun d'un bureau d'études ou de recherches pour le compte des membres du GIE) ;
- la réalisation et le partage de bénéfices à titre occasionnel (tel peut être le cas de la gestion en temps partagé d'un ordinateur dont l'accès est ouvert à des tiers moyennant rémunération) ;
- la réalisation de bénéfices à titre unique ou principal pour ses membres (et non de façon exclusive). Dans ce cas, les bénéfices devront être répartis entre eux et non conservés par le GIE.

DROIT FISCAL

Du point de vue fiscal, chaque membre est personnellement passible de l'impôt (des personnes physiques ou des personnes morales) pour la part des bénéfices correspondant à ses droits dans le GIE.

En effet, en matière d'impôt sur le revenu (IR) des personnes physiques et dans le cadre des personnes imposables, l'article 51 précise que *les indivisaires, les membres de sociétés de fait et* ***les membres des groupements d'intérêt économique*** sont personnellement soumis à l'IR pour la part de bénéfices sociaux correspondant à leurs droits dans la société.

Toutefois, l'option à l'impôt sur les sociétés (IS) est offerte au GIE, au lieu d'une imposition individuelle de ses membres (pour leurs parts de bénéfices). En effet, l'article 4-III-1 (personnes imposables) du CGI précise que : « *peuvent opter pour leur assujettissement à l'impôt sur les sociétés, les sociétés de fait,* ***les groupements d'intérêt économique****, les sociétés en nom collectif, les sociétés en participation, les sociétés en commandite simple, les sociétés unipersonnelles à responsabilité limitée où l'associé unique est une personne physique, les sociétés civiles professionnelles et les sociétés civiles immobilières* »[85].

Par ailleurs, *la transformation d'une société de capitaux en groupement d'intérêt économique n'ayant pas opté à l'impôt sur les sociétés est considérée comme une cessation d'entreprise et entraîne l'établissement de l'impôt dans les conditions et modalités prévues*[86] *à l'article 260* (art. 34-3 : Dissolution, transformation).

En matière de droits d'enregistrement, *les actes de constitution, prorogation et dissolution des sociétés et des* ***groupements d'intérêt économique****, de même que ceux constatant leurs augmentations, réductions et amortissements de capital* sont assujettis aux droits d'enregistrement (article 464.I.3).

II. RÈGLES DE COMPTABILISATION

La création et l'activité d'un GIE entraînent des conséquences comptables vis-à-vis du GIE et de ses membres.

1. La comptabilité du GIE

Doté de la personnalité morale, le GIE est tenu aux obligations de forme et de fond fixées par l'AUDCIF. Le traitement comptable des opérations (de constitution notamment) est comparable à celui des autres entités régies par le droit comptable.

[85] L'option doit être notifiée à l'Administration avant la fin du quatrième mois de l'exercice au titre duquel la personne morale souhaite être soumise pour la première fois à l'impôt sur les sociétés […]. Dans tous les cas, l'option exercée est définitive et irrévocable (art. 4-III-2 et art. 4-III-3).

[86] Dans le cas de cession totale ou de cessation d'une entreprise dans les conditions visées à l'article 34, l'impôt dû à raison des bénéfices qui n'ont pas été taxés, est immédiatement établi (article 260).

Les comptes annuels sont arrêtés par l'organe de gestion et soumis à l'approbation de l'assemblée, après le contrôle éventuel du commissaire aux comptes.

S'il s'agit d'un GIE de services, les cotisations dues par les membres, conformément aux dispositions du contrat constitutif, sont inscrites dans le compte de produits *706-Services vendus* :

521		Banques	X	
	706	Services vendus		X

S'il s'agit d'un GIE d'achats ou de ventes, les différentes situations suivantes peuvent exister. Le GIE peut :

- acheter à des tiers pour revendre à ses membres ou acheter à ses membres pour revendre à des tiers, en son propre nom ;
- procéder aux mêmes opérations aux termes d'un mandat qui lui est confié par ses membres. Dans ce cas, la comptabilité à tenir est celle qui s'attache aux opérations faites pour le compte de tiers[87] ;
- agir à titre commissionnaire ainsi qu'à titre de mandataire[88].

Application 1 :

En vue de la réalisation d'opérations de coopération dans le domaine commercial, une société X a constitué avec 3 autres sociétés appartenant au même secteur d'activités, le 01/01/N, un GIE, avec un capital de 10.000.000 entièrement libéré. La société X a souscrit le ¼ des parts (versé en numéraire).

Par ailleurs, au cours de l'exercice N (01/07), la société X a versé des cotisations pour un montant de 300.000 (sur un total reçu par le GIE de 1.000.000).

À l'arrêté des comptes de l'exercice N, il s'avère que le résultat du GIE est comptablement déficitaire de 15.000.000. Il est reporté à nouveau sur N+1.

Le 01/04/N+1, la perte étant considérée comme définitive, les membres du GIE verseront chacun, le 01/07/N+1, un complément de cotisation de 3.750.000.

1. Comptabilisation des écritures de constitution dans le GIE

01/01/N

521		Banques	10 000 000	
	101	Capital social		10 000 000
		Constatation de l'apport des membres du GIE		

[87] Cf. *chapitre 9- Les opérations faites pour le compte de tiers*, page 313

[88] Idem.

2. <u>Comptabilisation des cotisations reçues</u>

01/07/N

521		Banques	1 000 000	
	706	Services vendus		1 000 000
		Cotisations reçues des membres du GIE		

3. <u>Comptabilisation du report à nouveau de la perte</u>

01/01/N+1

129		Report à nouveau débiteur	15 000 000	
	139	Résultat net : perte		15 000 000
		Affectation du résultat de N en RAN		

4. <u>Comptabilisation du complément de cotisation en vue d'apurer la perte</u>

01/07/N+1

521		Banques	15 000 000	
	706	Services vendus		15 000 000
		Cotisations reçues des membres pour apurement de la perte		

2. La comptabilité des membres du GIE

Les membres du GIE interviennent dans la gestion du groupement sous deux (2) formes : les participations financières et les participations aux résultats.

2.1. Participations financières au GIE

Selon leur destination, les participations financières au GIE sont comptabilisées dans les conditions suivantes :

- la souscription et l'acquisition des parts de GIE sont enregistrées au débit du compte *266-Parts dans des GIE* ; et éventuellement pour mémoire si le GIE n'a pas de capital ;

266		Parts dans des GIE	X	
	521	Banques		X
		Apports en capital		

- les avances au GIE, qui ne sont pas réalisables à court terme sont inscrites au débit du compte *277-Créances rattachées à des participations et avances à des GIE* ;

2774		Avances à des GIE	X	
	521	Banques		X
		Avances stables		

- les autres opérations financières faites avec le GIE sont enregistrées dans une subdivision du compte *46-Apporteurs, associés et groupe* ;
- les apports à un GIE non évalués doivent être mentionnés dans les engagements donnés *905 à 908-Engagements accordés* ;
- chaque membre constate la dépréciation de la participation dans le GIE lorsque la valeur comptable de cette participation est supérieure à sa quote-part dans les capitaux propres du GIE. Les provisions à constituer affectent, dans l'ordre et dans la limite de leur montant, d'abord les parts du GIE (*266-Parts dans des GIE*), puis les créances à long terme (*277-Créances rattachées à des participations et avances à des GIE*) et enfin, le compte courant lui-même (*46-Apporteurs, associés et groupe*). Si la dépréciation est supérieure à ces valeurs d'actifs, le surplus entraîne la constitution d'une provision pour risques (*19-Provisions pour risques et charges*).

2.2. Participations aux résultats du GIE

✓ Les cotisations versées à un GIE en fonction des services rendus à l'entité constituent des charges d'exploitation à débiter au compte *621-Sous-traitance générale*, par le crédit d'une subdivision du compte *46-Apporteurs, associés et groupe*. Si, elles sont versées sous la forme d'abonnements, une régularisation est effectuée en fin d'exercice par l'intermédiaire du compte *476-Charges constatées d'avance* ;

621		Sous-traitance générale	X	
	463	Associés, opérations faites en commun et GIE		X

✓ Les résultats d'un GIE ne sont pas appréhendés par les membres participants, que pour autant qu'une décision de distribution de résultat est intervenue :

- lorsque les résultats du GIE sont bénéficiaires, ses membres comptabilisent, au cours de l'exercice de distribution, la créance acquise de ce fait, au crédit d'une subdivision du compte *772-Revenus de participations* ;

463		Associés, opérations faites en commun et GIE	X	
	772	Revenus de participations		X

- lorsque les résultats du GIE sont déficitaires, selon la décision prise par ses membres, la perte peut être apurée ;
  - si elle est considérée comme définitive, par le versement d'un complément de cotisation dans les proportions de la contribution fixée au contrat pour chacun des membres ou selon toute autre formule de leur choix ;
  - si elle n'est pas considérée comme définitive, par des apports ou avances complémentaires ;

Dans tous les cas, le membre se doit de constater cette perte à la clôture de son exercice N par la création d'une charge pour dépréciation :

659		Charges pour dépréciations	X	
	4963	Dépréciations des comptes associés, opérations faites en commun et GIE		X

Application 2 (cf. application 1 au regard de la société X) :

1. Comptabilisation de l'acquisition des parts dans le GIE

01/01/N

266		Parts dans des GIE	2 500 000	
	521	Banques		2 500 000
		Apports en capital dans le GIE		

2. Comptabilisation des cotisations versées

01/07/N

621		Sous-traitance générale	300 000	
	521	Banques		300 000
		Cotisation versée au GIE		

3. Comptabilisation des provisions à la clôture de l'exercice N (déficitaire pour le GIE)

31/12/N

6972		Dotations aux dépréciations des immo. fin.	2 500 000	
	2966	Dépréciations des parts dans des GIE		2 500 000
		Valeur d'inventaire des parts dans le GIE		

31/12/N

659		Charges pour dépréciations	1 250 000	
	4963	Dépréciations des comptes associés, opérations faites en commun et GIE		1 250 000
		Part du résultat déficitaire du GIE *< 15.000.000 / 4 – 2.500.000 >*		

4. Comptabilisation du complément de cotisation en vue d'apurer la perte

01/07/N+1

621		Sous-traitance générale	3 750 000	
	4631	Associés, opérations faites en commun et GIE		3 750 000
		Complément de cotisation versée pour apurer la perte du GIE		

5. Écritures d'inventaire

31/12/N+1

2966		Dépréciations des parts dans des GIE	2 500 000	
4631		Dépréciations des comptes associés, opérations faites en commun et GIE	1 250 000	
	7972	Reprises de dépréciations des immo. fin.		2 500 000
	759	Reprises de charges pour dépréciation		1 250 000
		Reprises des provisions constituées en N		

III. L'AUDIT FISCAL DU GIE ET DE SES MEMBRES

Le GIE et ses membres peuvent être contrôlés à partir des recoupements provenant :

- des contrats de constitution des GIE et des bons de souscription ;
- des certificats de propriété de titres d'un GIE ;
- des contrats de prêts ou d'avances ;
- des décisions de l'Assemblée générale des membres d'un GIE ;
- des virements bancaires ;
- des relations commerciales entre le GIE et ses membres ou entre des membres d'un GIE ;
- etc.

Fondamentalement, il importe de vérifier d'abord la nature de l'option exercée par le GIE (taxation du GIE à l'IS ou taxation des membres à l'IR ou à l'IS).

Par ailleurs, il convient de noter que l'audit fiscal des transactions financières entre les membres et le GIE (versements de capital, d'avances, de cotisations, encaissements de parts de bénéfices, provisions des participations, charges de dépréciation, participation aux pertes, etc.) passerait nécessairement par le contrôle fiscal du GIE lui-même.

Ainsi, il importe de :

- s'assurer que les quote-parts de bénéfices encaissés par les membres (ou participations aux déficits) sont conformes aux résultats du GIE et au contrat constitutif ;
- s'assurer que les provisions pour pertes du GIE comptabilisées par les membres ne sont pas déjà couvertes par des provisions constituées par le GIE lui-même ;

- s'assurer de la cohérence entre les produits taxables et les charge déductibles ;
- vérifier que la TVA sur les charges transférées (aux autres membres) n'a pas été déduite ;
- rapprocher les comptes concernés avec les Notes annexes :
  - *17-Fournisseurs d'exploitation* ;
  - *22-Achats ;*
  - *26-Autres charges* ;
  - *29-Charges et revenus financiers ;*
  - *30-Autres charges et produits HAO* ;
- etc.

CHAPITRES VIII

LES OPÉRATIONS FAITES EN COMMUN DANS LE CADRE D'UNE SOCIÉTÉ EN PARTICIPATION

I. CARACTÉRISTIQUES GÉNÉRALES DE LA SOCIÉTÉ EN PARTICIPATION

Les sociétés en participation (SP) se caractérisent par les spécificités suivantes (articles 854 et s. de l'AUDSGIE) :

- l'absence d'immatriculation au RCCM ;
- l'absence de personnalité morale ;
- l'obligation de reddition des comptes entre les membres de la SP, qui sont liés par les dispositions applicables aux SNC, à moins qu'une organisation différente n'ait été prévue au contrat. En effet, dans la mesure où la SP peut conserver un caractère occulte, l'associé qui contracte avec un tiers n'engage que lui-même. Chacun des coparticipants traite en son propre nom, à charge pour lui de rendre compte aux autres membres de la SP ;
- la mise en évidence des engagements de solidarité entre les membres de la SP, sous condition de la régularité, de la sincérité et de la cohérence de traitement des opérations faites en commun.

DROIT FISCAL

Le régime fiscal de la société en participation est quasi identique à celui du GIE. En effet, chaque coparticipant est personnellement passible de l'impôt (des personnes physiques ou des personnes morales) pour la part des bénéfices correspondant à ses droits dans la SP.

À ce titre, l'article 4.II.3 précise, dans le cadre des personnes morales imposables à l'impôt sur les sociétés (IS), que *la **part de bénéfices correspondant aux droits des associés des sociétés en participation**, y compris les syndicats financiers et les sociétés de copropriétaires de navires, dont les noms et adresses n'ont pas été indiqués à l'administration* **est soumise à l'IS**.

De même, l'article 51 prévoit, dans le cadre des personnes physiques imposables à l'impôt sur le revenu (IR), que ***les membres des sociétés en participation****, y compris les syndicats financiers qui sont indéfiniment responsables et dont les noms et adresses ont été indiqués à l'administration* **sont personnellement soumis à l'IR** pour la part de bénéfices sociaux correspondant à leurs droits dans la société.

Toutefois, comme dans le cas du GIE, l'option à l'IS est offerte à la SP au lieu d'une imposition individuelle de coparticipants (pour leurs parts de bénéfices). En effet, l'article 4-III-1 (personnes imposables) du CGI précise que : « *peuvent opter pour leur assujettissement à l'impôt sur les sociétés, les sociétés de fait, les groupements d'intérêt économique, les sociétés en nom collectif,* ***les sociétés en participation****, les sociétés en commandite simple, les sociétés unipersonnelles à responsabilité limitée où l'associé unique est une personne physique, les sociétés civiles professionnelles et les sociétés civiles immobilières* »[89].

II. Principes de comptabilisation et organisation comptable de la SP

1. Principe de la comptabilisation des opérations faites en SP

Les modalités de comptabilisation doivent s'efforcer de restituer aux opérations faites en commun, par l'intermédiaire d'une SP, leur double aspect, selon les parties concernées (tiers ou coparticipants).

1.1. Les tiers

Du point de vue des tiers, seule compte l'apparence juridique.

C'est ainsi que les biens (qu'il s'agisse de valeurs immobilisées ou de valeurs d'exploitation), qui sont la propriété de chaque coparticipant, doivent figurer dans son bilan, même s'ils sont réservés à la réalisation de l'objet de la SP (cas d'apport en jouissance, notamment). Le coparticipant est, en effet, le bénéficiaire du droit réel sur le bien, en même temps que son propriétaire apparent.

De même, les biens créés ou acquis dans le cadre de l'activité de la SP doivent figurer dans le bilan du coparticipant qui en est le propriétaire (en règle générale, le gérant).

---

[89] L'option doit être notifiée à l'Administration avant la fin du quatrième mois de l'exercice au titre duquel la personne morale souhaite être soumise pour la première fois à l'impôt sur les sociétés [...]. Dans tous les cas, l'option exercée est définitive et irrévocable (art. 4-III-2 et art. 4-III-3).

1.2. Les coparticipants

De leur point de vue, l'apparence juridique s'efface derrière la réalité (économique) du contrat qui les lie. C'est ainsi que toutes les mises de fonds et autres opérations qui interviennent entre les coparticipants dans le cadre de l'activité de la SP sont enregistrées par l'intermédiaire du compte *463-Associés, opérations faites en commun*, dans chacune des comptabilités concernées.

2. Organisation comptable de la SP

L'absence de formalisme dans la création de la SP et sa souplesse de fonctionnement permettent aux coparticipants de mettre en place une organisation comptable adaptée aux opérations qu'ils veulent traiter en commun. Ces opérations peuvent être traitées par la comptabilité d'un seul membre de la SP ou être réparties dans les comptabilités de plusieurs membres.

2.1. Comptabilité dissociée chez plusieurs membres ou gérants

Dans ce cas, les opérations sont enregistrées dans la comptabilité de divers coparticipants qui contractent apparemment pour leur propre compte.

Chaque coparticipant enregistre les opérations qu'il a effectuées pour le compte de la SP. Il est ensuite procédé au regroupement matériel des documents comptables et au cumul des opérations en éliminant l'effet des opérations réciproques.

Le cumul des opérations traitées par chacun d'eux avec la SP et l'élimination des opérations réciproques permet de dégager le résultat de la SP.

Toutefois, cette méthode présente des inconvénients, tant pour vérifier l'authenticité des opérations effectuées que pour leur contrôle, surtout lorsqu'il s'agit d'une activité complexe ou durable.

2.2. Comptabilité centralisée chez un seul gérant

Les opérations sont regroupées dans la comptabilité de l'un des coparticipants (en général, le gérant), seul responsable vis-à-vis des tiers, de la gestion des opérations. Tous les comptes sont regroupés dans sa comptabilité. Dans ce cas, les comptes de la SP peuvent être tenus :

- soit dans une **comptabilité autonome** rattachée à la comptabilité du gérant, par le compte de liaison *188-Compte de liaison des sociétés en participation*. Cette méthode dite de « la comptabilité de société » s'apparente à celle qui concerne les comptabilités d'établissement ;

- soit à l'**intérieur de sa propre comptabilité** :
  - en subdivisant les comptes de la classe 6 et 7 ou en faisant appel à la comptabilité analytique ; ou
  - en ouvrant, par exemple, un compte « Exploitation en société de participation » où seraient récapitulés les charges et les produits de la SP.

<u>**Application 1** (Tenue d'une comptabilité autonome de la participation - cf. Guide d'application du SYSCOHADA - page 254) :</u>

Deux entités A et B ont décidé de la création d'une société en participation. Les droits et obligations sont fixés dans la proportion des ¾ pour l'entité A et du ¼ pour l'entité B.

L'entité A est désignée comme gérant de la SP. Elle tient une comptabilité autonome de la participation pour les comptes de gestion.

Les opérations suivantes ont été constatées au cours du mois de janvier N :

04/01 : Virement par B d'une somme de 3.000.000 pour financer des opérations de participation ;

07/01 : Acquisition d'un matériel commercial destiné à l'activité en participation d'un montant de 16.000.000. Paiement en mars N ;

09/01 : Achat de marchandises à crédit : 1.200.000 F pour le compte de la participation ;

11/01 : Vente de marchandises au comptant pour 800.000. Règlement par banque ;

13/01 : Frais de transport sur vente payés par chèque, pour le compte de la participation : 220.000 ;

15/01 : Facturation à la participation de divers frais avancés par l'entité A (téléphone 74.000 et affranchissements 38.000 ;

20/01 : Expédition à B du solde des marchandises (600.000) ;

24/01 : Vente par B des marchandises : 1.000.000 ;

31/01 : B remet à A un chèque pour solde des opérations financières de la participation en janvier N.

1. <u>Comptabilité de la participation chez A (gérant) avec l'hypothèse que seuls les comptes de gestion sont tenus de façon autonome</u>

04/01/N

188		Comptes de liaison des SP	3 000 000	
	4631	Associé B, opérations faites en commun		3 000 000
		Virement de B pour le compte de la participation		

07/01/N

<u>Néant</u> : l'opération ne met pas en cause des comptes de gestion ou des comptes concernant la participation

09/01/N

601		Achats de marchandises	1 200 000	
	188	Comptes de liaison des SP		1 200 000
		Achats de marchandises p/c de la participation		

11/01/N

188		Comptes de liaison des SP	800 000	
	701	Ventes de marchandises		800 000
		Ventes de marchandises p/c de la participation		

13/01/N

612		Transports sur ventes	220 000	
	188	Comptes de liaison des SP		220 000
		Transports sur ventes de marchandises p/c de la participation		

15/01/N

628		Frais de télécommunications	74 000	
616		Transports de plis	38 000	
	188	Comptes de liaison des SP		112 000
		Frais divers facturés à la participation par le gérant		

20/01/N

Néant

24/01/N

4631		Associé B, opérations faites en commun	1 000 000	
	701	Ventes de marchandises		1 000 000
		Ventes de marchandises effectuées par B		

30/01/N

188		Comptes de liaison des SP	2 000 000	
	4631	Associé B, opérations faites en commun		2 000000
		Chèques de B pour solde des opérations de la participation en janvier N		

1.1. Compte de l'associé B dans la comptabilité de la participation

Débit | | | Crédit

07/01	4 000 000	3 000 000	04/01
24/01	1 000 000	2 000 000	Solde au 31/01
	5 000 000	1 000 000	

1.2. Résultat des opérations de janvier N (suivant les comptes de la SP tenus par le gérant)

Dates	Libellés	Charges	Produits
09/01	Achats	1 200 000	
11/01	Ventes		800 000
13/01	Charges	220 000	
15/01	Charges	112 000	
24/01	Ventes		1 000 000
Total		1 532 000	1 800 000
Résultat (bénéfice)		268 000	
Part A	268 000 x ¾	Part B	268 000 x ¼
	201 000		67 000

1.3. Écritures pour solde des comptes de gestion (sous l'hypothèse de clôture des opérations au 31/01/N)

31/01/N

701		Ventes de marchandises	1 800 000	
	601	Achats de marchandises		1 200 000
	612	Frais de transport sur ventes		220 000
	616	Transports de plis		38 000
	628	Frais de télécommunications		74 000
	188	Comptes de liaison des SP		268 000
		Pour solde des comptes de gestion		

2. Comptabilité propre au gérant A

04/01/N

521		Banques	3 000 000	
	188	Comptes de liaison des SP		3 000 000
		Virement de B p/c de la participation		

07/01/N

2413		Matériel commercial	16 000 000	
	4812	Fournisseurs d'investissement		16 000 000
		Acquisition de matériel p/c de la participation		
4631		Associé B, opérations faites en commun	4 000 000	
	182	Dettes liées à des SP		4 000 000
		Part de B dans l'immobilisation		

09/01/N

188		Comptes de liaison des SP	1 200 000	
	401	Fournisseurs, dettes en compte		1 200 000
		Achats de marchandises p/c de la participation		

11/01/N

521		Banques	800 000	
	188	Ventes de marchandises		800 000
		Ventes de marchandises p/c de la participation		

13/01/N

188		Comptes de liaison des SP	220 000	
	521	Banques		220 000
		Transport sur ventes de marchandises p/c de la participation		

15/01/N

188		Comptes de liaison des SP	112 000	
	781	Transferts de charges d'exploitation		112 000
		Facturation de frais à la participation		

20/01/N

Néant

24/01/N

Néant

30/01/N

521		Banques	2 000 000	
	188	Ventes de marchandises		2 000 000
		Chèques de B pour solde des opérations de la participation en janvier N		
188		Comptes de liaison des SP	268 000	
	752	Quote-part de résultat sur opérations faites en commun		201 000
	4631	Associé B, opérations faites en commun		67 000
		Répartition du résultat de janvier N entre les coparticipants		

3. Comptabilité chez B (non gérant)

04/01/N

4631		Associé A, opérations faites en commun	3 000 000	
	521	Comptes de liaison des SP		3 000 000
		Virement en faveur de la participation		

07/01/N

2773		Créances rattachées à des SP	4 000 000	
	4631	Associé A, opérations faites en commun		4 000 000
		Part de B dans l'immobilisation acquise par le gérant		

20/01/N

Néant

24/01/N

521		Banques	1 000 000	
	4631	Associé A, opérations faites en commun		1 000 000
		Ventes de marchandises p/c de la participation		

31/01/N

4631		Associé A, opérations faites en commun	2 000 000	
	521	Banques		2 000 000
		Chèques de A pour solde des opérations de la participation en janvier N		
4631		Associé A, opérations faites en commun	67 000	
	752	Quote-part de résultat sur opérations faites en commun		67 000
		Part de résultat sur les opérations de janvier N en SP		

Application 2 (Tenue d'une comptabilité de la participation intégrée à la comptabilité du gérant - cf. Guide d'application du SYSCOHADA - page 259) :

cf. Application 1 avec la S.P constituée entre les mains des entités A (gérant) et B. Les droits et obligations sont toujours fixés dans la proportion des ¾ pour l'entité A et du ¼ pour l'entité B.

A tient la comptabilité de la SP à l'intérieur de sa propre comptabilité en utilisant des comptes spécifiques, par exemple :

- 06 Exploitation en SP - Charges ;
- 07 Exploitation en SP - Produits.

1. Comptabilité chez A (gérant)

04/01/N

521		Banques	3 000 000	
	4631	Associé B, opérations faites en commun		3 000 000
		Virement de B p/c de la participation		

07/01/N

2413		Matériel commercial	16 000 000	
	4812	Fournisseurs d'investissement		16 000 000
		Acquisition de matériel p/c de la participation		
4631		Associé B, opérations faites en commun	4 000 000	
	182	Dettes liées à des SP		4 000 000
		Part de B dans l'immobilisation		

09/01/N

188		Comptes de liaison des SP	1 200 000	
	401	Fournisseurs, dettes en compte		1 200 000
		Achats de marchandises p/c de la participation		

11/01/N

521		Banques	800 000	
	07	Exploitation en SP - Produits		800 000
		Ventes de marchandises p/c de la participation		

13/01/N

06		Exploitation en SP - Charges	220 000	
	521	Banques		220 000
		Transport sur ventes de marchandises p/c de la participation		

15/01/N

06		Exploitation en SP - Charges	112 000	
	781	Transferts de charges d'exploitation		112 000
		Facturation de frais à la participation		

20/01/N

Néant

24/01/N

4631		Associé B, opérations faites en commun	1 000 000	
	07	Exploitation en SP - Produits		1 000 000
		Ventes de marchandises par B p/c de la participation		

30/01/N

521		Banques	2 000 000	
	4631	Associé B, opérations faites en commun		2000 000
		Chèques de B pour solde des opérations de la participation en janvier N		

1.1. <u>Résultat des opérations de janvier N (suivant les comptes de la SP tenus par le gérant)</u>

Dates	Libellés	Charges	Produits
09/01	Exploitation en SP - Charges	1 200 000	
11/01	Exploitation en SP - Produits		800 000
13/01	Exploitation en SP - Charges	220 000	
15/01	Exploitation en SP - Charges	112 000	
24/01	Exploitation en SP - Produits		1 000 000
Total		1 532 000	1 800 000
Résultat (bénéfice)		268 000	
		Part A	Part B
		268 000 x ¾	268 000 x ¼
		201 000	67 000

1.2. Écritures de répartition du résultat dans la comptabilité unique de A (sous l'hypothèse de clôture des opérations au 31/01/N)

31/01/N

07		Exploitation en SP - Produits	1 800 000	
	06	Exploitation en SP - Charges		1 532 000
	4631	Associé B, opérations faites en commun		67 000
	752	Quote-part de résultat sur opérations faites en commun		201 000
		Répartition du résultat de janvier N		

2. Comptabilité chez B (non gérant)

04/01/N

4631		Associé A, opérations faites en commun	3 000 000	
	521	Banques		3 000 000
		Virement en faveur de la participation		

07/01/N

2773		Créances rattachées à des SP	4 000 000	
	4631	Associé A, opérations faites en commun		4 000 000
		Part de B dans l'immobilisation acquise par le gérant de la SP		

20/01/N

Néant

24/01/N

521		Banques	1 000 000	
	4631	Associé A, opérations faites en commun		1 000 000
		Ventes de marchandises p/c de la participation		

31/01/N

4631		Associé A, opérations faites en commun	2 000 000	
	521	Banques		2 000 000
		Chèques de A pour solde des opérations de la participation en janvier N		
4631		Associé A, opérations faites en commun	67 000	
	752	Quote-part de résultat sur opérations faites en commun		67 000
		Part de résultat sur les opérations de janvier N en SP		

III. Présentation des ÉTAFI des coparticipants

Les opérations faites en commun par l'intermédiaire d'une SP, introduisent dans les ÉTAFI des coparticipants, qu'il s'agisse du gérant ou des autres intervenants, des particularités qui peuvent empêcher une bonne compréhension des structures du **bilan** et donner une image tronquée du véritable volume d'affaires (**compte de résultat**) engagées par les entités, parties au contrat.

1. Le bilan

Si la description des droits et obligations relatifs aux biens acquis ou créés par la SP, dans les comptabilités des coparticipants figure au bilan, il n'en est pas de même pour ce qui est des dettes et créances sur les opérations courantes de la SP, regroupées dans la comptabilité du gérant. En effet, les tiers intéressés ignorent juridiquement l'existence de la SP et ne connaissent que leur interlocuteur direct.

Dès lors, il est nécessaire de faire mention, dans les **Notes annexes** des ÉTAFI de chacun des coparticipants, du pourcentage de créances et dettes attaché au fonctionnement des SP par rapport au total des créances et dettes inscrites au bilan.

2. Le compte de résultat

Lorsque les comptes de charges et de produits ne sont pas intégrés proportionnellement dans les comptabilités des coparticipants (du fait du choix de la méthode du partage final, par exemple), les notions de chiffre d'affaires et de soldes intermédiaires de gestion, ne reflètent pas exactement les opérations de l'exercice, ni chez le gérant, ni chez les autres coparticipants.

En conséquence, l'accent doit être mis, comme pour le bilan, sur les **Notes annexes** qui doivent fournir une information complémentaire aussi bien chez le gérant que chez les autres coparticipants.

IV. L'audit fiscal de la société en participation

La particularité de la structure juridique de la SP (absence d'immatriculation, de publicité, de personnalité morale) rend ardu son contrôle fiscal notamment par les moyens classiques de contrôle.

En effet, l'Administration fiscale, au même titre que les autres tiers intéressés, ignore juridiquement l'existence de la SP et ne peut appréhender que les coparticipants. Au surplus (cf. supra §-III), les opérations faites en commun par l'intermédiaire d'une SP, introduisent dans les ÉTAFI des coparticipants, des particularités qui ne favorisent pas une bonne information financière à travers le **bilan** ou le **compte de résultat**.

Dès lors, il convient de mettre l'accent davantage sur les **Notes annexes** des ÉTAFI, tant au niveau du gérant que des autres coparticipants, à travers notamment les Notes :

- *8-Autres créances* avec la rubrique "**comptes de liaison des sociétés en participation**" ;
- *16A-Dettes financières et ressources assimilées* avec la rubrique "**dettes liées à des participations**" ;
- *19-Autres dettes et provisions pour risque à court terme* avec la rubrique "**comptes de liaison des sociétés en participation**" ;
- etc.

Par ailleurs, au niveau de chaque coparticipant, il convient de :

- s'assurer de la cohérence entre les produits taxables et les charge déductibles ;
- vérifier que la TVA sur les charges transférées (aux autres membres) n'a pas été déduite ;

De même, parallèlement à l'examen approfondi des comptes de situation (*188-Comptes de liaison des SP*, *4631- Associé, opérations faites en commun*), il importe que le vérificateur exploite au mieux les mouvements des comptes de quote-parts sur opérations faites en commun :

Comptabilité du gérant	**Comptabilité des associés non gérants**
6521-Quote-part transférée de bénéfices	*6525-Pertes imputées par transfert*
7521-Quote-part transférée de pertes	*7525-Bénéfices attribués par transfert*

CHAPITRE IX

LES OPÉRATIONS FAITES POUR LE COMPTE DE TIERS[90]

Les opérations faites par des intermédiaires sont classées en deux (2) grandes catégories selon que l'intermédiaire agit :

- en qualité de mandataire (au nom d'autrui) ; ou
- en qualité de commissionnaire (en son nom propre).

I. L'INTERMÉDIAIRE AGIT EN QUALITÉ DE MANDATAIRE

1. Caractéristiques du contrat de mandat

Le mandat est le contrat par lequel une personne, le mandant, donne à une autre, le mandataire, le pouvoir de faire « quelque chose » pour son compte et en son nom.

Le mandataire représente le mandant. Les actes qu'il accomplit avec les tiers engagent ce dernier, en le rendant débiteur ou créancier du tiers avec lequel le mandataire a traité.

Le mandataire est rémunéré par une commission due par le mandant.

Le mandataire a droit au remboursement intégral de ses débours ainsi que des avances et frais.

[90] Les dispositions du présent chapitre s'inspirent des traitements préconisés par la norme comptable internationale ***IFRS 15-Produits des activités ordinaires tirés des contrats conclus avec des clients***.

2. Règles de comptabilisation

2.1. Comptabilité chez le mandataire

Les opérations traitées par l'entité en qualité de mandataire sont enregistrées dans le compte *4731-Mandants-Opérations faites pour le compte de tiers*, et seule la rémunération du mandataire est comptabilisée dans le compte de résultat.

✓ Opérations d'achat :

4731		Mandants-Opérations faites pour le compte de tiers	X	
	4712	Créditeurs divers (par fournisseur)		X

✓ Opérations de vente :

4711		Débiteurs divers (par client)	X	
	4731	Mandants-Opérations faites pour le compte de tiers		X

✓ Rémunération du mandataire (dans le cadre d'une activité principale) :

411		Clients (mandant)	X	
	706	Services vendus		X
	443	État, TVA facturée		X

✓ Rémunération du mandataire (dans le cadre d'une activité accessoire) :

411		Clients (mandant)	X	
	7072	Commissions et courtages		X
	443	État, TVA facturée		X

2.2. Comptabilité chez le mandant

Les achats et les ventes sont enregistrés en charges ou en produits. Les acquisitions d'immobilisations et de stocks sont enregistrées à l'actif selon leur nature.

La rémunération du mandataire est enregistrée dans le compte *632-Rémunérations d'intermédiaires et de conseils*.

✓ Opérations d'achat :

601		Achats de marchandises	X	
445		État, TVA récupérable	X	
	401	Fournisseurs		X

✓ Opérations de vente :

411		Clients	X	
	701	Ventes de marchandises		X
	443	État, TVA facturée		X

✓ Rémunération du mandataire :

632		Rémunérations d'intermédiaires et de conseils	X	
445		État, TVA récupérable	X	
	401	Fournisseurs (mandataire)		X

Application 1 :

Une entité X demande à un intermédiaire d'acheter pour son compte des marchandises pour un montant HTVA de 30.000.000.

L'intermédiaire (dont c'est l'activité principale) agit en qualité de mandataire et sera rémunéré par une commission HTVA de 3% sur le montant TTC.

Les marchandises, acquises le 01/07/N auprès de l'entité Y, sont livrées et réglées le 15/07/N, en même temps que la rémunération due au mandataire.

1. Comptabilité chez le mandataire

01/07/N

4731		Mandant X-Opérations faites pour le compte de tiers	35 400 000	
	4712	Créditeurs divers - Fournisseur Y		35 400 000
		Acquisition pour le compte de X		

15/07/N

4712		Créditeurs divers - Fournisseur Y	35 400 000	
	4731	Mandant X-Opérations faites pour le compte de tiers		35 400 000
		Dénouement de l'opération avec X		
411		Clients X (mandant)	1 253 160	
	706	Services vendus		1 062 000
	443	État, TVA facturée		191 160
		Prestation rendue à X		
521		Banques	1 253 160	
	411	Clients X (mandant)		1 253 160

2. Comptabilité chez le mandant

15/07/N

601		Achats de marchandises	30 000 000	
445		État, TVA récupérable	5 400 000	
	401	Fournisseurs Y		35 400 000
		Achat de marchandises		
401		Fournisseurs Y	35 400 000	
	521	Banques		35 400 000
		Règlement		
632		Rémunérations d'intermédiaires et de conseils	1 062 000	
445		État, TVA récupérable	191 160	
	401	Fournisseurs (mandataire)		1 253 160
		Commission à l'intermédiaire		
401		Fournisseurs (mandataire)	1 253 160	
	521	Banque		1 253 160
		Paiement à l'intermédiaire		

II. L'INTERMÉDIAIRE AGIT EN QUALITÉ DE COMMISSIONNAIRE

1. Caractéristiques du contrat de commission

Le contrat de commission est un contrat par lequel une personne, le commettant, fait appel à un intermédiaire, le commissionnaire, qui agira en son nom propre et pour le compte du commettant.

Il est personnellement tenu à l'égard des acheteurs ou des vendeurs, des obligations résultant des contrats d'achat et de vente qu'il conclut, même si le nom du commettant apparaît.

Le contrat de commission doit préciser le taux, l'assiette, le fait générateur et les conditions de paiement de la commission.

D'une manière générale, l'intermédiaire prélève directement sa commission sur les sommes qu'il doit restituer au commettant (entremise à la vente) ou facture sa commission au commettant, en même temps que le bien ou le service acquis pour son compte (entremise à l'achat).

2. Règles de comptabilisation

2.1. Comptabilité chez le commissionnaire

Les opérations traitées pour le compte de tiers, au nom de l'entité, sont comptabilisées selon leur nature dans les charges et produits de l'entité. Le commissionnaire doit donc comptabiliser toutes les opérations qu'il réalise dans son compte de résultat.

Dès lors que la vente au tiers cocontractant (entremise à la vente) ou à l'achat au tiers cocontractant (entremise à l'achat) est réalisé, le commissionnaire enregistre respectivement les achats et les ventes qu'il effectue pour compte, comme le ferait un acheteur-vendeur, dans les comptes d'achat et de vente.

La comptabilisation des achats et des ventes est simultanée (pas de stocks), montrant bien ainsi que le commissionnaire n'est pas le propriétaire des marchandises.

Sa commission n'apparaît pas distinctement. En réalité, sa rémunération est constituée par la marge qu'il réalise sur les transactions dans lesquelles il s'entremet (ventes - achats).

2.2. Comptabilité chez le commettant

Le commettant doit enregistrer dans son compte de résultat, les opérations réalisées en son nom seul : en charges, les achats effectués auprès du commissionnaire et en produits, les ventes réalisées avec les tiers :

- **à la vente**, le commettant enregistre dans ses comptes de produits le montant de la vente nette de commission (qu'il est réputé payer à l'intermédiaire). Ce montant doit correspondre au montant figurant dans les achats chez l'intermédiaire. La commission est enregistrée au compte *6322-Commissions et courtage sur vente*.
- **à l'achat**, le commettant enregistre dans ses comptes de charges le montant de l'achat y compris le montant de la commission (qu'il est réputé payer à l'intermédiaire).

<u>Application 2 :</u>

cf. Application 1 avec un intermédiaire qui agit en qualité de commissionnaire.

1. <u>Comptabilité chez le commissionnaire</u>

01/07/N

601		Achats de marchandises	30 000 000	
445		État, TVA récupérable	5 400 000	
	401	Fournisseurs Y		35 400 000
		Achat de marchandises p/c de X		

411		Clients X	36 653 160	
	701	Ventes de marchandises		31 062 000
	443	État, TVA facturée		5 591 160
		Facturation de la vente et de la commission		

15/07/N

521		Clients X	36 653 160	
	411	Ventes de marchandises		36 653 160
		Règlement de l'achat et de la commission par X		

2. Comptabilité chez le commettant

15/07/N

601		Achats de marchandises	31 062 000	
445		État, TVA récupérable	5 591 160	
	401	Fournisseurs		36 653 160
		Achat de marchandises (dont commission)		
401		Fournisseurs	35 400 000	
	521	Banques		35 400 000
		Règlement de l'achat		

DROIT FISCAL

✓ En matière d'impôt sur le revenu des personnes physiques, le CGI classe les revenus des intermédiaires dans la catégorie des bénéfices industriels et commerciaux (BIC). L'article 118-3°) précise que les *personnes se livrant* [habituellement][91] *à des opérations d'intermédiaire pour l'achat, la souscription ou la vente des biens visés aux 1° et 2°* [immeubles, fonds de commerce, actions … acquis en vue de la revente] sont imposables au titre des BIC.

Il reste entendu que l'imposition à l'IR est également applicable à l'intermédiaire se livrant à des activités de revente de biens et services autres que ceux visés par l'article 118-3°).

De même, l'imposition (à l'IS) est aussi effective lorsque l'intermédiaire est constitué sous la forme d'une personne morale.

Par ailleurs, afin de mieux appréhender les revenus des intermédiaires, la loi fiscale oblige les entités (bénéficiaires de leurs prestations) à déclarer les sommes versées aux intermédiaires au titre des commissions et courtages (article 256-1).

Dans certains cas, en plus de l'obligation déclarative, l'entité est tenue d'opérer la retenue à la source sur les rémunérations versées aux intermédiaires (article 200).

[91] À l'opposé, les revenus de l'activité occasionnelle d'intermédiation seraient soumis au régime des bénéfices non commerciaux (BNC).

✓ En matière de TVA, il convient, comme en matière de droit comptable, de distinguer le mandataire du commissionnaire.

Le mandataire peut être considéré comme un **intermédiaire "transparent"**. Dès lors, ses opérations sont analysées comme des prestations de services, taxables sur la base des seules rémunérations (commissions) reçues du mandant.

À l'opposé du mandataire, le commissionnaire serait un **intermédiaire "opaque"**, considéré fiscalement comme un acheteur-revendeur, qui s'entremet dans une livraison de biens ou une prestation de services, en agissant en son nom propre. Il est, dès lors, soumis à la TVA en amont (achat) et à l'aval (vente) de ses opérations, puisqu'il est considéré comme ayant personnellement acquis et livré les biens, ou reçu et fourni les services.

Toutefois, *ne sont pas à comprendre dans la base d'imposition, les montants reçus par un intermédiaire, autre qu'une agence de voyage ou un organisateur de circuits touristiques, de la part de son* ***commettant*** *en remboursement des frais réels exposés au nom et pour le compte de ce dernier et qui sont portés par cet intermédiaire dans sa comptabilité dans des comptes de passage* (article 365-2-b)[92].

III. L'AUDIT FISCAL DES OPÉRATIONS FAITES POUR LE COMPTE DE TIERS

D'abord, il conviendrait de vérifier la nature du contrat passé par l'intermédiaire opaque (commissionnaire) ou transparent (mandataire).

La nature du contrat détermine (i) les règles fiscales applicables [taxation intégrale du commissionnaire (intermédiaire opaque) ou taxation limitée à la commission du mandataire (intermédiaire transparent)] et subséquemment, (ii) les moyens de contrôle à mettre en œuvre.

✓ Au niveau des entités bénéficiaires des prestations des intermédiaires, les opérations faites pour le compte de tiers peuvent être contrôlées à partir des recoupements provenant :

- des déclarations des sommes versées aux intermédiaires au titre des commissions (article 256-1) ;
- des déclarations des retenues à la source opérées sur les rémunérations versées aux intermédiaires (article 200).
- des comptes de la classe *4* (comptes de tiers), à travers les mouvements enregistrés notamment dans le compte *47-Débiteurs et créditeurs divers*.

92 Les agences de voyage (ou les organisateurs de circuits touristiques) sont soumises à des régimes particuliers de taxation (article 370 du CGI). Il en est de même des négociants en biens d'occasion (article 371 - CGI).

Par ailleurs, il convient de :

- mettre en œuvre le droit de communication auprès des intermédiaires ;
- vérifier que les sommes versées aux intermédiaires ont permis la réalisation de produits taxables ;
- vérifier si l'entité bénéficiaire a liquidé et reversé la TVA p/c sur les services fournis par des intermédiaires étrangers (art. 355) ;
- s'assurer que l'entité a opéré la retenue, au titre des BNC, sur les rémunérations versées aux intermédiaires étrangers, sous réserve des dispositions des conventions internationales (art. 156, 202) ;
- rapprocher les opérations des intermédiaires avec les Notes annexes :
    - *17-Fournisseurs d'exploitation* ;
    - *22-Achats ;*
    - *24-Services extérieurs* ;
    - *26-Autres charges ;*
    - *30-Autres charges et produits HAO* ;
- etc.

✓ Au niveau des intermédiaires, les opérations faites pour le compte de tiers peuvent être contrôlées à partir des recoupements provenant :

- de la comparaison entre le volume des opérations enregistrées dans les comptes de tiers et de trésorerie, d'une part, et le niveau des activités (chiffre d'affaires), d'autre part ;
- de la comparaison entre le volume des activités et l'importance relative de certaines charges ou de certains services extérieurs (charges de personnel, transport, etc.) ;
- des comptes de la classe *4* (comptes de tiers), à travers les mouvements enregistrés notamment dans les comptes de passage (*47-Débiteurs et créditeurs divers*) ;
- etc.

Par ailleurs, il convient de :

- s'assurer que le traitement comptable et fiscal des opérations de l'intermédiaire est conforme au contrat (de mandat ou de commission) ;
- mettre en œuvre le droit de communication auprès des entités bénéficiaires des prestations des intermédiaires ;
- s'assurer que seuls les débours réels reçus (remboursement des frais portés dans des comptes de passage) n'ont pas été soumis à la TVA, à l'exclusion de tous autres montants reçus par l'intermédiaire (article 365-2-b) ;

- **s'assurer de ne pas intégrer dans son chiffre d'affaires (taxable) l'intégralité des encaissements du mandataire (transitaire[93], notaire, etc.) ;**
- rapprocher les opérations des intermédiaires avec les Notes annexes :
  - *7-Clients ;*
  - *17-Fournisseurs d'exploitation ;*
  - *20-Banques ;*
  - *21-Chiffre d'affaires et autres produits ;*
  - *22-Achats ;*
  - *24-Services extérieurs ;*
  - *26-Autres charges ;*
  - *30-Autres charges et produits HAO ;*
- etc.

[93] Même si le transitaire est qualifié communément de **commissionnaire** en douane.

CHAPITRE X

LES CONTRATS PLURI-EXERCICES[94]

I. DÉFINITION

Le contrat pluri-exercices, ou contrat pluriannuel ou à long terme, est un contrat spécifiquement négocié pour la construction d'un actif ou d'un ensemble d'actifs (étroitement liés ou interdépendants en termes de conception, de technologie et de fonction, de finalité ou d'utilisation) dont l'exécution s'étale sur au moins deux (2) exercices.

Il existe deux (2) types de contrats de construction :

- le contrat à forfait, dans lequel l'entrepreneur accepte un prix fixe ou une rémunération fixée, par référence à une estimation du nombre d'unités d'œuvre à un prix unitaire fixé, soumis dans certains cas à des clauses de révision de prix ;
- le contrat en régie, dans lequel l'entrepreneur est remboursé des coûts autorisés (ou autrement définis), plus un pourcentage de ces coûts ou d'une rémunération fixe.

Certains contrats peuvent comporter les caractéristiques à la fois d'un contrat à forfait et d'un contrat de régie. C'est le cas, par exemple, d'un contrat en régie assorti d'un prix maximum.

À titre d'exemple de contrats pluri-exercices, l'on peut citer : la construction de routes, de ponts, de barrages, d'immeubles, de projets informatiques, etc.

---

[94] Les dispositions du présent chapitre s'inspirent des traitements préconisés par la norme comptable internationale ***IAS 11-Contrats de construction*** et ***IFRS 15-Produits des activités ordinaires tirés des contrats conclus avec des clients***.

Par contre, n'entrent pas dans la catégorie des contrats pluri-exercices, les contrats pour lesquels les services rendus à l'arrêté des comptes peuvent être facturés (de façon précise). Il en est ainsi :

- pour les prestations continues, telles que les loyers ou les intérêts, sur la période du bail ou la durée du prêt consenti ;
- pour les prestations discontinues à échéances successives échelonnées sur plusieurs exercices, telles que les contrats d'entretien, de maintenance ou d'abonnement de services.

Selon le SYSCOHADA, un contrat à long terme est comptabilisé suivant deux (2) méthodes, de prise en compte des résultats sur la période couverte par ledit contrat[95] :

- la méthode à l'avancement (prise en compte du résultat au fur et à mesure des exercices d'exécution) ;
- la méthode à l'achèvement (prise en compte du résultat total de l'opération au cours de l'exercice de terminaison).

II. LA MÉTHODE À L'AVANCEMENT

1. Principes généraux

Dans cette méthode, le chiffre d'affaires et le résultat sont comptabilisés au fur et à mesure de l'avancement du contrat. Le résultat est déterminé en appliquant le pourcentage d'avancement au résultat à terminaison.

Ce pourcentage d'avancement est déterminé en fonction :

- soit de la valeur des éléments dont le contrôle a été transféré au client ;
- soit des moyens mis en œuvre.

La méthode à l'avancement, qui permet une meilleure application du postulat de spécialisation des exercices et une information financière reflétant le mieux la réalité des opérations concernées, n'est mise en œuvre que lorsque l'entité est en mesure d'évaluer le résultat à terminaison de manière fiable.

Dès lors, lorsque l'entité ne peut pas estimer de manière fiable le résultat à terminaison, aucun profit n'est constaté en application de la convention de prudence.

---

[95] Le SYSCOHADA, avant l'entrée en vigueur du nouvel Acte uniforme, le 1er janvier 2018, retenait une 3ème méthode : celle du bénéfice partiel à l'inventaire (prise en compte du bénéfice partiel en fin d'exercice seulement, si le contrat global est prévisionnellement bénéficiaire).

Cette pratique peut trouver son application dans tous les premiers stades d'exécution d'un contrat, lorsque la visibilité sur le résultat du contrat se révèle très faible. Elle doit être abandonnée, au profit de la méthode à l'avancement proprement dite, lors de la disparition des incertitudes qui empêchaient auparavant d'estimer de façon fiable le résultat sur le contrat.

2. Règles de comptabilisation

Les opérations relatives au contrat pluri-exercices sont comptabilisées au cours de l'exercice puis donnent lieu, le cas échéant, à des régularisations à la clôture de l'exercice comptable, avant de faire l'objet d'une facturation définitive à la fin des travaux.

2.1. Au cours de l'exercice

✓ Les avances et acomptes versés par le client au cours de la période d'exécution sont, le cas échéant, enregistrés au crédit du compte *4191-Clients, avances et acomptes reçus* par le débit du compte de trésorerie. Les retenues de garantie prélevées par le client seront portées au crédit du compte *4117-Clients, retenue de garantie* :

4117		Clients, retenue de garantie	X	
521		Banques	X	
	4191	Clients, avances et acomptes reçus		X
	443	État, TVA facturée[96]		X

✓ Les charges directes (achats de matières premières, frais de personnel, sous-traitance, matériaux, amortissements du matériel, location d'équipements, conception, etc.) et indirectes rattachables (assurance, assistance technique, frais généraux d'exécution du contrat, etc.) concourant à l'exécution du contrat sont enregistrées dans les comptes appropriés, comme par exemple :

602		Achats de matières 1ères	X	
445		État, TVA récupérable	X	
	40	Fournisseurs		X

422		Personnel, rémunérations dues	X	
	521	Banques		X

[96] En cas d'encaissement du prix ou d'avances, avant que les livraisons de biens ou les prestations de services ne soient effectuées ou avant qu'une facture ne soit émise, le fait générateur [de la TVA] est réputé intervenir au moment de cet encaissement à concurrence du montant encaissé (article 362 du CGI).

2.2. À la clôture de l'exercice[97]

✓ Le chiffre d'affaires partiel comptabilisé à l'avancement ou la quote-part du résultat à rattacher à l'exercice (résultat partiel) est enregistré dans le compte *70-Ventes* (*705-Travaux facturés* ou *706-Services vendus*) par le débit du compte *4181-Clients, factures à établir* :

4181		Clients, factures à établir	X	
	70	Ventes		X
	4435	État, TVA sur facture à établir		X

Cette écriture fera l'objet d'une contrepassation au début de l'exercice suivant.

2.3. À la fin des travaux

✓ Lors de la livraison au client, le chiffre d'affaires est comptabilisé au crédit du compte *70-Ventes* (*705-Travaux facturés* ou *706-Services vendus*) par le débit des comptes de créances clients. Les acomptes versés (et les retenues de garantie) viennent en diminution (et en augmentation) des créances correspondantes :

411		Clients	X	
4191		Clients, avances et acomptes reçus	X	
	70	Ventes		X
	443	État, TVA facturée		X
	4117	Clients, retenue de garantie		X

2.4. Contrats déficitaires

✓ La perte réalisée en raison des travaux ou services déjà effectués et acceptés, est prise en compte lors de la constatation du chiffre d'affaires relatif à ces travaux ou services. En effet, ce chiffre d'affaires est déterminé de telle sorte que le résultat comptabilisé soit égal au résultat à terminaison (perte dans ce cas), multiplié par le pourcentage d'avancement.

Le complément de perte, qui correspond aux travaux non encore réalisés, obtenu par la différence entre la perte totale et la perte déjà constatée, fait l'objet de provision.

---

97 À la clôture de l'exercice, comme dans la méthode à l'achèvement, il convient, le cas échéant, de porter en stocks ou en travaux en cours (ou encore en comptes de régularisation), les charges qui ne correspondent pas à l'avancement et qui sont donc rattachables à une activité future (achats livrés non consommés, ni mis en œuvre, facturation de sous-traitants qui correspondent à des travaux restant à livrer).

Ainsi donc, à la clôture de l'exercice, le compte *6911-Dotations aux provisions d'exploitation pour risques et charges* est débité par le crédit du compte *193-Provisions pour pertes sur marchés à achèvement futur* :

6911		Dotations aux provisions d'expl. pour risques et charges	X	
	193	Provisions pour pertes sur marchés à achèvement futur		X

Application 1 (Contrats bénéficiaires) :

Le 02/01/N, une entreprise de BTP a signé avec un de ses clients un contrat de construction d'un immeuble à livrer dans 20 mois, le 31/08/N+1, pour un montant de 100.000.000 HTVA, facturé au terme du contrat.

Les données du contrat sont les suivantes :

Rubriques	N	N +1
Charges directes de production	40 000 000	20 000 000
Charges indirectes de production	10 000 000	10 000 000
Total	**50 000 000**	**30 000 000**
% d'avancement en fin d'exercice	40%	100%

.../.../N

6XX		Charges par nature	50 000 000	
	4XX	Comptes de tiers		50 000 000
		Dépenses engagées		

31/12/N

4181		Clients, factures à établir	47 200 000	
	705	Travaux facturés		40 000 000
	4435	État, TVA sur facture à établir		7 200 000
		Chiffre d'affaires à l'avancement		

01/01/N+1

705		Travaux facturés	40 000 000	
4435		État, TVA sur facture à établir	7 200 000	
	4181	Clients, factures à établir		47 200 000
		Contrepassation du CA à l'avancement		

.../.../N+1

6XX		Charges par nature	30 000 000	
	4XX	Comptes de tiers		30 000 000
		Dépenses engagées		

31/08/N+1

411		Clients,	118 000 000	
	705	Travaux facturés		100 000 000
	4433	État, TVA facturée sur travaux		18 000 000
		Facturation définitive des travaux exécutés		

Incidence sur le résultat

Rubriques	N	N +1	Total
Produits	40 000 000	- 40 000 000 100 000 000	100 000 000
Charges	- 50 000 000	- 30 000 000	- 80 000 000
Résultat	**- 10 000 000**	**+ 30 000 000**	**+ 20 000 000**

Application 2 (Contrats déficitaires) :

Le 02/01/N, une entreprise de BTP a signé avec un de ses clients un contrat de construction d'un immeuble à livrer dans 20 mois, le 31/08/N+1, pour un montant de 70.000.000 HTVA, facturé partiellement le 31/12/N, en fonction du degré d'avancement des travaux.

Les données du contrat sont les suivantes :

Rubriques	N	N +1
Charges directes de production	40 000 000	20 000 000
Charges indirectes de production	10 000 000	10 000 000
Total	**50 000 000**	**30 000 000**
% d'avancement en fin d'exercice	40%	100%

.../.../N

6XX		Charges par nature	50 000 000	
	4XX	Comptes de tiers		50 000 000
		Dépenses engagées		

31/12/N

411		Clients	33 040 000	
	705	Travaux facturés		28 000 000
	4433	État, TVA facturée sur travaux		5 040 000
		Facturation partielle (40% des travaux)		

31/12/N

6911		Dotations aux provisions d'expl. pour risques et charges	6 000 000	
	193	Provisions pour pertes sur marchés à achèvement futur		6 000 000
		Provision pour perte / marché à achèvement futur < (1-40%) x (70.000.000 - 80.000.000) >		

.../.../N+1

6XX		Charges par nature	30 000 000	
	4XX	Comptes de tiers		30 000 000
		Dépenses engagées		

31/08/N+1

411		Clients,	49 560 000	
	705	Travaux facturés		42 000 000
	4433	État, TVA facturée sur travaux		7 560 000
		Facturation complémentaire (60%) des travaux exécutés		

31/12/N+1

193		Provisions pour pertes sur marchés à achèvement futur	6 000 000	
	7911	Reprises de provisions d'expl. pour risques et charges		6 000 000
		Reprise de la provision pour perte / marché à achèvement futur		

Incidence sur le résultat

Rubriques	**N**	**N +1**	**Total**
Produits	28 000 000	42 000 000 6 000 000	76 000 000
Charges	- 50 000 000 - 6 000 000	- 30 000 000	- 86 000 000
Résultat	**- 28 000 000**	**+ 18 000 000**	**- 10 000 000**

III. La méthode à l'achèvement

1. Principes généraux

Dans cette méthode, le chiffre d'affaires et le résultat ne sont comptabilisés qu'en fin de contrat, à la livraison du bien ou à l'achèvement de la prestation.

Ainsi, les coûts, qui s'accumulent dans les comptes de charges pendant le déroulement du contrat, sont neutralisés par la constatation d'une production stockée de même montant.

2. Règles de comptabilisation

2.1. Au cours de l'exercice

✓ Les avances et acomptes versés par le client au cours de la période d'exécution sont, le cas échéant, enregistrés au crédit du compte *4191-Clients, avances et acomptes reçus* par le débit du compte de trésorerie. Les retenues de garantie prélevées par le client seront portées au crédit du compte *4117-Clients, retenue de garantie* :

4117		Clients, retenue de garantie	X	
521		Banques	X	
	4191	Clients, avances et acomptes reçus		X
	443	État, TVA facturée[98]		X

✓ Les charges directes (achats de matières premières, frais de personnel, sous-traitance, matériaux, amortissements du matériel, location d'équipements, conception, etc.) et indirectes rattachables (assurance, assistance technique, frais généraux d'exécution du contrat, etc.) concourant à l'exécution du contrat sont enregistrées dans les comptes appropriés, comme par exemple :

602		Achats de matières 1ères	X	
445		État, TVA récupérable	X	
	40	Fournisseurs		X

422		Personnel, rémunérations dues	X	
	521	Banques		X

---

98 En cas d'encaissement du prix ou d'avances, avant que les livraisons de biens ou les prestations de services ne soient effectuées ou avant qu'une facture ne soit émise, le fait générateur [de la TVA] est réputé intervenir au moment de cet encaissement à concurrence du montant encaissé (article 362 du CGI).

2.2. À la clôture de l'exercice

✓ Les coûts, qui s'accumulent dans les comptes de charges pendant le déroulement du contrat, sont neutralisés par la constatation d'une production stockée de même montant, selon l'objet du contrat (travaux, études, prestations) :

342/		Travaux en cours		
351/		Études en cours	X	
352		Prestations en cours		
	7342/	Variations des stocks - travaux en cours		
	7351/	Variations des encours - études en cours		X
	7352	Variations des encours - prestations en cours		

Cette écriture fera l'objet d'une contrepassation au début de l'exercice suivant.

2.3. À la fin des travaux

✓ Lors de la livraison au client, le chiffre d'affaires est comptabilisé au crédit du compte *70-Ventes* (*705-Travaux facturés* ou *706-Services vendus*) par le débit des comptes de créances clients. Les acomptes versés (et les retenues de garantie) viennent en diminution (et en augmentation) des créances correspondantes :

411		Clients	X	
4191		Clients, avances et acomptes reçus	X	
	70	Ventes		X
	443	État, TVA facturée		X
	4117	Clients, retenue de garantie		X

2.4. Contrats déficitaires

✓ En application de la convention de prudence, la perte totale prévisionnelle doit être provisionnée indépendamment du degré d'avancement. Cette perte probable doit être décomposée en deux (2) parties :

- une provision pour risques à court terme (**perte totale x % d'avancement**) à inscrire au débit du compte *6591-Charges pour provisions pour risques à court terme d'exploitation* par le crédit du compte *4991-Provisions pour risques à court terme sur opérations d'exploitation* ; et
- une provision pour perte à terminaison (**perte totale - provision pour risques à court terme**), pour le complément à inscrire au débit du compte *6911-Dotations aux provisions d'exploitation pour risques et charges* par le crédit du compte *193-Provisions pour pertes sur marchés à achèvement futur* :

6591		Charges pour provisions pour risques à court terme d'exploitation	X	
	4991	Provisions pour risques à CT sur opérations d'exploitation		X
6911		Dotations aux provisions d'expl. pour risques et charges	X	
	193	Provisions pour pertes sur marchés à achèvement futur		X

Application 3 (Contrats bénéficiaires) :

Le 02/01/N, une entreprise de BTP a signé avec un de ses clients un contrat de construction d'un immeuble à livrer dans 20 mois, le 31/08/N+1, pour un montant de 100.000.000 HTVA, facturé au terme du contrat.

Les données du contrat sont les suivantes :

Rubriques	N	N +1
Charges directes de production	40 000 000	20 000 000
Charges indirectes de production	10 000 000	10 000 000
Total	**50 000 000**	**30 000 000**
% d'avancement en fin d'exercice	40%	100%

.../.../N

6XX		Charges par nature	50 000 000	
	4XX	Comptes de tiers		50 000 000
		Dépenses engagées		

31/12/N

342		Travaux en cours	50 000 000	
	7342	Variations des stocks - travaux en cours		50 000 000
		Stock de fin d'exercice		

.../.../N+1

6XX		Charges par nature	30 000 000	
	4XX	Comptes de tiers		30 000 000
		Dépenses engagées		

31/08/N+1

411		Clients,	118 000 000	
	705	Travaux facturés		100 000 000
	4433	État, TVA facturée sur travaux		18 000 000
		Facturation définitive des travaux exécutés		

31/12/N+1

7342		Variations des stocks - travaux en cours	50 000 000	
	342	Travaux en cours		50 000 000
		Annulation du stock initial		

Incidence sur le résultat

Rubriques	N	N +1	Total
Produits	50 000 000	100 000 000 - 50 000 000	100 000 000
Charges	- 50 000 000	- 30 000 000	- 80 000 000
Résultat	**0**	**+ 20 000 000**	**+ 20 000 000**

Application 4 (Contrats déficitaires) :

Le 02/01/N, une entreprise de BTP a signé avec un de ses clients un contrat de construction d'un immeuble à livrer dans 20 mois, le 31/08/N+1, pour un montant de 70.000.000 HTVA, facturé au terme du contrat.

Les données du contrat sont les suivantes :

Rubriques	N	N +1
Charges directes de production	40 000 000	20 000 000
Charges indirectes de production	10 000 000	10 000 000
Total	**50 000 000**	**30 000 000**
% d'avancement en fin d'exercice	40%	100%

.../.../N

6XX		Charges par nature	50 000 000	
	4XX	Comptes de tiers		50 000 000
		Dépenses engagées		

31/12/N

342		Travaux en cours	50 000 000	
	7342	Variations des stocks - travaux en cours		50 000 000
		Stock de fin d'exercice		

31/12/N

6591		Charges pour provisions pour risques à court terme d'expl.	4 000 000	
	4991	Provisions pour risques à CT sur opérations d'expl.		4 000 000
		Provision pour stock *< 40% x (70.000.000 - 80.000.000) >*		
6911		Dotations aux provisions d'expl. pour risques et charges	6 000 000	
	193	Provisions pour pertes sur marchés à achèvement futur		6 000 000
		Provision pour perte / marché à achèvement futur *< (70.000.000 - 80.000.000) – 4.000.000 >*		

.../.../N+1

6XX		Charges par nature	30 000 000	
	4XX	Comptes de tiers		30 000 000
		Dépenses engagées		

31/08/N+1

411		Clients,	82 600 000	
	705	Travaux facturés		70 000 000
	4433	État, TVA facturée sur travaux		12 600 000
		Facturation définitive des travaux exécutés		

31/12/N+1

7342		Variations des stocks - travaux en cours	50 000 000	
	342	Travaux en cours		50 000 000
		Annulation du stock initial		

31/12/N+1

4991		Provisions pour risques à CT sur opérations d'expl.	4 000 000	
	7591	Reprises de charges pour provisions pour risques à court terme d'expl.		4 000 000
		Reprise de provision pour stock		
193		Provisions pour pertes sur marchés à achèvement futur	6 000 000	
	7911	Reprises de provisions d'expl. pour risques et charges		6 000 000
		Reprise de la provision pour perte / marché à achèvement futur		

Incidence sur le résultat

Rubriques	**N**	**N +1**	**Total**
Produits	50 000 000	70 000 000 - 50 000 000 + 4 000 000 + 6 000 000	80 000 000
Charges	- 50 000 000 - 4 000 000 - 6 000 000	- 30 000 000	- 90 000 000
Résultat	**- 10 000 000**	0	**- 10 000 000**

DROIT FISCAL

Le CGI, en son article 8-I-3-b, dispose que, les produits doivent être pris en compte dans le bénéfice imposable « *pour les travaux d'entreprise donnant lieu à réception complète ou partielle, à la date de cette réception même si elle est seulement provisoire ou faite avec réserves, ou à celle de la mise à disposition du maître de l'ouvrage si elle est antérieure ou à l'établissement de factures de doit, de mémoire, de décompte ou d'attachement ou tout autre document y tenant lieu* ».

Ce qui consacre à la fois la méthode à l'achèvement (*date de réception)* et la méthode à l'avancement (*établissement de factures de doit, de mémoire, de décompte ou d'attachement ou tout autre document y tenant lieu*).

Pour autant, dans un 1er temps, le législateur semblait consacrer uniquement la méthode à l'achèvement, à l'exclusion de celle à l'avancement, à travers l'ancienne rédaction de l'article 8 de la loi 2012-31 du 31/12/2012 portant CGI : *les produits doivent être pris en compte dans le bénéfice imposable* « *pour les travaux d'entreprise donnant lieu à réception complète ou partielle, à la date de cette réception même si elle est seulement provisoire ou faite avec réserves, ou à celle de la mise à disposition du maître de l'ouvrage si elle est antérieure* ».

Ce manquement a été corrigé à la faveur de la loi № 2019-17 du 20 décembre 2019 portant loi de finances pour l'année 2020 (modifiant certaines dispositions du CGI), qui a pris en compte également la méthode à l'avancement avec le complément (*l'établissement de factures de doit, de mémoire, de décompte ou d'attachement ou tout autre document y tenant lieu*) qui a été inséré dans la disposition légale.

IV. L'AUDIT FISCAL DES CONTRATS PLURI-EXERCICES

Les contrats pluri-exercices peuvent être contrôlés à partir des recoupements provenant :

- des contrats de marchés notamment publics (qui font l'objet d'une publicité particulière) ;
- des PV de réception finale ou provisoire ;
- des données de la comptabilité analytique (le cas échéant) ;
- des paiements effectués par les clients (État notamment pour les marchés publics) ;
- des rapports publics portant sur le contrôle de conformité des marchés publics[99] ;
- etc.

[99] Rapports publiés annuellement au Sénégal par l'ARMP (Autorité de Régulation des Marchés publics).

Par ailleurs, il importe de :

- s'assurer que les changements de méthodes (de l'avancement à l'achèvement ou *vice versa*) ne sont pas motivés par un souci d'optimisation fiscale ;
- s'assurer que le montant total du marché ou des travaux a été effectivement comptabilisé, en chiffre d'affaires, à travers les exercices couverts par ledit marché ;
- vérifier que les marchés publics ont été présentés à la formalité de l'enregistrement (1% sur le prix hors taxes exprimé ou sur l'évaluation de l'ensemble des livraisons et travaux incombant au fournisseur - articles 468-10 et 472.V.5) ;
- éprouver les modalités de détermination des provisions pour risques à court terme (compte *6591*) et des provisions (à long terme) pour risques et charges (compte *6911*) ;
- s'assurer que les provisions sans objet ont été reprises (notamment à la fin des travaux) ;
- vérifier que les productions stockées, dans le cadre de la méthode à l'achèvement, ont été comptabilisées et ont permis, en conséquence, de compenser les charges engagées ;
- s'assurer, au niveau du client, que la TVA portée dans le compte *4435-État, TVA sur facture à établir*, n'a pas été déduite ; puisque la condition de forme, liée à la facturation effective, n'est pas remplie ;
- rapprocher les enregistrements comptables avec les Notes annexes :
  - *7-Clients* ;
  - *17-Fournisseurs d'exploitation ;*
  - *20-Banques* ;
  - *21-Chiffre d'affaires et autres produits ;*
  - *22-Achats* ;
  - *32-Production de l'exercice ;*
  - *33-Achats destinés à la production* ;
  - *24-Services extérieurs ;*
  - *26-Autres charges* ;
  - *30-Autres charges et produits HAO* ;
- etc.

CHAPITRE XI

LES OPÉRATIONS EN MONNAIES ÉTRANGÈRES

Parmi les conditions minimales de régularité et de sécurité d'une organisation comptable, l'AUDCIF, en son article17, cite en premier : *la tenue de la comptabilité dans la langue officielle et dans l'**unité monétaire ayant cours légal dans l'État partie**.*

Autrement dit, la comptabilité doit être libellée en unité monétaire légale du pays (**Fcfa**[100] pour 14 des 17 membres de l'OHADA) même si, à l'origine, l'opération est en monnaies étrangères (ou devises).

Les opérations en monnaies étrangères concernent généralement[101] :

- les créances et dettes ; et, dans une moindre mesure,
- les disponibilités.

I. LES DISPONIBILITÉS EN DEVISES

Quand elles subsistent au bilan, les disponibilités en devises sont converties en unité monétaire ayant cours légal dans l'État partie, sur la base du dernier cours de change connu à la date de clôture de l'exercice et les écarts constatés sont inscrits directement dans les produits et les charges de l'exercice comme gains ou pertes de change (article 58 - AUDCIF).

---

[100] Fcfa pour (i) **franc de la Communauté financière en Afrique** (XOF) émis par la BCEAO pour les huit (8) États membres de l'UEMOA et (ii) **franc de la Coopération financière en Afrique centrale** (XOF) émis par la BEAC pour les six (6) États membres de la CEMAC.

[101] De telles opérations en devises peuvent aussi concerner tous les autres éléments de l'actif : les immobilisations, les avances et acomptes sur immobilisations, les titres, les stocks.

En d'autres termes, les liquidités ou exigibilités immédiates en devises existant à la clôture de l'exercice sont converties en monnaie nationale sur la base du dernier cours de change au comptant. Les écarts de conversion constatés sont comptabilisés dans le résultat de l'exercice en perte ou gain de change.

Application :

Le 01/07/N, une entité a acquis 30.000 $ au cours de 400 Fcfa pour 1 $. Au 31/12/N, il reste dans le compte bancaire une somme 10.000 $. Le cours à la clôture est de 455 Fcfa pour 1 $.

01/07/N

5215		Banques en devises	12 000 000	
	5211	Banques en monnaie locale		12 000 000
		Achats de devises ($)		

31/12/N

5215		Banques en devises	550 000	
	776	Gains de change financiers		550 000
		Gain de change		

II. LES DETTES ET CRÉANCES EN DEVISES

1. Les modalités de conversion des opérations en devises

Les modalités de conversion en unité monétaire légale, des créances et des dettes, résultant d'opérations faites en monnaies étrangères se situent à trois (3) moments dans la vie d'une entité :

- à l'entrée dans le patrimoine, avec l'inscription à la valeur d'origine ;
- à l'inventaire, par un ajustement en fonction du cours de change à la clôture de l'exercice (écarts de conversion positifs ou négatifs) ;
- à l'encaissement ou au règlement, par la détermination d'une différence de change (gain ou perte) sauf si, antérieurement, une opération spécifique de couverture de change a en fixé définitivement le montant, à la date de cette opération de couverture.

1.1. Inscription des valeurs d'entrée (article 52)

La conversion à l'entrée dans le patrimoine est réalisée au cours de change en vigueur à la date de l'opération, qu'il s'agisse de transactions financières (emprunt, prêt) ou de transactions commerciales (achat, vente).

Dans le cas d'une transaction financière, il s'agira d'un cours au comptant à la date de mise à disposition des devises.

Dans le cas d'une transaction commerciale avec l'étranger, une analyse correcte de l'opération doit permettre de distinguer :

- la partie liée à cette transaction dans les mêmes conditions que celles d'une transaction faite dans l'espace OHADA ; et
- la partie liée à la politique financière appliquée en matière de change (recours ou non à une opération de couverture de change).

<u>Application 1 (transaction commerciale) :</u>

Le 15/11/N, une entité importe des USA des matières premières pour une valeur de 120.000 $ payable dans 90 jours (le 15/02/N).

Le taux de change pour 1$ est de Fcfa 500 au 15/11/N.

15/11/N

602		Achats de matières premières	60 000 000	
445		État, TVA récupérable	10 800 000	
	401	Fournisseurs		60 000 000
	4732	Mandataires (transitaire)		10 800 000
		Achats de matières 1ères importées *< 120.000 x 500 >*		

<u>Application 2 (transaction financière) :</u>

Une entité contracte le 01/10//N un emprunt de 50.000 $, au taux de 7% remboursable en 2 fractions égales (amortissement constant) à compter du 01/10/N+1.

Le taux de change pour 1$ est de Fcfa 500 au 01/10/N.

01/10/N

521		Clients	25 000 000	
	162	Emprunts auprès des établissements de crédit		25 000 000
		Avis de crédit < 50.000 x 500 >		

1.2. Ajustement des créances et dettes à l'inventaire (articles 54, 56, 57)

Lorsqu'elles subsistent à l'inventaire, les créances et les dettes libellées en monnaies étrangères sont converties sur la base du dernier cours de change à la date de clôture des comptes.

Les différences de conversion constatées par rapport aux valeurs d'origine, sont inscrites dans des subdivisions des comptes de créances et dettes concernées, qui figurent ainsi au bilan pour leur valeur du moment.

En contrepartie de cet ajustement de créances et de dettes, sont ouverts deux comptes d'écarts de conversion :

- *478-Écarts de conversion-Actif*, qui regroupe les pertes probables de change (augmentation de dettes et diminution de créances) ; et
- *479-Écarts de conversion-Passif*, qui regroupe les gains probables de change (diminution de dettes et augmentation de créances)

En outre, il convient de constituer une provision pour la perte probable de change :

- pour les transactions commerciales, la provision relative à la perte probable de change s'analyse comme une charge d'exploitation qu'il faut inscrire au débit du compte *6591-Charges pour provisions sur risques à court terme d'exploitation* par le crédit du compte *4991-Provisions pour risques à court terme sur opérations d'exploitation* ;
- pour les transactions financières, la provision relative à la perte probable de change s'analyse comme une charge à caractère financier qu'il faut inscrire :
    - pour les risques à long terme, au débit du compte *6971-Dotations aux provisions financières pour risques et charges* par le crédit du compte *194-Provisions pour pertes de change* ;
    - pour les risques à court terme, au débit du compte *6791-Charges pour provisions sur risques à court terme financiers* par le crédit du compte *4997-Provisions pour risques à court terme sur opérations financières*.

Application 1 suite (transaction commerciale) :

Au 31/12/N, le taux de change pour 1$ est de Fcfa 545 (contre 500 Fcfa au 15/11/N).

31/12/N

4783		Écarts de conversion-actif, augmentation des dettes d'exploitation	5 400 000	
	401	Fournisseurs		5 400 000
		Perte latente < 120.000 x (545 - 500) >		
6591		Charges pour provisions sur risques à court terme	5 400 000	
	4991	Provisions pour risques à court terme sur opérations d'exploitation		5 400 000
		Provisions		

Application 2 suite (transaction financière) :

Au 31/12/N, le taux de change pour 1$ est de Fcfa 545 (contre 500 au 01/09/N).

1. Intérêts courus et non échus

31/12/N

6712		Intérêts des emprunts auprès des Éts de crédit	476 875	
	1662	Intérêts courus sur emprunts auprès des établissements de crédit		476 875
		Intérêts courus non échus *< 50.000 x 545 x 7% x 3/12 >*		

2. Écart de conversion

À la date de l'opération, le montant de l'emprunt est de 25.000.000 (= 50.000 x 500). À la date de clôture, il est de 27.250.000 (= 50.000 x 545) ; soit une augmentation de la dette, représentant une perte latente de 2.250.000.

31/12/N

4784		Écart de conversion-actif, augmentation des dettes financières	2 250 000	
	162	Emprunts auprès des Éts de crédit		2 250 000
		Perte latente		

3. Provisions

La perte latente attachée à une opération d'emprunt affectant plusieurs exercices doit être étalée sur la durée restant à courir jusqu'au terme des remboursements le 01/10/N+2, soit 21 mois.

Montant de la perte latente différée : 2.250.000 x 21/24 = 1.968.750

Montant de la perte latente à provisionner : 2.250.000 – 1.968.750 = 2.250.000 x 3/24 = 281.250

31/12/N

6971		Dotations aux provisions pour risques et charges	281 250	
	194	Provisions pour pertes de change		281 250
		Provisions pour perte de change		

1.3. Règlement des dettes et créances en devises (articles 53, 55)

Les gains ou les pertes interviennent à la date d'encaissement ou de règlement des créances et des dettes libellées en monnaies étrangères. Ils sont constatés par différence entre la valeur d'encaissement ou de règlement et la valeur d'origine.

✓ Les résultats de change sur créances et dettes commerciales sont enregistrés en résultat d'exploitation :

- les pertes de change sont comptabilisées au débit du compte *656-Pertes de change sur créances et dettes commerciales* ;
- les gains de change sont comptabilisés au crédit du compte *756-Gains de change sur créances et dettes commerciales* ;

✓ Les résultats de change sur opérations ayant un caractère financier sont enregistrés en résultat financier :

- les pertes de change sont comptabilisées au débit du compte *676-Pertes de change financières* ;
- les gains de change sont comptabilisés au crédit du compte *776-Gains de change financiers* ;

✓ En outre, il convient de procéder à la reprise des provisions devenues sans objet :

- pour les transactions commerciales, la provision relative à la perte probable est reprise au débit du compte *4991-Provisions pour risques à court terme sur opérations d'exploitation* par le crédit du compte *7591-Reprises de charges pour provisions sur risques à court terme d'exploitation* ;
- pour les transactions financières, la provision relative à la perte probable de change est reprise :
  - pour les risques à long terme, au débit du compte *194-Provisions pour pertes de change* par le crédit du compte *7971-Reprises des provisions financières pour risques et charges* ;
  - pour les risques à court terme, au débit du compte *4997-Provisions pour risques à court terme sur opérations financières* par le crédit du compte *7791-Reprises de provisions sur risques à court terme financiers.*

Application 1 suite (transaction commerciale) :

Le 15/02/N+1, l'entité donne ordre à sa banque d'effectuer un virement relatif à l'achat du 15/ 11/N.

Le taux de change notifié par la banque est de 555 Fcfa pour 1 $.

		01/01/N+1		
401		Fournisseurs	5 400 000	
	4783	Écarts de conversion-actif, augmentation des dettes d'exploitation		5 400 000
		Contre-passation de l'écart de conversion		

15/02/N+1

401		Fournisseurs	60 000 000	
656		Pertes de change sur créances et dettes commerciales	6 600 000	
	52	Banques		66 600 000
		Règlement de la facture		

31/12/N+1

4991		Provisions pour risques à court terme sur opérations d'exploitation	5 400 000	
	7591	Reprises de charges pour provisions sur risques à court terme d'exploitation		5 400 000
		Reprise de la provision		

Application 2 suite (transaction financière) :

Le 01/10/N+1, l'entité donne ordre à sa banque d'effectuer le 1er paiement relatif à l'emprunt du 01/10/N.

Le taux de change notifié par la banque est de 565 Fcfa pour 1 $.

1. À l'ouverture de l'exercice

01/01/N+1

1662		Intérêts courus sur emprunts auprès des établissements de crédit	476 875	
	6712	Intérêts des emprunts auprès des Éts de crédit		476 875
		Contrepassation des intérêts courus non échus		
162		Emprunts auprès des Éts de crédit	2 250 000	
	4784	Écart de conversion-actif, augmentation des dettes financières		2 250 000
		Contre-passation de la perte latente		

2. À l'échéance

Amortissement de l'emprunt = (50 000 / 2) x 500 = 25.000 x 500 = 12.500.000

Perte de change = 25.000 (565 - 500) = 1.625.000

Intérêts = (50.000 x 565) x 7% = 1.977.500

Taxe sur les activités financières (TAF) = 1.977.500 x 17% = 366.175

01/09/N+1

162		Emprunts auprès des Éts de crédit	12 500 000	
6712		Intérêts des emprunts auprès des Éts de crédit	1 977 500	
676		Pertes de change financières	1 625 000	
4457		État, TAF récupérable	336 175	
	521	Banques		16 438 675
		Paiement de l'annuité		

✓ **À la clôture de l'exercice (le taux de change est de 540 Fcfa le 31/12/N+1)**

3. Intérêts courus et non échus

31/12/N+1

6712		Intérêts des emprunts auprès des Éts de crédit	236 250	
	1662	Intérêts courus sur emprunts auprès des établissements de crédit		236 250
		Intérêts courus non échus *< 25.000 x 540 x 7% x 3/12 >*		

4. Écart de conversion

31/12/N+1

4784		Écart de conversion-actif, augmentation des dettes financières	375 000	
	162	Emprunts auprès des Éts de crédit		375 000
		Perte latente < 25.000 x (515 - 500) >		

5. Provisions

Montant de la perte latente différée : 375.000 x 10/24 = 156.250

Montant de la perte latente à provisionner : 375.000 – 156.250 = 375.000 x 14/24 = 218.750

Or, il existe déjà une provision de 281.250. Il convient donc de procéder à un ajustement à la baisse (reprise) de la provision existante de 62.500 = 281.250 – 218.750.

31/12/N+1

194		Provisions pour pertes de change	62 500	
	7971	Reprises de provisions financières pour risques et charges		62 500
		Reprise de la provision pour perte de change		

2. Position globale de change

La position globale de change s'entend de la situation, devise par devise, de toutes les opérations engagées contractuellement par l'entité, même si elles n'ont pas encore été inscrites dans les comptes (commandes fermes, par exemple).

Lorsque ces opérations sont telles qu'elles concourent à une position globale de change au sein de l'entité, le montant de la dotation à la provision pour pertes de change est limité à l'excédent des pertes probables sur les gains latents afférents aux éléments inclus dans cette position (article 57).

La position globale est utilisée uniquement pour la détermination de la provision. Aucune compensation ne peut être opérée entre les écarts de conversion actifs et passifs comptabilisés au bilan ou entre les gains et les pertes effectivement réalisés *in fine*.

<u>Application :</u>

Le 01/11/N, une entité vend des produits finis à l'exportation pour un montant de 1.000.000 MRU (ouguiya de la Mauritanie) payable le 01/02/N+1.

Le 01/12/N, elle achète des marchandises à un fournisseur domicilié en Mauritanie pour un montant de 3.500.000 MRU. Le règlement est prévu le 31/01/N+1.

L'évolution du cours du MRU se présente comme suit :

Date	Cours du MRU
01/11/N	15 Fcfa
01/12/N	16 Fcfa
31/12/N	17 Fcfa

1. <u>Écart de conversion</u>

31/12/N

411		Clients	2 000 000	
	4791	Écart de conversion-passif, augmentation des créances d'exploitation		2 000 000
		Gain latent < 1.000.000 x (17 - 15) >		

31/12/N

4783		Écart de conversion-actif, augmentation des dettes d'exploitation	3 500 000	
	401	Fournisseurs		3 500 000
		Perte latente < 3.500.000 x (17 -16) >		

2. Provisions

31/12/N

6591		Charges pour provisions sur risques à court terme d'exploitation	1 500 000	
	4991	Provisions pour risques à court terme sur opérations d'exploitation		1 500 000
		Provisions < 3.500.000 - 2.000.000 >		

3. Les opérations assorties de couverture de change

3.1. Couverture fixant définitivement le cours de la monnaie étrangère à l'échéance

Selon les dispositions de l'article 58-3 de l'AUDCIF, *lorsque les couvertures fixent définitivement le cours de la monnaie étrangère à l'échéance, l'incertitude disparaît totalement. La valeur des créances ou des dettes en monnaies étrangères à l'échéance est connue. La couverture transforme les créances et les dettes en monnaies étrangères en créances et dettes en monnaie de l'État partie ayant cours légal.*

Sont concernées :

- les transactions matérialisant une garantie interne de taux de matières premières ou de change entre une centrale de trésorerie et une autre entité d'un même groupe (à l'exclusion donc des instruments financiers à terme) ; ou
- des garanties équivalentes contractées avec des organismes d'assurance pour le commerce extérieur.

La date de mise en place de la couverture a toutefois une incidence sur le traitement comptable à effectuer :

- si la couverture est mise en place avant l'opération, les créances et les dettes sont enregistrées au cours fixé par l'instrument de couverture. Il n'y a donc pas d'écart de conversion, ni de provision à constater. Le résultat financier n'est pas affecté ;
- lorsque la couverture est prise après l'opération, tant que celle-ci n'est pas mise en place, les écarts de conversion et les provisions nécessaires sont comptabilisés comme mentionné aux articles 54 et suivants de l'AUDCIF. Lors de la réalisation de la couverture, les créances et dettes sont converties au cours de couverture. Les écarts, constatés entre la valeur d'origine des créances et des dettes et leur évaluation au cours de couverture sont comptabilisés en résultat financier. Les éventuelles provisions sont reprises.

Application 1 (couverture avant l'opération de vente) :

Le 01/10/N, une entité vend des marchandises à un client étranger pour un montant de 150.000 $ payable le 01/03/N+1. Le taux de change pour 1$ est de Fcfa 500 au 01/10/N.

Auparavant, le 25/09/N, craignant une éventuelle baisse du $ en perspective de la vente du 01/10/N, l'entité avait décidé, de se couvrir par une vente à terme de 150.000 $ au taux de 475 Fcfa à échéance du 01/03/N+1.

01/10/N

411		Clients	71 250 000	
	701	Ventes de marchandises		71 250 000
		Ventes de marchandises à l'exportation < 150.000 x 475 >		

01/03/N+1

521		Banques	71 250 000	
	411	Clients		71 250 000
		Règlement par virement bancaire		

Application 2 (couverture après l'opération de vente) :

Le 01/10/N, une entité vend des marchandises à un client étranger pour un montant de 150.000 $ payable le 01/03/N+1. Le taux de change pour 1$ est de Fcfa 500 au 01/10/N.

Le 01/12/N, craignant une éventuelle baisse du $, l'entité décide, de se couvrir par une vente à terme de 150.000 $ au taux de 475 Fcfa à échéance du 01/03/N+1.

Au 31/12/N, le taux de change du $ est de Fcfa 490.

01/10/N

411		Clients	75 000 000	
	701	Ventes de marchandises		75 000 000
		Ventes de marchandises à l'exportation < 150.000 x 500 >		

31/12/N

4781		Écart de conversion-actif, diminution des créances d'exploitation	1 500 000	
	411	Clients		1 500 000
		Perte latente < 150.000 x (500 - 490) >		
6591		Charges pour provisions sur risques à court terme d'exploitation	1 500 000	
	4991	Provisions pour risques à court terme sur opérations d'exploitation		1 500 000
		Provisions		

01/01/N+1

411		Clients	1 500 000	
	4781	Écarts de conversion-actif, diminution des créances d'exploitation		1 500 000
		Contre-passation de l'écart de conversion		

01/03/N+1

656		Pertes de change sur créances et dettes commerciales	3 750 000	
	411	Clients		3 750 000
		Perte de change *< 150.000 x (500 – 475) >*		

01/03/N+1

52		Banques	71 250 000	
	411	Clients		71 250 000
		Règlement de la facture *< 150.000 x 475 >*		

31/12/N+1

4991		Provisions pour risques à court terme sur opérations d'exploitation	1 500 000	
	7591	Reprises de charges pour provisions sur risques à court terme d'exploitation		1 500 000
		Reprise de la provision		

3.2. Couverture ne fixant pas définitivement le cours de la monnaie étrangère à l'échéance

Lorsque les couvertures ne fixent pas définitivement le cours de la monnaie étrangère à l'échéance, le taux de conversion des créances et dettes en monnaies étrangères applicable à l'échéance n'est pas connu.

Seul le risque de perte est réduit par l'instrument de couverture utilisé. Les écarts de conversion relatifs aux créances et dettes en monnaies étrangères sont entièrement constatés. En revanche, la provision pour perte de change n'est constituée qu'à concurrence du risque non couvert.

Application :

Le 01/10/N, une entité vend des marchandises à un client étranger pour un montant de 150.000 $ payable le 01/03/N+1. Le taux de change pour 1$ est de Fcfa 500 au 01/10/N.

Le 01/10/N, pour compenser une éventuelle baisse du $, elle décide, de se couvrir partiellement par un emprunt de même échéance et d'un montant de 100.000.

Au 31/12/N, le taux de change du $ est de 490 Fcfa. Il est de 450 Fcfa le 01/03/N+1.

01/10/N

411		Clients	75 000 000	
	701	Ventes de marchandises *Ventes de marchandises à l'exportation* < 150.000 x 500 >		75 000 000
521		Banques	50 000 000	
	168	Autres emprunts *Emprunt* < 100.000 x 500 >		50 000 000

31/12/N

4781		Écart de conversion-actif, diminution des créances d'exploitation	1 500 000	
	411	Clients *Perte latente sur la créance* < 150.000 x (500 – 490) >		1 500 000
168		Autres emprunts	1 000 000	
	4794	Écart de conversion-passif, diminution des dettes financières *Gain latent sur l'emprunt* < 100.000 x (500 – 490) >		1 000 000

La perte latente sur la créance (1.500.000) est compensée par un gain latent sur l'opération de couverture-emprunt (1.000.000). Une provision n'est constituée qu'à concurrence du risque non couvert (1.500.000 – 1.000.000).

L'on devra donc passer les écritures suivantes :

31/12/N

4788		Différences compensées par une couverture de change	1 000 000	
	4781	Écart de conversion-actif, diminution des créances d'exploitation *Perte latente couverte*		1 000 000
6591		Charges pour provisions sur risques à court terme d'exploitation	500 000	
	4991	Provisions pour risques à court terme sur opérations d'exploitation *Provisions* < 1.500.000 – 1.000.000 >		500 000

01/01/N+1

411		Clients	1 500 000	
	4781	Écarts de conversion-actif, diminution des créances d'exploitation		500 000
	4788	Différences compensées par une couverture de change		1 000 000
		Contre-passation de l'écart de conversion-actif		
4794		Écart de conversion-passif, diminution des dettes financières	1 000 000	
	168	Autres emprunts		1 000 000
		Contre-passation de l'écart de conversion-passif / Emprunt		

01/03/N+1

52		Banques	67 500 000	
656		Pertes de change sur créances et dettes commerciales	7 500 000	
	411	Clients		75 000 000
		Encaissement de la créance au cours du jour (450 Fcfa)		
168		Autres emprunts	50 000 000	
	52	Banques		45 000 000
	776	Gains de change financiers		5 000 000
		Remboursement de l'emprunt au cours du jour (450 Fcfa)		

31/12/N+1

4991		Provisions pour risques à court terme sur opérations d'exploitation	500 000	
	7591	Reprises de charges pour provisions sur risques à court terme d'exploitation		500 000
		Reprise de la provision		

DROIT FISCAL

Le CGI, en son article 8-I-5 (définition du bénéfice imposable) pose le principe de l'imposition des *écarts de conversion des devises ainsi que des créances et dettes libellées en monnaies étrangères par rapport aux montants initialement comptabilisés* [...], *déterminés à la clôture de chaque exercice en fonction du dernier cours de change et pris en compte pour la détermination du résultat imposable de l'exercice.*

Ainsi, le résultat fiscal des entités doit obligatoirement prendre en compte *les gains potentiels de change* [produits imposables] *ainsi que les pertes latentes* [charges déductibles] *constatés au cours de l'exercice*[102].

Dans la pratique, puisque les écarts de conversion sont enregistrés dans des comptes de bilan, il convient, en vue de la détermination du résultat imposable, de procéder, de façon extracomptable, à la réintégration des gains latents et à la déduction des pertes probables.

Il importe aussi de réintégrer la dotation pour pertes de change et de déduire, le cas échéant, la reprise de provisions, afin de corriger leur effet sur le résultat comptable et d'éviter ainsi la double déduction avec l'écart de conversion-actif y afférent.

Au total, dans le cadre de la détermination du résultat fiscal, il convient de :

- **réintégrer les gains latents comptabilisés au compte *479-Écarts de conversion-passif* ;**
- **déduire les pertes latentes comptabilisées au compte *478-Écarts de conversion-actif* ;**
- **réintégrer les provisions pour risques de change comptabilisées dans les comptes *6591-Charges pour provisions sur risques à court terme d'exploitation* et *6971-Dotations aux provisions financières pour risques et charges* (LT).**

Toutefois, les pertes de change constatées (*656* et *676*) restent déductibles, tout comme sont imposables les gains de change réalisés (*756* et *776*).

III. L'AUDIT FISCAL DES OPÉRATIONS EN MONNAIES ÉTRANGÈRES

Les opérations en devises peuvent être contrôlées à partir :

- des cours de bourse de clôture ;
- de l'historique des cours de change ;
- des documents bancaires (avis de crédit, avis de débit, relevés bancaires) ;
- des crédits documentaires ou CRÉDOC (engagement de paiement d'une banque à une autre banque, généralement d'un autre pays, contre présentation de documents conformes) ;
- des contrats passés avec les clients et fournisseurs étrangers, ainsi que de leurs factures et des règlements y afférents ;
- des états de rapprochement bancaire ;
- etc.

[102] DGID, État des réponses aux contribuables, année 2006, Lettre N° 477 MEF/DGID/BLC du 01 août 2006.

Par ailleurs, il importe de :

- rapprocher les opérations en devises avec les Notes annexes :
  - ***12-Écart de conversion*** ;
  - *16A-Dettes financières et ressources assimilées* ;
  - ***29-Charges et revenus financiers*** ;
  - *etc.* ;
- vérifier la réalité des taux de change ayant permis de déterminer (i) les écarts de conversion, (ii) les pertes et gains de change comptabilisés ;
- s'assurer de la réintégration des écarts de conversion-passif (gains probables de change) ;
- vérifier la réintégration des provisions pour risques de change comptabilisées au débit des comptes *6591-Charges pour provisions sur risques à court terme d'exploitation* et *6971-Dotations aux provisions financières pour risques et charges* ;
- vérifier si la perte de change n'a pas fait l'objet d'une couverture ou d'une assurance déjà déduite ;
- vérifier les données de la *Capacité d'autofinancement global* (CAFG) qui intègre, dans son calcul, les pertes et gains de change ;
- etc.

CHAPITRE XII

LA COMPTABILITÉ PLURI-MONÉTAIRE

Les entités appartenant à l'espace OHADA, qui sont amenées à réaliser des opérations en dehors de leur zone monétaire (achats, ventes, prestations de services, rémunérations d'intermédiaires, etc.) peuvent être confrontées à des difficultés de conversion en unités monétaires légales de leur pays, de la monnaie étrangère dans laquelle lesdites opérations sont réalisées, ou inversement.

Afin de faciliter leur traitement, les mouvements en monnaies étrangères doivent être suivis de façon distincte en comptabilité.

Le nombre de monnaies en cause et la fréquence des opérations, de même que les conditions d'organisation générale de la comptabilité, conduiront l'entité à utiliser l'une des trois (**3**) méthodes suivantes :

- la méthode de l'intégration directe ;
- la méthode de l'intégration différée ;
- la méthode de l'intégration mixte.

I. LA MÉTHODE DE L'INTÉGRATION DIRECTE (OU MÉTHODE MONO-MONÉTAIRE)

1. Principes généraux

Elle est utilisée lorsqu'il n'y a qu'un petit nombre d'opérations réalisées dans une seule monnaie étrangère.

Pour rappel, la comptabilité n'est tenue qu'en unité monétaire légale du pays (le Fcfa pour les 14 sur 17 pays de l'espace OHADA). Deux solutions sont possibles pour la conversion des opérations :

- toutes les sommes en monnaies étrangères sont immédiatement converties sur la base du cours du jour de la devise à la date de l'opération ;
- toutes les sommes en monnaies étrangères sont immédiatement converties sur la base d'un cours fixe, choisi pour toute une période (cours standard).

Dans les deux cas, le solde en devises à la clôture de l'exercice est ajusté en fonction du dernier cours officiel de chacune de ces devises, conformément aux dispositions prévues pour les opérations faites en monnaies étrangères.

Lorsque l'opération avec l'étranger est achevée et réglée, le résultat de cette opération est déterminé en retenant la perte de change (compte *656* ou *676*) ou le gain de change (compte *756* ou *776*), apparu du fait de la variation de la devise entre la date de comptabilisation initiale de l'opération et la date du règlement ou la date de la couverture de change, le cas échéant.

2. Comptabilisation

Application 1 (comptabilisation sur la base du cours du jour de la devise à la date de l'opération, cf. Guide d'application du SYSCOHADA, pages 274-276) :

Au cours du 1er semestre de l'année, une entité a réalisé les opérations suivantes :

03/03 : Achat de marchandises à un fournisseur domicilié aux USA pour une valeur de 1.000 \$, payable à la fin du mois de mai par traite (1 \$ = 520 Fcfa)

30/04 : Vente au comptant des marchandises ci-dessus pour 800.000 Fcfa

18/05 : Achat de 1000 \$ au cours de 517 Fcfa

31/05 : Règlement de la traite (cours du dollar = 522 Fcfa)

03/03/N

601		Achats de marchandises	520 000	
	401	Fournisseurs, dettes en compte		520 000
		Importation de marchandises		
401		Fournisseurs, dettes en compte	520 000	
	402	Fournisseurs, effets à payer		520 000
		Règlement du fournisseur par traite		

30/04/N

5211		Banques en monnaie nationale	800 000	
	701	Ventes de marchandises		800 000
		Ventes au comptant		

18/05/N

5215		Banques en devises	517 000	
	5211	Banques en monnaie nationale		517 000
		Achat de devises		

31/05/N

402		Fournisseurs, effets à payer	522 000	
	5215	Banques en devises		522 000
		Paiement traite en devises		
5215		Banques en devises	5 000	
	776	Gains de change financiers		5 000
		Clôture du compte en $ *< (522 - 517) x 1.000 >*		
656		Pertes de change sur créances et dettes commerciales	2 000	
	402	Fournisseurs, effets à payer		2 000
		Pertes sur compte fournisseur *< (522 - 500) x 1.000 >*		

Détermination du résultat

Rubriques	**Montant**
Ventes de marchandises	800 000
Gains de change	5 000
Achats de marchandises	– 520 000
Pertes de change	– 2 000
Résultat	**283 000**

Application 2 : comptabilisation sur la base d'un cours fixe (cours standard)

cf. application 1, avec un cours fixe de 507 Fcfa pour 1 $ pendant le 1er semestre N.

03/03/N

601		Achats de marchandises	507 000	
	401	Fournisseurs, dettes en compte		507 000
		Importation de marchandises		
401		Fournisseurs, dettes en compte	507 000	
	402	Fournisseurs, effets à payer		507 000
		Règlement du fournisseur par traite		

30/04/N

5211		Banques en monnaie nationale	800 000	
	701	Ventes de marchandises		800 000
		Ventes au comptant		

18/05/N

5215		Banques en devises	517 000	
	5211	Banques en monnaie nationale		517 000
		Achat de devises		

31/05/N

402	5215	Fournisseurs, effets à payer Banques en devises *Paiement traite en devises*	507 000	507 000
676	5215	Pertes de change financières Banques en devises *Clôture du compte en $* *< 517.000 - 507.000 >*	10 000	10 000

Détermination du résultat

Rubriques	**Montant**
Ventes de marchandises	800 000
Achats de marchandises	- 507 000
Pertes de change	- 10 000
Résultat	**283 000**

L'on remarque que le choix de la méthode (cours du jour ou cours fixe) est neutre sur le résultat de l'opération. Mais, il ne l'est pas quant à sa répartition sur les différents composants du résultat.

II. LA MÉTHODE DE L'INTÉGRATION DIFFÉRÉE (OU MÉTHODE DE LA COMPTABILITÉ FRACTIONNÉE OU MÉTHODE PLURI-MONÉTAIRE)

1. Principes généraux

Elle est conseillée dès que les opérations avec l'étranger prennent une certaine ampleur (plusieurs monnaies étrangères en cause, de nombreuses opérations).

Cette méthode s'apparente à celle utilisée pour la comptabilité de succursales. Outre la comptabilité normale en unité monétaire légale (*Fcfa*), l'entité tient autant de comptabilités auxiliaires distinctes qu'il y a de monnaies étrangères (ou de catégories de monnaies étrangères).

La tenue de plusieurs comptabilités conduit à créer, pour assurer un lien entre la comptabilité en *Fcfa* et les comptabilités en monnaies différentes, deux ou plusieurs comptes de liaison (sous-comptes du *185-Comptes permanents non bloqués des établissements et succursales*) :

- dans les comptabilités en monnaies étrangères, ce compte de liaison s'intitulera "comptabilité *Fcfa*" ;
- dans la comptabilité en *Fcfa*, les comptes de liaison s'intituleront, par exemple, "comptabilité *dollars*", "comptabilité *livres sterling*", etc.

Les opérations ne faisant intervenir que des comptes en *Fcfa* sont comptabilisées, comme à l'ordinaire, dans la comptabilité en unité monétaire légale (*Fcfa*).

Les opérations faites avec l'étranger n'ayant pas de contrepartie immédiate en *Fcfa*, c'est-à- dire celles correspondant à une entrée ou à une sortie de monnaies étrangères et ne faisant pas jouer directement la comptabilité en *Fcfa*, sont enregistrées dans la comptabilité en monnaies étrangères.

En fin d'exercice, il convient de procéder à l'intégration des comptabilités en monnaies étrangères dans la comptabilité en *Fcfa*.

Les comptes tenus en devises sont préalablement convertis en *Fcfa* sur la base des cours au jour de l'inventaire. Ces soldes convertis figurent dans la balance de vérification avant les écritures d'inventaire.

La comptabilité en monnaie étrangère peut aussi être intégrée en cours d'année en vue de déterminer le résultat des opérations faites avec l'étranger.

2. Comptabilisation

<u>Application (cf. application 1 - Guide d'application du SYSCOHADA, pages 278-279)</u>

1. <u>Comptabilité en dollars $</u>

03/03/N

601		Achats de marchandises	1 000	
	401	Fournisseurs, dettes en compte		1 000
		Importation de marchandises		
401		Fournisseurs, dettes en compte	1 000	
	402	Fournisseurs, effets à payer		1 000
		Règlement du fournisseur par traite		

30/04/N

NÉANT

18/05/N

5215		Banques en devises	1 000	
	1853	Comptabilité en Fcfa		1 000
		Achat de devises		

31/05/N

402		Fournisseurs, effets à payer	1 000	
	5215	Banques en devises		1 000
		Paiement traite en devises		

2. Comptabilité en Fcfa

03/03/N

NÉANT

30/04/N

5211		Banques en monnaie nationale	800 000	
	701	Ventes de marchandises		800 000
		Ventes au comptant		

18/05/N

1852		Comptabilité en dollars $	517 000	
	5211	Banques en monnaie nationale		517 000
		Achat de devises		

31/05/N

NÉANT

3. Détermination du résultat

En fin de période, les comptabilités en devises sont intégrées dans la comptabilité en Fcfa. Ici, la comptabilité en dollars est transférée dans la comptabilité en Fcfa (transfert des soldes des comptes tenus en monnaie étrangère convertis en Fcfa en utilisant le cours à fin mai : 522 Fcfa pour 1 $).

18/05/N

601		Achats de marchandises	522 000	
	1853	Comptabilité en Fcfa		522 000
		Transfert de comptabilité en $		

Les deux comptes de liaison sont ensuite soldés l'un par l'autre, le solde représentant soit une perte de change, soit un gain de change.

31/05/N

1853		Comptabilité en Fcfa	522 000	
	1852	Comptabilité en dollars $		517 000
	756	Gains de change sur créances et dettes commerciales		5 000
		Pour solde des comptes de liaison		

4. Détermination du résultat des opérations

Rubriques	**Montant**
Ventes de marchandises	800 000
Achats de marchandises	– 522 000
Gains de change	5 000
Résultat	**283 000**

Le résultat obtenu est évidemment identique à celui calculé dans le cadre de la méthode de l'intégration directe.

III. La méthode de l'intégration mixte

1. Principes généraux

Cette méthode fait intervenir :

- une comptabilité des monnaies étrangères en partie simple (hors bilan) ; et
- une comptabilité en *Fcfa* en partie double (comptabilité générale ou ordinaire).

Pour les écritures passées en partie simple, il est conseillé d'indiquer la position du compte de devises (débiteur ou créditeur) afin d'éviter toute confusion dans la comptabilisation ultérieure des opérations.

2. Comptabilisation

<u>**Application** (cf. Guide d'application du SYSCOHADA, pages 280-282)</u>

Une entité établie dans l'espace OHADA réalise, en plus de ses opérations dans la zone, quelques ventes aux États-Unis.

Au cours du 1er semestre N, elle a effectué les opérations suivantes avec l'étranger :

03/03 :	vente à terme aux États-Unis	1 000 \$, cours du dollar 507
	règlement total de cette vente	1 000 \$, cours du dollar 510
30/04 :	nouvelle vente à terme aux États-Unis	1 200 \$, cours du dollar 508
18/05 :	règlement partiel de cette vente	900 \$, cours du dollar 511
31/05 :	règlement de frais de déplacement	300 \$, cours du dollar 509
	troisième vente à terme aux États-Unis	1 400 \$, cours du dollar 512

03/03/N

411		Clients US	507 000	
	701	Ventes de marchandises		507 000
		Exportations de marchandises *< 507 x 1.000 >*		
5215		Banques en devises \$	510 000	
	411	Clients US		510 000
		Règlement du client US < 510 x 1.000 >		

30/04/N

411		Clients US	609 600	
	701	Ventes de marchandises		609 600
		Exportations de marchandises		
		< 508 x 1.200 >		

18/05/N

5215		Banques en devises $	459 000	
	411	Clients US		459 000
		Règlement partiel du client US		
		< 511 x 900 >		

31/05/N

6384		Missions	152 700	
	5215	Banques en devises $		152 700
		Frais de déplacement en $ < 509 x 300 >		
411		Clients US	716 800	
	701	Ventes de marchandises		716 800
		Exportations de marchandises		
		< 512 x 1.400 >		

1. <u>Analyse des comptes "clients US" et "Banques en devises $"</u>

Supposons que le cours du dollar au jour de l'inventaire s'élève à 510 Fcfa, les différences de change sur les comptes "clients US" et "banques en devises $" se présentent comme suit :

1.1- Compte "clients US"

Opérations	$	Fcfa	Opérations	$	Fcfa
Ventes	1 000	507 000	Banque	1 000	510 000
Ventes	1 200	609 600	Banque	900	459 900
Ventes	1 400	716 800	Solde en $	1 700	867 000
Solde en Fcfa		3 500			
Total	3 600	1 836 900		3 600	1 836 900

Solde en $: 3.600 – 1.900 = 1.700

Solde en Fcfa: 1.833.400 – 969.900 = 863.500

Le cours du $ au jour de l'inventaire étant de 510, le solde réel des $ s'élève à : 1.700 x 510 = 867.000

La différence de conversion s'élève donc à 867.000 – 853.500 = 3.500 Fcfa, à rajouter au débit du compte "clients US".

Débit	Crédit
1 833 400	969 000
3 500	867 000
1 836 900	1 836 900

1.2- Compte "banques en devises $"

Opérations	$	Fcfa	Opérations	$	Fcfa
Règlement clients	1 000	510 000	Missions	300	152 700
Règlement clients	900	459 900	Solde en $	1 600	816 000
			Solde en Fcfa		1 200
Total	1 900	969 900		1 900	969 900

Solde en $: 1.900 - 300 = 1.600

Solde en Fcfa : 1.833.400 - 969.900 = 863.500

Le cours du $ au jour de l'inventaire étant de 510, le solde réel des $ s'élève à : 1.600 x 510 = 816.000

La différence de conversion s'élève donc à 817.200 - 816.000 = 1.200, à rajouter au crédit du compte "banques en devises $".

Débit	Crédit
969 900	152 700
	816 000
	1 200
969 900	969 900

2. Écritures au journal

31/12/N

411		Clients US	3 500	
	4791	Écarts de conversion-passif, augmentation des créances d'exploitation		3 500
		Différence de change		
656		Pertes de change commerciales	1 200	
	5215	Banques en devises $		1 200
		Ajustement compte Banques en $		

IV. L'AUDIT FISCAL DE LA COMPTABILITÉ PLURI-MONÉTAIRE

Cf. supra, *Audit fiscal des opérations en monnaies étrangères, chapitre XI*, page 351.

CHAPITRE XIII

LES ÉVÈNEMENTS POSTÉRIEURS À LA CLÔTURE DE L'EXERCICE[103]

I. PRINCIPES GÉNÉRAUX

Les évènements postérieurs à la clôture de l'exercice sont les évènements favorables ou défavorables, qui se produisent entre la date de clôture de l'exercice (31 décembre N) et la date de l'arrêté des comptes (30 avril N+1, au plus tard).

Le postulat de spécialisation des exercices conduit à rattacher à l'exercice toutes les charges et tous les produits le concernant et ceux-là seulement. En effet, *le résultat de chaque exercice est indépendant de celui qui le précède et de celui qui le suit. Pour sa détermination, il convient de lui rattacher et de lui imputer tous les* ***évènements*** *et toutes les opérations qui lui sont propres et ceux-là seulement* (article 59 - AUDCIF).

Pour autant, ce postulat pourrait admettre des atténuations justifiées par :

- **le principe de prudence** qui conduit à la prise en compte des évènements (risque ou perte) postérieurs à la clôture de l'exercice, mais susceptibles de générer une diminution du résultat de l'exercice. La prudence est l'appréciation raisonnable des faits dans des conditions d'incertitude afin d'éviter le risque de transfert, sur l'avenir, d'incertitudes présentes susceptibles de grever le patrimoine ou le résultat de l'entité ;
- **la continuité de l'exploitation**, sur la base de laquelle les ÉTAFI sont établis, c'est-à-dire en présumant que l'entité poursuivra ses activités dans un avenir prévisible, à moins que des décisions ou des évènements survenus avant la date de publication des comptes et après leur clôture, rendent probable dans un avenir proche la liquidation ou la cessation d'activités ;

---

[103] Les dispositions du présent chapitre s'inspirent des traitements préconisés par la norme comptable internationale ***IAS 10-Évènements postérieurs à la période de reporting***.

- la **convention de l'importance significative** qui considère comme significatifs tous les éléments susceptibles d'influencer le jugement que les destinataires des ÉTAFI peuvent porter sur le patrimoine, la situation financière et le résultat de l'entité, même si ces évènements sont postérieurs à la clôture de l'exercice et n'ont pas été pris en compte dans les comptes.

Dès lors, un délai légal de quatre (4) mois est manifestement nécessaire, après la clôture des comptes, pour préparer les ÉTAFI et arrêter lesdits comptes (article 23 - AUDCIF).

Au cours de cette période, l'entité rassemble toutes les informations nécessaires à l'arrêté des comptes (inventaires extracomptables, évaluations, recensement des risques, etc.).

Par ailleurs, si certaines informations susceptibles de remettre profondément en cause les ÉTAFI n'étaient connues qu'après l'arrêté des comptes, il appartiendrait aux dirigeants de procéder à un nouvel arrêté des comptes modifiés, dans le délai légal des quatre (4) mois de la clôture.

On peut distinguer deux (**2**) types d'évènements :

- ceux qui contribuent à confirmer des situations qui existaient à la clôture de l'exercice (évènements postérieurs à la clôture de l'exercice donnant lieu à des ajustements) ;
- ceux qui indiquent des situations apparues postérieurement à la clôture de l'exercice (évènements postérieurs à la clôture de l'exercice ne donnant pas lieu à des ajustements).

II. ÉVÈNEMENTS POSTÉRIEURS À LA CLÔTURE DE L'EXERCICE DONNANT LIEU À DES AJUSTEMENTS

Il s'agit d'évènements qui viennent confirmer une situation qui avait pris naissance avant la clôture de l'exercice. C'est le cas notamment d'événements modifiant l'état de l'actif ou du passif ou permettant une estimation plus juste de la situation de l'entité à la clôture de l'exercice.

Dans ce cas, l'entité doit ajuster les montants comptabilisés dans ses ÉTAFI ou comptabiliser des opérations qui, auparavant ne l'étaient pas, afin de refléter ces évènements postérieurs à la clôture de l'exercice.

Cet ajustement consiste, généralement, en l'enregistrement ou l'ajustement d'une dépréciation ou d'une provision, excepté le cas où le montant de l'obligation ne peut être évalué avec une fiabilité suffisante. Une information sera alors fournie dans les Notes annexes.

Par ailleurs, il importe de faire mention de tous les évènements importants dans les rapports de gestion.

Exemples d'évènements postérieurs à la clôture de l'exercice donnant lieu à ajustement :

Rubriques	**Évènements**
Immobilisations	Détermination définitive du prix d'achat d'un actif réceptionné avant la clôture
	Expertises, évaluations, cessions amenant à dégager une valeur inférieure à celle constatée en comptabilité
	Remise en cause de critères ayant permis la prise en compte à l'actif des frais de recherche et de développement
Titres	Éléments d'évaluation tels que perspectives de réalisation ou de rentabilité récente (modification de conjoncture)
Stocks	Information conduisant à déprécier ou ajuster la dépréciation des travaux en cours (contrats à long terme)
	Hausse importante du coût des matières premières entrainant une perte potentielle (contrats à long terme)
	Détermination, après la clôture de l'exercice, du coût des stocks achetés ou des stocks vendus au cours de l'exercice
	Stocks interdits de vente suite à une décision des autorités compétentes
Clients	Révélation de la situation compromise d'un client rendant la créance douteuse (réception, après la clôture de l'exercice, d'informations indiquant qu'une créance s'était dépréciée à la fin de l'exercice) ou que le montant d'une perte de valeur préalablement comptabilisée au titre de cet actif doit être ajusté
	Perte sur créance (d'un client déjà douteux) confirmée par la faillite du client postérieurement à la date de clôture
	Retour de marchandises livrées avant la clôture
Personnel	Détermination, après la clôture, du montant des paiements à effectuer au titre de l'intéressement ou des primes si, avant la clôture, l'entité avait l'obligation actuelle juridique ou implicite, d'effectuer ces paiements du fait d'évènements antérieurs à la clôture
Débiteurs et créditeurs divers	Fait ou information sur l'existence ou le montant d'un risque
	Indemnités obtenues au terme de négociations ou de dossiers en cours à la clôture
	Règlement, après la clôture de l'exercice, d'une action en justice, qui confirme que l'entité avait une obligation actuelle à la date de clôture : l'entité ajuste toute provision comptabilisée antérieurement liée à cette action en justice
	Modification de redressements suite à un contrôle fiscal
Achats	Ristournes obtenues
Divers	Découverte de fraude ou d'erreurs montrant que les ÉTAFI sont incorrects
	Jugement rendu

III. ÉVÈNEMENTS POSTÉRIEURS À LA CLÔTURE DE L'EXERCICE NE DONNANT PAS LIEU À DES AJUSTEMENTS

Il s'agit d'évènements postérieurs à la clôture de l'exercice n'ayant aucun lien direct et prépondérant avec une situation existant à la clôture de l'exercice et subséquemment n'affectent pas les ÉTAFI.

Dans ce cas, l'entité ne doit pas ajuster les montants comptabilisés dans ses ÉTAFI.

Toutefois, si l'événement peut avoir une influence sur le jugement des destinataires des ÉTAFI, une information doit être donnée dans les Notes annexes et, le cas échéant, dans le rapport de gestion. En d'autres termes, l'événement doit être significatif de telle sorte que l'absence d'indications dans les Notes annexes peut influencer les décisions prises par les destinataires des ÉTAFI.

L'information à fournir porte sur la nature de l'événement et sur l'évaluation des incidences, ou sur l'indication que cette estimation ne peut être faite.

Exemples d'évènements postérieurs à la clôture de l'exercice ne donnant pas lieu à justement :

Rubriques	**Évènements**
Chiffre d'affaires	Fluctuation de conjoncture sur les marchés de l'entreprise
Restructuration	Fusions, scissions, apports partiels d'actifs
	Cession d'une filiale
	Émission de titres, prises de participation, souscription
	Ouverture ou fermeture de branche d'activités
Risques et charges	Sinistre survenu après la clôture (incendie détruisant une partie importante de l'outil de production ou des stocks)
	Contrôle fiscal après la date de clôture
Charges fiscales	**Modification du taux de l'impôt ne concernant pas le résultat de l'exercice clos**
Titres	Fluctuation de cours sur le marché de l'entité
	Pertes futures sur participations
	Baisse de la valeur de négociation des placements financiers
Dettes et créances	Fluctuation de change
	Évolution significative des cours de bourse, des taux de change ou d'évaluation
Divers	Licenciements postérieurs à la clôture
	Litiges ou procès dont la cause est postérieure à l'exercice
	Évènements exceptionnels ou accidentels sortant du cadre de l'exploitation
	Mesures d'expropriation intervenues après la clôture

DROIT FISCAL

En vertu du principe de l'annualité de l'impôt sur les bénéfices (correspondant au postulat comptable de spécialisation des exercices), le CGI, en son article 7 (période d'imposition) précise que *l'impôt est établi chaque année sur les bénéfices réalisés l'exercice précédent*. En d'autres termes, les entités font l'objet chaque année d'une imposition établie au titre de l'année précédente.

L'article 8 (définition du bénéfice imposable) ajoute que le bénéfice est établi sous déduction, entre autres conditions, de toutes charges comprises dans celles *de l'exercice au cours duquel elles ont été engagées*.

Par ailleurs, au titre des provisions, *sont admises en déduction pour la détermination du résultat imposable, les provisions constituées en vue de faire face à des pertes ou charges nettement précisées et que* ***les événements en cours*** *rendent probables, à condition qu'elles aient été effectivement constatées dans les écritures de l'exercice et figurent au relevé des provisions prévu à l'article 31* (article 11).

Dès lors, les provisions, qui résulteraient de la prise en compte d'un événement postérieur à la clôture de l'exercice, ne sont pas déductibles.

IV. L'AUDIT FISCAL DES ÉVÈNEMENTS POSTÉRIEURS À LA CLÔTURE DE L'EXERCICE

Les événements postérieurs à la clôture de l'exercice peuvent être contrôlés à partir :

- des informations mentionnées dans les Notes annexes ;
- des informations contenues dans les rapports de gestion ;
- du relevé des provisions (art. 31-4 du CGI) ;
- du détail des provisions et dépréciations comptabilisées ;
- etc.

Par ailleurs, il importe de :

- s'assurer que seules sont prises en compte, dans le cadre de la détermination du résultat fiscal, les provisions liées aux évènements intervenus avant la clôture de l'exercice, à l'exclusion de celles relatives aux évènements postérieurs à la clôture de l'exercice ;
- vérifier, en conséquence, la réintégration desdites provisions afférentes aux évènements postérieurs à la clôture de l'exercice ;
- mettre en œuvre, auprès des tiers, l'exercice du droit de communication ;
- rapprocher les comptes concernés avec les Notes annexes et leurs commentaires :
    - *28-Provisions et dépréciations inscrites au bilan ;*
    - *16C-Actifs et Passifs éventuels ;*
    - *19-Autres dettes et Provisions pour risques à court terme ;*
    - *35-Liste des informations sociales, environnementales et sociétales à fournir ;*
- etc.

BIBLIOGRAPHIE

TEXTES LÉGISLATIFS ET RÈGLEMENTAIRES

Acte uniforme révisé relatif au droit des sociétés commerciales et du groupement d'intérêt économique (AUSCGIE), adopté le 30/01/2014 à Ouagadougou (Burkina Faso), Journal officiel de l'OHADA, numéro spécial du 04 février 2014, 217 pages.

Acte uniforme relatif au Droit comptable et à l'Information financière (AUDCIF) & SYSCOHADA, Journal officiel de l'OHADA, numéro spécial du 15 février 2017, 1246 pages (et son Guide d'application, 437 pages).

Loi numéro 2012-31 du 31 décembre 2012 portant Code général des impôts, modifiée par la loi 2020-33 du 22/12/2020 portant loi de finances pour l'année 2021.

Circulaire d'application du Code général des impôts numéro 504 du 15 janvier 2016.

OUVRAGES

LEFEBVRE Francis, *Mémento Expert IFRS 2012*, Éditions Francis Lefebvre, Levallois, 2012.

MASÉO Robert, PHILIPPS André, RAULET Christian, *Comptabilité financière*, Dunod, 9ème édition, Paris 2003.

NIANG Mor, *Comptabilité des sociétés commerciales, Comptabilité financière approfondie, Comptabilité des groupes*, Imprimerie Saint-Paul, 4ème édition, Dakar, décembre 2015.

PALOU Jean-Michel, *Comptabilité approfondie et révision*, Groupe Revue Fiduciaire, 3ème édition, Paris, juin 2005.

OBERT ROBERT, MAIRESSE Marie-Pierre et DESENFANS Arnaud, *Comptabilité approfondie*, Dunod, Paris, 2018.

RECROIX Pascale, *Comptabilité approfondie*, Gualino éditeur, 9ème édition, Paris, 2018.

SAMBE Oumar, DIALLO Mamadou Ibra, *Le praticien comptable SYSCOHADA*, Éditions comptables et juridiques, 4ème édition, Dakar, 2017.

SIBY Cheikh Mouhamadou Bamba SIBY, *Comptabilité générale SYSCOHADA révisé et Audit fiscal, La lecture fiscale de la Comptabilité financière au regard du Code général des Impôts du Sénégal, Tome 1* Harmattan Sénégal, Dakar, 2019.

ÉTUDES ET RAPPORTS

COLY Baboucar, *Les effets fiscaux des opérations de fusion, scission et apport partiel d'actif*, in revue interne ID (de la DGID) № 25, 4ème trimestre 2019.

SAMBE Oumar, *Évolution des Normes comptables dans l'espace communautaire : SYSCOA révisé et SYSCOHADA,* Support de communication à l'occasion d'un atelier de l'AIIDS (Amicale des Inspecteurs des Impôts et des Domaines du Sénégal), Dakar, 13 avril 2016, 32 pages.

SIBY Cheikh M. Bamba, *Incidences fiscales de l'évolution du cadre comptable,* Support de communication à l'occasion d'un atelier de l'AIIDS (Amicale des Inspecteurs des Impôts et des Domaines du Sénégal), Dakar, 13 avril 2016, 17 pages.

SIBY Cheikh M. Bamba, *La réforme du SYSCOA : une étape supplémentaire dans le processus de convergence vers les normes internationales d'information financière – Les innovations majeures consacrées par le Règlement № 05/CM/UEMOA du 28 juin 2013*, in revue *L'IMPÔT* (de l'Amicale des inspecteurs des impôts et domaines du Sénégal – AIIDS) № 20, juin 2014, pp 26-33.

SIBY Cheikh M. Bamba, *Regards croisés sur les incidences fiscales de l'application des normes comptables – Perspectives du fiscaliste*, Support de communication à l'occasion des 4èmes JOAC (Journées Ouest Africaines de Comptabilité), Dakar, 2 et 3 juin 2014, 24 pages.

SIBY Cheikh M. Bamba, *Les incidences fiscales de l'application des normes comptables IAS/IFRS dans l'espace UEMOA : la lecture fiscale des normes IAS/IFRS au regard du dispositif fiscal des États membres de l'UEMOA*, Mémoire présenté en vue de l'obtention du Diplôme d'expertise comptable et financière (DÉCOFI) de l'UEMOA, Cotonou, décembre 2014, 171 pages.

TABLES DES MATIÈRES

DEUXIÈME PARTIE
LES OPÉRATIONS DE RESTRUCTURATION

TROISIÈME PARTIE
LES OPÉRATIONS DE GROUPE

QUATRIÈME PARTIE
LES OPÉRATIONS ET PROBLÈMES SPÉCIFIQUES

Structures éditoriales du groupe L'Harmattan

L'Harmattan Italie
Via degli Artisti, 15
10124 Torino
harmattan.italia@gmail.com

L'Harmattan Hongrie
Kossuth l. u. 14-16.
1053 Budapest
harmattan@harmattan.hu

L'Harmattan Sénégal
10 VDN en face Mermoz
BP 45034 Dakar-Fann
senharmattan@gmail.com

L'Harmattan Cameroun
TSINGA/FECAFOOT
BP 11486 Yaoundé
inkoukam@gmail.com

L'Harmattan Burkina Faso
Achille Somé – tengnule@hotmail.fr

L'Harmattan Guinée
Almamya, rue KA 028 OKB Agency
BP 3470 Conakry
harmattanguinee@yahoo.fr

L'Harmattan RDC
185, avenue Nyangwe
Commune de Lingwala – Kinshasa
matangilamusadila@yahoo.fr

L'Harmattan Congo
67, boulevard Denis-Sassou-N'Guesso
BP 2874 Brazzaville
harmattan.congo@yahoo.fr

L'Harmattan Mali
ACI 2000 - Immeuble Mgr Jean Marie Cisse
Bureau 10
BP 145 Bamako-Mali
mali@harmattan.fr

L'Harmattan Togo
Djidjole – Lomé
Maison Amela
face EPP BATOME
ddamela@aol.com

L'Harmattan Côte d'Ivoire
Résidence Karl – Cité des Arts
Abidjan-Cocody
03 BP 1588 Abidjan
espace_harmattan.ci@hotmail.fr

Nos librairies en France

Librairie internationale
16, rue des Écoles
75005 Paris
librairie.internationale@harmattan.fr
01 40 46 79 11
www.librairieharmattan.com

Librairie des savoirs
21, rue des Écoles
75005 Paris
librairie.sh@harmattan.fr
01 46 34 13 71
www.librairieharmattansh.com

Librairie Le Lucernaire
53, rue Notre-Dame-des-Champs
75006 Paris
librairie@lucernaire.fr
01 42 22 67 13

www.ingramcontent.com/pod-product-compliance
Lightning Source LLC
LaVergne TN
LVHW050431061026
849532LV00013B/217
* 9 7 8 2 3 4 3 2 4 3 8 7 0 *